hänssler

CAROLE CARLSON

Corrie ten Boom

Gottes fröhliche Dienerin

Published 1983 by Fleming H. Revell Company
Originaltitel: Corrie ten Boom: her life, her faith
Übersetzt von Damaris Schultz

hänssler-Hardcover
Bestell-Nr. 393.296
ISBN 3-7751-3296-1

Titelfoto: Christians Inc. vertreten durch Winfried Bluth, M. A.
Umschlaggestaltung: Stefanie Bunner
Satz: AbSatz Ewert-Mohr, Klein Nordende
Druck und Bindung: Ebner Ulm
Printed in Germany

INHALT

Geleitwort – Billy Graham 7
Vorwort – Carole C. Carlson 9
Prolog: Ein Rätsel 11

Teil I: Eine Wolke von Zeugen
Gott lässt kleine Leute große Dinge tun 21
Ich will die segnen, die dich segnen 28
Die Anfänge in der Beje 35
Eine Liebesgeschichte 43
Weine nicht, Corrie 60
Was ist mit mir los? 72
Die Jahre dazwischen 83

Teil II: Der Wendepunkt
Gott, hilf Holland ... und uns 111
An der Front 131
Von Menschen verraten 143
Die Höllenfabrik 166
Dem Tod entronnen, auf in die Freiheit 196

Teil III: Visionen und Führungen
Mission: USA 216
Herr, warum Deutschland? 226
Der Steppenläufer 240
Wandeln im Licht 257

Teil IV: Über Zeit und Raum hinaus

Ein Pass für einen Krieger 275
In Palästen und Gefängnissen 287
Ein Star wird geboren 302
Der Heiligenschein wird eng 318
Die verstummte Stimme 335

Epilog 346

GELEITWORT

Corries Biographie ist mehr als die Lebensgeschichte einer Frau. Sie ist ein Beispiel dafür, wie Gott in dem Leben eines Menschen wirken kann, der sich ganz seinem Willen unterordnet.

Als ich sie das erste Mal in den sechziger Jahren traf, gingen ihr schon Geschichten voraus über die Liebe Gottes, die sie inmitten von furchtbarer Verfolgung erlebt und die sie fähig gemacht hatte, ihren Feinden zu vergeben. Ich dachte: Was für einen erstaunlichen Humor für jemand, der solch eine Armut, den Hass in Hitlers Konzentrationslagern und die Einsamkeit des vielen Reisens erlebt hat.

Damals wusste ich noch nicht, was für einen Einfluss sie auf mein Leben und das Millionen anderer während der nächsten zwei Jahrzehnte haben würde.

Ihr Durchhaltevermögen erstaunte mich. Sie konnte vier bis fünf Vorträge am Tag halten und leistete zusätzlich noch Seelsorge an Menschen, die sie traf. Auf ihren Reisen, um andere Menschen mit der Guten Nachricht zu erreichen, war ihr jede Art des Transportes recht, seien es Elefanten oder Rikschas.

Ruth und ich nannten sie gerne »Gottes fröhliche Dienerin«, ein Name, der genau auf sie zutraf. Ihr Humor konnte jedes Herz erreichen, egal wie verbittert oder traurig es auch war.

Es gab Zeiten in denen wir hofften, Corrie würde sich etwas schonen, aber sie machte sich Sorgen um die Seele der Menschen in unserer Zeit. Sie hat mir oft gesagt, dass sie glaube, die Amerikaner seien nicht bereit zu leiden. Ihr war es sehr wichtig, so vielen Menschen wie möglich von Jesus zu erzählen und auch Christen auf das vorzubereiten, was möglicherweise auf sie zukommen könnte. Sie legte uns nah, Gottes Wort in unserem Herzen zu bewahren und jeden Tag in dem Bewusstsein zu leben, Jesus könne heute wiederkehren.

Ihren Einfluss auf mein Leben kann ich nicht ermessen. Mein Gebet ist, dass ihre Geschichte – angefangen mit ihrer Familie, bis hin zu einem Alter voller Frieden und Freude – den Lesern die Kraft geben wird, die sie meiner Familie und mir gegeben hat.

Billy Graham

VORWORT

Wenn man Corrie trifft, erlebt man ihre geistliche Kraft. Am Anfang war es schwer für mich, eine Beziehung zu ihr aufzubauen. Sie schien in einer anderen Welt zu leben, in der wir »Erdenmenschen« keinen Platz haben.

Dann passierten zwei Dinge, die mein Verhältnis zu dieser erstaunlichen Frau änderten und mir die Möglichkeit eröffneten, ein Buch mit ihr zu schreiben: zuerst das Buch »Im Hause des Vaters« und nun eine Biographie über Corrie selbst. Als Erstes riet mir ihre Sekretärin und Freundin, Ellen de Kroon, die bemerkt hatte, wie unwohl ich mich fühlte: »Carole, du musst mit Corrie Spaß machen.« Corrie ist eine sehr humorvolle Frau, und ich lernte, sie zu necken.

Das Zweite, wodurch unser Verhältnis sich änderte, war, dass ich krank wurde, als ich sie in Holland besuchte – genau zu einem Zeitpunkt, als es auch ihr nicht gut ging. Während wir uns in zwei angrenzenden Zimmern in ihrem Haus in Overveen von unseren Krankheiten erholten, erlebte ich bei ihr die gleiche Schwachheit, die auch mich ans Bett fesselte. Ich begann mich zu entspannen, und wir wurden Freunde.

Ihre Biographie zu schreiben benötigte viele Gebete und mir wurde bewusst, dass ich viele Menschen, die ich hier eigentlich erwähnen sollte, nicht würde nennen können. Mit mehr als hundert Menschen habe ich Interviews und Briefkorrespondenz geführt, von denen viele zu Corries besten Freunden gehörten. Corrie hatte die wunderbare Gabe, jedem das Gefühl zu geben, der wichtigste Mensch zu sein.

Unter den vielen Freunden, die zu dieser Biographie beigetragen haben, möchte ich nennen: Hans Moolenburgh, Ron Rietveld, Brother Andrew, Herman und Els ter Welle, Bill und Betty Butler, Cliff Barrows, Hans Poley, Ben Hoekendijk, Sidney Wilson, Ellen Stamps, Edwin Orr, Jimmy Collier, Jeannette Clift, Katie Cheney, Harry Campbell, Jan van der Hoeven, Bob van Woerden, Harry Howard, Jamie Buckingham, Bill und Joan Brown, Peter van Woerden, Betsy Chapple, James Parker, Chuck Mylander und all die wunderbaren Menschen, die Briefe und Kassetten schickten, mit denen sie zum Gelingen dieser Biographie beitrugen.

Dank gilt auch meinem Verleger, der mir dieses Projekt anvertraute.

Danken möchte ich auch Lynne Dale, die das Manuskript tippte, und ewigen Dank schulde ich Corlson, der mich mit seinen Gebeten und seiner Unterstützung durch die Monate des Schreibens begleitete.

Corrie kennen zu lernen ist eine emotionale Reise. Kommen Sie mit und begleiten Sie mich.

Carole C. Carlson

PROLOG

Ein Rätsel

Die Wachen waren nervös. Ihre Finger waren fest um die Gewehre an ihrer Seite gelegt. In einem der größten Gefängnisse der Philippinen drohten Unruhen unter den Gefangenen in offene Gewalt umzuschlagen. In der Nacht zuvor waren sieben Männer mit Teilen aus den Eisenbetten erstochen worden, die man zu furchtbaren Waffen gemacht hatte, indem man sie auf dem Steinfußboden schärfte.

Auf den Wachtürmen standen Polizisten mit entsicherten Maschinengewehren bereit, um jede Spur eines Krawalls im Keim zu ersticken. In dieser höchst explosiven Situation wollte sich eine ältere Dame absolut nicht davon abbringen lassen, in dieses Gefängnis zu gehen, um dort zu predigen!

Hatte sie denn keine Vorstellung davon, wie wild und verzweifelt diese Männer waren? War sie so verrückt zu glauben, dass ihre Bibel und ein Kranz grauer Haare sie vor diesen gefährlichen Kriminellen schützen würde? Wie war sie überhaupt hierher gekommen?

Holland war viele tausend Kilometer entfernt von Manila, aber der Ruf Corrie ten Booms hatte sich schon in die entferntesten Ecken der Erde herumgesprochen. Eine unerschütterliche Missionarin, die in dem philippinischen Montinlupa-Gefängnis arbeitete, hatte gehört, dass Corrie in der Nähe sei und die

Wärter überredet, sie zu den Männern sprechen zu lassen.

»Du hast meine Erlaubnis«, sagte der Wärter, »sie darf aber nur zu den Besuchern deines Bibelunterrichts sprechen.«

Die Missionarin blieb hartnäckig. »Wir können Corrie ten Boom nicht einladen, um zu einigen wenigen Männern zu sprechen. Sie muss zu allen Gefangenen reden.« Wenn man die gespannte Atmosphäre bedachte, war es mehr als nur erstaunlich, dass sich der Wärter auf so etwas überhaupt einließ. Er erlaubte Corrie, vor den gesamten Gefangenen zu sprechen – ein einmaliges Ereignis für dieses Gefängnis.

Die Umstände waren düster, aber Corrie ließ sich nicht einschüchtern von einer Atmosphäre, die die meisten Menschen zum Rückzug bewegt hätte. Als sie den langen kahlen Eingangsbereich entlangging, durchschritt sie eine Tür, auf der *Security Limit* stand.

»Was bedeutet das?«, fragte sie den Wachmann, der sie begleitete. »Es bedeutet, dass Sie sich von dieser Stelle an auf eigenes Risiko zwischen den Gefangenen bewegen.« Falls der Wärter glaubte, ihr durch diese Information Angst zu machen, hatte er sich getäuscht. Und dann hörte Corrie das Gefängnisorchester ein Lied spielen:

Es gibt eine Kraft, eine Wunder wirkende Kraft im kostbaren Blut des Lammes.

Sie hatte oft gesagt: »Es gibt keinen Grund für ein Kind Gottes, Angst zu haben, wenn es unter dem Blut Jesu steht.«

Die Musiker, ausgerüstet mit Musikinstrumenten der amerikanischen Organisation *World Vision,* hatten sich auf einen wichtigen Auftritt vorbereitet. Sie hatten damit gerechnet, für einen glühenden Evangelisten aus den Staaten zu spielen – anstelle dessen kam Corrie.

Sie ging auf die selbst gezimmerte Rednerplattform zu und bestieg sie in ihrer pinguinähnlichen Gangweise. Sie blickte in ein Meer harter und gequälter Gesichter. Dabei entdeckte sie einige Männer mit schweren Ketten an Händen und Füßen – das waren die Mörder. Mit ihren über 70 Jahren war sie immer noch eine erstaunlich neugierige Dame. Man hätte sie mit ihrem einfachen Kleid eher in einem Schaukelstuhl erwartet, mit einem Strickzeug und einer Katze im Schoß. Was machte sie nur in dieser Todesfalle?

Doch wie schon so oft in ihrem Leben erlebte Corrie wieder ein Wunder. Langsam begann sie mit ihrem starken holländischen Akzent zu sprechen und unterbrach so das Geraschel und Gemurmel der Menge, bis schließlich die Männer ruhig wurden und anfingen, gebannt zuzuhören. Wie konnte es möglich sein, dass diese alte Frau ihre schreienden Bedürfnisse, ihren Hass und ihre Bitterkeit verstand? Warum konnte diese sie in ihrer Demütigung und der Qual des Verlustes ihrer Identität und ihres Selbstwertgefühls so gut verstehen? Und sie war verrückt genug, in diese von Menschen gemachte Hölle zu kommen und zu diesen Männern zu sprechen, die alle Hoffnung, jemals wieder als Menschen behandelt zu werden, aufgegeben hatten.

Corrie begann, eine Geschichte zu erzählen.

»Während des Zweiten Weltkrieges haben meine Familie und ich in der Stadt Haarlem in Holland Juden vor der Gestapo versteckt. Mein Vater war ein alter Mann, ein einfacher Kaufmann und schon über 80 Jahre. Meine Schwester Betsie und ich waren mit unseren 50 Jahren auch nicht mehr die Jüngsten. Monatelang hatten wir ständig jüdische Flüchtlinge als Gäste in unserem kleinen Haus. Wir waren Teil einer Untergrundorganisation in Holland, was sehr gefährlich und gleichzeitig sehr spannend war. Für einige Zeit war es fast wie ein aufregendes Spiel, von dem wir nicht wussten, wie erschreckend es noch werden würde.

An einem kalten Tag im Februar 1944 klopfte es plötzlich an die Tür, und vor uns stand die deutsche Polizei. Wir waren von zwei Holländern verraten worden, die uns in die Hände des Feindes auslieferten.«

Sie machte eine kurze Pause, die Männer hörten aufmerksam zu. Verrat war den Gefangenen bekannt, er gehörte zu ihrem Alltag, ein tief verwurzelter Teil ihrer Existenz in dieser grausamen Welt. Sie dachten, es gäbe für so eine Tat nur eine Antwort: Rache.

Corrie hatte ihre Aufmerksamkeit, genauso wie sie die von Königinnen und Bürgern, von Professoren und Schwachsinnigen, von Sozialarbeitern und Prostituierten überall auf der Welt gehabt hatte. Sie fuhr fort:

»Meine Schwester Nollie schrieb später den beiden Männern, die uns der Gestapo ausgeliefert hatten und denen inzwischen der Prozess gemacht wurde, einen Brief. Sie schrieb ihnen, dass durch ihren Verrat unser Vater, unser Bruder sowie unsere Schwester den Tod gefunden hätten. Sie schrieb ihnen von unserem Leiden, obwohl wir beide lebendig aus dem Gefängnis kamen. Sie schrieb ihnen, dass wir ihnen vergeben hätten, was uns durch Jesus möglich wäre, der in unseren Herzen lebt.

Männer, wenn ihr eure Schuld bereut und zu ihm kommt, werdet ihr erleben, dass menschliche Vergebung nur ein winziger Teil der großen Liebe und Gnade ist, die euch als Sünder erwartet, wenn ihr Jesus als Retter annehmt.

Was hörten wir von den Männern, die unsere Familie verraten hatten? Lasst mich von ihren Antworten erzählen. Einer schrieb: ›Ich habe Jesus als Retter angenommen. Wenn er Menschen wie Corrie ten Boom und ihrer Schwester diese Fähigkeit zur Vergebung gibt, dann gibt es noch eine Hoffnung für mich. Ich habe vor ihm meine Sünden bekannt.‹

Der andere Mann schrieb: ›Ich weiß, was ich eurer Familie angetan habe und dass ich den Tod vieler, die Juden retteten, verursacht habe. Außerdem habe ich auf diese Weise geholfen, dass Hunderte Juden getötet wurden. Das Einzige, was ich bereue, ist, dass es mir nicht gelungen ist, mehr Menschen wie euch zu töten.‹

Beide Männer wurden zum Tode verurteilt und starben eine Woche, nachdem sie diese Briefe geschrieben hatten. Einer sagte Ja zu Jesus, und einer sagte Nein. Welcher der beiden seid ihr? Die Bibel sagt, du musst entscheiden, wem du dienen möchtest.«

Corries Botschaft war immer einfach und tiefgreifend. Es war die Geschichte von Gottes Liebe und Vergebung, die er durch Jesus anbietet. Später erfuhr sie, dass zwei Wochen nach ihrem Aufenthalt im Montinlupa-Gefängnis ein katholischer Priester einen Gefangenen in seiner Todeszelle besuchte. Er tröstete den Gefangenen mit den Worten: »Es tut mir Leid, aber ich muss dir sagen, dass du morgen um drei Uhr auf den elektrischen Stuhl musst. Lass uns deshalb reden. Du wirst bald vor Gott treten. Wirst du mir deine Sünden beichten? Ich kann dir Absolution erteilen.«

Der Gefangene antwortete: »Ich kann nicht.«

»Warum nicht?«

»Weil ich meine Sünden schon vor Jesus gebracht habe. Er hat sie in die Tiefen des Meeres geworfen, und Corrie ten Boom sagte, dort sei ein Schild angebracht: Fischen verboten!«

Zwanzig Minuten vor seiner Hinrichtung am darauf folgenden Tag kam ein Telefonanruf, der den Mann von seiner Begnadigung unterrichtete.

Die Missionarin, die Corrie eingeladen hatte, schrieb ihr später, dass, wenn sie jetzt am Gefängnis vorbeiginge, sie überall Gospellieder hören würde.

Ob es in diesem Gefängnis eine Erweckung gegeben hat, werden wir nie erfahren, aber wir wissen, dass viele der Gefangenen die Ewigkeit mit dieser vergnügten alten holländischen Dame verbringen werden, die sich in ihrem Leben ständig über das *Security-Limit*-Zeichen hinwegsetzte.

Warum Corrie? Warum nahm es diese Frau mit hochgelehrten Menschen auf? Warum war sie dazu auserkoren, zu Tausenden zu sprechen, warum wurde ihr Leben auf Bilder gebannt, bewundert auf der ganzen Welt? Wie kann eine menschliche Existenz die ganze Bildbreite von furchtbarster Armut, Dreck und menschlicher Entwürdigung bis hin zu einer mit Blumen geschmückten Suite im exklusiven Beverly Wilshire erleben?

Corrie war keine Jeanne d'Arc, kein Kind vom Land, ohne Wurzeln und Familienbande, auch keine Mutter Theresa mit einer einzigen klaren Mission in ihrem Leben. Corrie war eine fröhliche »Heilige«, eine Frau, die geprägt war durch ihre Herkunft. Warum Corrie? Vielleicht spricht ihre Vergangenheit zu unserer Zukunft.

TEIL 1

Eine Wolke von Zeugen

Was können wir von einer Legende lernen? Sind diese echten Helden und Heldinnen aus anderem Holz gemacht als wir? Corrie besaß keine Charakterzüge, die anderen Menschen vorenthalten sind, und Probleme kannte sie aus eigener Erfahrung genug. Sie kämpfte die gleichen Kämpfe, die wir durchstehen müssen, um beispielsweise unser Selbstwertgefühl aufzubauen.

Während wir die Menschen kennen lernen, die Corrie auf ihrem Lebensweg ein Stück weit begleitet haben, werden wir bewundernd feststellen, welch wichtige Rolle die Familienmitglieder in Corries Kindheit spielten. Wie hat sie es geschafft, sich so anzunehmen, wie Gott sie geschaffen hat? Was passiert mit einem Menschen, dem wenig Schönheit und Charme mit auf den Weg gegeben zu sein scheint?

Corrie hat eine allgemein gültige Wahrheit gefunden, als sie lernte, dass Disziplin und die Bereitschaft, Gottes Weg zu gehen – und nicht gutes Aussehen und eine hohe Intelligenz – die Qualitäten sind, die zu einem erfüllten Leben führen.

Die Wolke der Zeugen in Corries jungem Leben gibt uns Aufschluss über das Geheimnis von Gottes Führung.

Gott lässt kleine Leute große Dinge tun

Im frühen 19. Jahrhundert wurde Europa durch den Angriff eines kleinen militärischen Genies erschüttert, der mit Königreichen und Regierungen zu jonglieren schien. Napoleons Herrschaft war bei vielen Holländern nicht sehr willkommen, die sich loyal hinter ihr Herrscherhaus Oranien stellten.

Die niederländische Ehrerbietung für das Königshaus begann mit dem Monarchen Prinz William von Oranien, der mit einer Revolte gegen die Spanier Hollands Unabhängigkeit erreichte. Als Gerrit ten Boom seinen eigenen Pastor hörte, wie er Napoleon über alle Maßen rühmte und sich gleichzeitig ganz offen von der Bibel abwandte, war er mehr als nur empört.

Gerrit war kein Mann, der leicht aus der Ruhe zu bringen war. Er war Diakon in einer Kirche, ein Mann des Gebetes und ein standhafter holländischer Calvinist. Er war Obergärtner in einem der reichsten Häuser in Heemstede, er war ein Meister in seinem Beruf, einem sehr angesehenen Handwerk. Persönlich kämpfte er gegen die Kälte, die er in der Kirche erlebte, und an einem Sonntag ging der Pastor zu weit! Er hatte sich nicht nur die Bibel so zurechtgelegt, dass sie ihm in seine Lebensphilosophie passte, sondern begann nun auch noch Napoleon lobend zu erwähnen.

Nachdem der Gottesdienst beendet war, bot Gerrit sich an, den Pastor nach Hause zu bringen. Die Fahrt von Heemstede nach Haarlem, wo das Haus des Pastors stand, war lang genug, um ein gutes Gespräch zu führen. Gerrit war entschlossen, deutlich seine Meinung zu sagen. Die Pferdehufe klapperten auf der flachen Straße, die an den Grundstücken entlangführte, deren Gärten dem kritischen Auge Gerrits nicht entgingen, was ihn aber nicht daran hinderte, dem Pastor gleichzeitig darzulegen, was er von dessen Predigt hielt.

»Herr Pastor, Sie scheinen eine sehr positive Meinung von Napoleon zu haben. Die meisten Ihrer Gemeindemitglieder sind jedoch loyal gegenüber unserem Herrscherhaus Oranien und der Holländischen Republik. Napoleon mag uns vielleicht unterdrücken, doch im Herzen sind wir weiterhin freie Menschen. Wenn Sie dem Prinz von Oranien untreu werden, dann muss einer von uns beiden unsere Gemeinde verlassen.«

Gerrit hielt diese Unterhaltung in seinem Tagebuch fest, das fast hundert Jahre später gefunden wurde.

Sein Ärger schien sich während des Gesprächs mit seinem Pastor zu steigern, und schließlich sprudelte es aus ihm hinaus: »Um deutlich zu werden, Pastor, Sie übernehmen eine große Verantwortung, wenn Sie Ihre eigene Philosophie über das Wort Gottes stellen.«

Als die beiden Männer in Haarlem ankamen, stieg der Pastor etwas verunsichert aus der Kutsche und sagte: »Also gut, Gerrit, nächsten Sonntag werde ich es besser machen.«

Worauf Gerrit antwortete: »Wenn Gott Ihnen die Zeit dazu gibt!«

Gerrit wusste nicht, wie prophetisch seine Worte gewesen waren. Der Pastor starb in der darauf folgenden Woche!

Gerrit ten Boom war Corries Urgroßvater. Wir werden später sehen, dass sich ein roter Faden durch sein Leben und das der folgenden Generationen zieht. Es war Gottes Plan mit einer unbedeutenden Familie Geschichte zu schreiben. Es ist die Geschichte einfacher Leute, die gottesfürchtig lebten und von ihm für sein Werk geformt wurden.

Nachdem Gerrits Pastor seinen frühen Tod fand, wurde ein neuer Pastor in diese Gemeinde berufen, der der Bibel glaubte und sich deutlich gegen die Schreckensherrschaft Napoleons stellte.

Eine andere Tat des freimütigen Urgroßvaters Gerrit brachte diesen fast ins Gefängnis: Weil es strengstens verboten war, negativ über Napoleons Regime zu reden, entschlossen sich der neue Pastor und Gerrit ihre Missachtung mit dem alten holländischen Lied auszudrücken, das von dem Bösen, der umhergeht und die Menschen unterdrückt, handelt. Obwohl das Lied deutlich machte, dass es vom Satan redete, war der Gemeinde klar, dass Gerrit und der Pastor den neuen politischen Führer meinten. Die

Nachricht über ten Booms verräterischen Akt erreichte die Regierung, und er wurde in das Rathaus zitiert. Gerrit trat vor die Behörde, um dort seinen Ungehorsam und dessen Folgen nur zu vertiefen, indem er den ihn ausfragenden Beamten mit »Herr Schnüffelnase« anredete. Wäre ihm nicht sein Arbeitgeber, der reiche Kaufmann, dessen Garten er pflegte, zu Hilfe gekommen (wir können davon ausgehen, dass Napoleons Männer bestechlich waren), wäre Gerrit sicherlich im Gefängnis gelandet. Aber Gott war noch nicht fertig mit ihm.

Als Corrie noch ein kleines Mädchen war und, während sie auf dem Schoß ihres Vaters saß, die Geschichten über ihre Familie hörte, sagte man ihr, dass Gott meist ganz kleine Ereignisse nimmt, um die Richtung unseres Lebens zu ändern. Der Klaps, den ein kleines Kind bekam, änderte die Richtung der beruflichen Laufbahn vieler Generationen der ten Booms.

Gerrit war ein Gärtner, der die Kunst beherrschte, im Winter Erdbeeren zum Reifen und Petunien und Tulpen in solch einer Fülle zum Blühen zu bringen, dass das Grundstück seines Arbeitgebers ein farbenfroher und schöner Blickpunkt war. Leider war die Tochter des Besitzers ein verwöhntes Kind, das mutwillig durch die Blumen stapfte und so die sorgfältige Arbeit Gerrits zerstörte. Nachdem der Vater dies erfuhr, erlaubte er Gerrit, dem Kind, würde es wieder ungehorsam sein, einen Klaps zu geben. Sie tat es wieder und trug dem Gärtner die darauf folgende

Strafe für immer nach. Als sie erwachsen war und Erbin des Grundstück wurde, war ihre erste Handlung als neue Besitzerin, Gerrit, dem treuen langjährigen Angestellten, zu kündigen.

Gerrit zog mit seiner Familie in die belebten Straßen Haarlems, weg aus der wunderschönen Gegend, in der sie so lange gelebt hatten. Eines seiner Kinder, Willem, freute sich sehr über den Umzug, da er den Beruf des Gärtners nicht leiden konnte und sich über die besseren Ausbildungsmöglichkeiten in der Stadt freute.

Die Bibel war das wichtigste Buch in Gerrits Haus. Es wurde viel und gründlich darin gelesen. Man sagte von seinem Heim, dass es ein Haus des Gebetes sei und seinen Bewohnern die Erweckung der Kirche in Heemstede sehr am Herz lag. Fast eine Generation später wurden die Gebete erhört, und gerade diese Kirche wurde der Ausgangspunkt für geistliches Wachstum in Holland – als Teil der großen Erweckung im Europa des 18. Jahrhunderts.

Mit über 80 Jahren erinnerte sich Corrie noch genau an einen intensiven Traum, bei dem ihr Urgroßvater Gerrit eine wichtige Rolle spielte. Sie erzählte mir von diesem Traum, den sie hatte, als sie etwa 18 Jahre alt war.

Corrie träumte, sie sei in der altmodischen Küche im Haus ihres Urgroßvaters. Sie sitzen gemeinsam am Tisch und essen Früchte, die in dem wunderschönen Garten des Grundstücks in Heemstede gewachsen waren, als ihr Urgroßvater plötzlich aufsteht, sie an die Hand nimmt und sagt: »Komm, Corrie, ich möchte dir den Garten zeigen.«

Zusammen gehen sie durch den wunderbaren Park, und Corrie erinnert sich: »Urgroßvater sprach mit großer Liebe von den Blumen. Er sagte mir, wenn du Samen pflanzt, werden daraus Pflanzen, und diese tragen wieder Samen in sich. So geht es weiter und weiter. Du wirst auch Pflanzen hervorbringen. Du, liebe Corrie, bist die Tochter meines Enkels, der Sohn meines Sohnes ist. Du bist eine Pflanze, blühend und aus meinem Samen.«

Corrie fuhr fort, und die Erinnerungen schienen frisch und lebendig. »Wir kehrten zu dem Haus zurück, in dem Urgroßvater sagte: ›Mädchen, nun möchte ich dir etwas zeigen, das sich nie ändern wird, das Wort Gottes.‹ Als er dann die Bibel öffnete, schien das der schönste Teil des Traumes zu sein. Er sagte, dass sich viel verändern, die Bibel aber immer bleiben wird und die Saat, die sie in seinem Leben gesät hatte, über Generationen weiterwachsen würde.«

Die Zeit, in der Corrie von ihrem Traum sprach, schien mystisch zu sein. Wenn Gerrit, der kleine unbedeutende holländische Gärtner aus der Vergangenheit zu uns sprechen kann, wird dies auch der Psalmist können:

> Höre, mein Volk, meine Unterweisung,
> neiget eure Ohren zu der Rede meines Mundes!
> Ich will meinen Mund auftun zu einem Spruch
> und Geschichten verkündigen aus alter Zeit.

Was wir gehört haben und wissen
und unsre Väter uns erzählt haben,
das wollen wir nicht verschweigen ihren Kindern;
wir verkündigen dem kommenden Geschlecht
den Ruhm des Herrn und seine Macht
und seine Wunder, die er getan hat.
(Psalm 78, 1–4)

Ihr Leben, das zwei Jahrhunderte sah, war ein Produkt ihrer Herkunft, stark geprägt von den Lektionen, die ihre Vorfahren lernen mussten. Möglicherweise sieht Corrie diese Generationen in einem romantischen Licht, ihren Einfluss unterschätzt sie jedoch in keinem Fall.

Ich will die segnen, die dich segnen

Gerrits Sohn Willem ten Boom schielte so stark, dass seine Frau ihren Kindern erzählte, sie sei nie sicher, ob er sie ansah oder nicht. Doch trotz dieses Handikaps begann der junge Holländer eine Lehre in einem Uhrengeschäft.

Die Zeit, in der er lebte und seine Familie ernähren musste, war hart. Holland hatte in den Jahren 1840–1850 eine hohe Arbeitslosigkeit, fruchtbares Ackerland war überschwemmt und außerdem breitete sich eine verheerende Kartoffelkrankheit aus. Dazu kam Aufruhr in den Kirchen. Viele Menschen wandten sich gegen das neue Gesetz, das den König zum Schutzherrn über die Kirche machte, andere wehrten sich gegen neue Ideen für Gottesdienstordnungen, die nicht im Sinne Calvins waren. Amerika schien ein besseres Leben zu bieten, und so überquerte die erste Welle holländischer Auswanderer zwischen 1840 und 1860 den Atlantik. Viele von ihnen ließen sich in Michigan inmitten großer Wälder nieder, die sich völlig von der flachen Graslandschaft der Heimat unterschieden.

Hätte sich Willem diesen vielen holländischen Emigranten angeschlossen, hätte das große Auswirkungen auf die folgenden Generationen gehabt.

Aber er hatte sich entschlossen, in Haarlem zu bleiben, wo er einen eigenen kleinen Uhrenladen auf der Barteljoristraat unterhielt. Der enge Laden mit seinen privaten Räumen dahinter war dazu auserkoren, eine Berühmtheit zu werden, und wurde 130 Jahre später in Büchern und Filmen erwähnt.

Willem heiratete Geertruide, die ihm in den ersten 14 Jahren ihrer Ehe 13 Kinder schenkte. Acht der Kinder starben sehr jung, und ständiger Kampf mit Krankheit und finanzielle Nöte hatten in ihm eine Charakterstärke gebildet, die sich auch in seinem geistlichen Leben widerspiegelte. Jahre später fand seine Enkelin Corrie einen alten, vergilbten Brief, in dem Willem schrieb: »Gott hat uns in allen Schwierigkeiten genug Kraft gegeben. Wir haben seine Gnade und Kraft erfahren. Er ist ein starker Fels in allen unseren Bedürfnissen.«

Als die geschwächte Geertruide (sicherlich von den vielen Schwangerschaften ausgezehrt) starb, heiratete Willem Elisabeth, ihre Haushälterin. Bald wurde das nächste Kind geboren, ein kleiner Junge mit dem Namen Casper. Casper hörte täglich Geschichten aus der Bibel, und auch Gebete gehörten zum Alltag seiner Kindheit. Casper ten Boom erinnerte sich an ein Porträt aus seiner Kindheit, das im Wohnzimmer gehangen hatte. Es war das Bild eines imposanten Mannes mit freundlichen Augen und einem Gesicht, das auf starke Überzeugungen schließen ließ. Es war Isaac Da Costa; ein Jude portugiesischer Herkunft, ein erfolgreicher Rechtsanwalt und ein berühmter Poet. Da Costa war ein wichtiges Element in der Geschichte der Familie ten Boom.

Theologie trennte in Holland wie auch im Rest Europas Kirchen und theologische Ausbildungsstätten. An vielen Universitäten wurde die liberale Theologie gelehrt, die sich von dem Grundsatz der Unfehlbarkeit der Bibel und der Überzeugung, sie sei das Wort Gottes, gelöst hatte. Eine einflussreiche theologische Richtung kam aus einer Universität in Groningen. Sie lehrte beispielsweise, dass der Mensch Christus immer ähnlicher werden könne, und basierte auf einem speziellen religiösen Gefühl.

Die Richtung der Groninger Universität blieb über Jahrzehnte hinweg sehr beliebt und füllte Lehrsäle, beeinflusste Kirchen und Missionen. Der Einfluss der liberalen Theologen an der Universität in Leiden breitete sich über das kleine Holland aus wie ein Virus in einem überfüllten Klassenzimmer. Das einfache Christentum musste sich bewähren, die Fronten waren klar, und Isaac Da Costa war eine der stärksten Stimmen gegen die dominante liberale Theologie dieser Zeit.

Gerrit ten Booms Gebete und Tränen wurden im Leben seines Sohnes Willem erhört. Als christliche Werte begannen, Einfluss auf die sozialen Probleme dieser Zeit zu nehmen, gab es eine Erweckung in Holland, für die der Urgroßvater gebetet hatte – und diese begann in Heemstede, der Stadt, in der er gelebt und gearbeitet hatte. Menschen kamen von weit her, um den sehr bibeltreuen Prediger Nicolaas Beets zu hören. Auch die ten Booms nahmen die beschwerliche Kutschfahrt über die schlammigen Straßen von Haarlem nach Heemstede auf sich, um die geistliche Nahrung zu erhalten, die sie in den liberalen Kirchen in Haarlem vermissten. Schon bald bildeten sich christliche Gemeinschaften und Missionsgesellschaften, die ihre Arbeit in Holland und seinen Kolonien aufnahmen. Mehr als je zuvor waren die holländischen Protestanten daran beteiligt, die Gute Nachricht in Länder außerhalb Europas zu bringen

Nachdem die Krankheitsfälle in Willems Familie weniger wurden, begann auch er mit Missionsarbeit, gründete einen Besuchsdienst, wurde Ältester einer reformierten Kirche in Haarlem und begann einen glühenden Kampf gegen den Modernismus, den Rationalismus und Unglauben, der sich in den meisten Kirchen ausgebreitet hatte.

Im späten 20. Jahrhundert ist es nichts Außergewöhnliches, wenn christliche Gruppen für den Frieden in Jerusalem beten oder ihre Sorge und Liebe für die Juden zeigen. Im Holland des 19. Jahrhunderts war dies nicht die Norm, und so war die Gründung eines wöchentlichen Israelgebetskreises etwas Besonderes und wichtig in der Geschichte der ten Booms. Im Jahr 1844 begann Willem diesen Kreis, über den Corrie schrieb:

»Wir werden nie wissen, wie Gott unsere Gebete erhört, aber wir können erwarten, dass er uns einbezieht in die Antwort auf das Gebet. Wenn wir wahre

Fürsprecher sind, müssen wir bereit sein, unseren Teil der Arbeit Gottes an den Menschen, für die wir beten, zu tun.«

Die Basis der Liebe zu den Juden, die in der Familie ten Boom weitergegeben wurde, wurde damals gelegt. Während diese Gebetsgruppe sich Woche für Woche traf, verbesserte sich auch die geistliche Atmosphäre in Holland. Isaac Da Costa, selbst ein Jude, stand an der Spitze einer Bewegung, die ähnliche Gruppen gründete.

Sieben Jahre nachdem Willem seine Gebetsgruppe für die Juden gründete, sorgte Da Costa für einen großen Wirbel auf der Weltkonferenz der Evangelischen Allianz in London. Die geistlichen Führer Großbritanniens hatten Leiter aus vielen Nationen zusammengerufen, aber nicht an Israel gedacht. Der feurige portugiesische Jude klang wie eine Trompete, als er vor dieser Versammlung sprach:

»Es gibt eine Nation, die nicht auf diesem großen internationalen Treffen anwesend ist: Gottes geliebtes Volk – Israel. Vergesst nicht, dass unser Retter, Jesus Christus … als Jude geboren wurde, im Land Israel. Es ist wahr, dass Israel von Gottes Weg abgekommen ist und einige Zeit verstreut unter viele Völker lebte. Aber es wird der Tag kommen, an dem sie dem Messias zu Füßen fallen, sich bekehren werden und so das Leben finden! … Das ist nicht meine Fantasie, sondern Gottes Wort.«

Da Costa hatte einen so starken Einfluss auf Willem, dass dieser in Haarlem die *Gesellschaft für Israel* gründete. Seinen Kindern brachte er Respekt und Liebe zu den Juden nahe.

Willem studierte die Verheißungen der Bibel sehr genau und kannte die Prophezeiungen des Alten Testaments, die die Heimkehr der Juden in ihr Heimatland voraussagten. Die Geschichte bis zur Mitte des 19. Jahrhunderts zeugt von dem Nomadenleben der Nachkommen Abrahams, Isaaks und Jakobs, einem Volk ohne eigenes Land, das überall im Exil lebte, wie es Mose verheißen hatte, als er sagte: »Denn der Herr wird dich zerstreuen unter alle Völker von einem Ende der Erde ans andere ... Dazu wirst du unter jenen Völkern keine Ruhe haben ...« (5. Mose 28, 64–65).

Der gleiche Prophet des Alten Testaments, der die weltweite Zerstreuung der Juden voraussagte, sprach auch von ihrer Rückkehr.

In der Zeit, in der Willems Gebetsgruppe für die Rückkehr der Juden in ihr Heimatland betete, kamen die ersten Nachrichten über eine Bewegung nach Holland, die von dem Österreicher Theodor Herzl geleitet wurde. Er ermutigte die Juden dazu, in das Land Palästina zurückzukehren. Obwohl die Motivation Herzls das wirtschaftliche und soziale Überleben der Juden war, war er dennoch eine Schlüsselfigur in der Erfüllung der alten Prophetien, die sagten: »So wird der Herr, dein Gott, deine Gefangenschaft wenden und sich deiner erbarmen und wird dich wieder sammeln aus allen Völkern, unter die dich der Herr verstreut hat« (5. Mose 30, 3).

Corrie dachte an die Gebete ihrer Vorväter für die Juden und den Beginn eines neuen Israels, als sie schrieb:

»Ist es Größenwahn, die kleinen Gebetstreffen in Haarlem mit den Ereignissen in Verbindung zu bringen? Ich glaube, dass es Gott Freude bereitet, seine Kinder in die Erfüllung seiner Pläne einzubeziehen. Ich glaube, dass er es liebt, kleine Leute große Dinge tun zu lassen.«

Die Anfänge in der Beje

Ein Samstagabend in der Beje – so der Spitzname des kleinen, voll gestopften Hauses der hart arbeitenden ten Booms – war immer ein ausgelassenes Ereignis. Die zehn Kinder, die aus Willems zwei Ehen stammten, wurden in Wasser, das ein wenig mit Brandy aufgefrischt wurde, gebadet. Viel später schrieb Casper, eines dieser Kinder: »Dieser besondere Geruch und die saubere Kleidung, die wir anschließend anzogen, machten das Baden zu einer Wohltat.«

Casper wuchs in einer Atmosphäre von harter Arbeit und wenigen materiellen Genüssen auf. Als er älter wurde, begann er sich für geistliche Dinge zu interessieren. Er erzählte später seiner Tochter Corrie, dass er etwa 17 Jahre alt war, als er Jesus sein Leben übergab. Mit 18 Jahren verließ er sein Zuhause, um nach Amsterdam zu ziehen – ohne Geld, ohne Geschäftserfahrung, um in einem armen jüdischen Viertel einen Juwelierladen zu eröffnen.

Casper wurde in die jüdische Gesellschaft aufgenommen, nahm an ihren Festen und Feiertagen teil und gewann Freunde fürs Leben. Außerdem engagierte er sich in einer christlichen Organisation mit dem Namen »Errettung für das Volk«, die sich um Menschen in Armut kümmerte. Diese Organisation gibt es noch heute, 100 Jahre später.

Eines Tages traf der um seine Existenz kämpfende junge Geschäftsmann ein ruhiges dunkeläugiges Mädchen. Sie war Sonntagsschullehrerin und wusste auch, was es bedeutet, in einer großen Familie zu leben und für jede Kleinigkeit hart arbeiten zu müssen. Ihr Vater war gestorben, als sie noch sehr jung war, und hatte ihre Mutter mit acht Kindern und einem Geschäft zurückgelassen. Als Jugendliche hatte Cor Luitingh in dem Kindergarten ihrer älteren Schwestern Jans und Anna gearbeitet.

Für Casper war es Liebe auf den ersten Blick. Als Cor ihre Großmutter in Harderwijk besuchte, folgte ihr der junge Geschäftsmann und hielt um ihre Hand an. Sie heirateten 1884 und zogen in ein kleines Haus in Amsterdam. Ihr Leben begann in Armut und wurde zusätzlich durch Schulden und schlechte Gesundheit belastet, was für viele Menschen Grund genug für ein unglückliches Leben und eine schwierige Beziehung wäre. Corrie schrieb später: »Vater und Mutter waren sich sehr nah und wussten, dass innere Freude nicht von äußeren Umständen abhängt.«

Durch Briefe und Tagebücher von Casper und Cor haben Generationen nach ihnen Einblick erhalten in die Kraft, die Gott den beiden in ihrem Familienleben und in finanziellen Schwierigkeiten schenkte. Ihr erstes Kind, Betsie, wurde im ersten Jahr ihrer Ehe geboren. Willem kam zwei Jahre später dazu, und von da an ging es Cor gesundheitlich sehr schlecht. Manchmal schickte Casper sie aufs Land, wo sie sich erholen sollte. Wie er es schaffte, sein

Geschäft zu führen und zwei Kleinkinder zu versorgen, können wir nur ahnen.

Der junge Vater betete um Genesung und Heilung für seine geliebte Cor, aber er schrieb auch in einem Brief an sie:

»Was auch immer geschehen wird, wir sollten nie aufhören ihm zu danken, da alles, was er tut, aus Liebe geschieht. Das Wichtigste ist, dass wir ein reines Leben durch seine Gnade leben, dass wir immer reiner leben und Gott näher und näher kommen. Wir müssen das aus ganzem Herzen wollen, weil es sein Wille ist. Ich sehne mich nach dir und möchte dich bei mir haben, aber wenn du es brauchst, bleibe noch etwas dort, bis du wieder stärker bist.«

Casper war keineswegs gegen Entmutigungen immun. Als wieder einmal finanzielle Probleme auftauchten, schrieb er an seine Frau: »Ich muss mit jemandem über die furchtbare finanzielle Situation reden, in der ich stecke.«

1890 wurde Nollie geboren, und von Cor forderte die Schwangerschaft zusammen mit den alltäglichen Problemen ihren Tribut.

Casper schrieb jedoch in einem Brief, den man mehr als 80 Jahre später fand: »Es gibt einen göttlichen Plan hinter allem, und durch Leiden werden wir schließlich zur Herrlichkeit finden.«

Die Familie wuchs und Casper musste sich nach einem größeren Haus umsehen. Sein Juweliergeschäft befand sich nicht in einem Teil der Stadt, in dem sich die Menschen seine Ware leisten konnten.

Glücklicherweise fand er ein Haus in der Nähe des Palastes der Königin. Die ten Booms fühlten sich geehrt, in ihrem Geschäft ein Schild anbringen zu dürfen, das besagte, sie würden auch die königliche Familie beliefern.

Trotz allem war es für die Familie ten Boom nicht leicht, in Amsterdam zu leben. In den Jahren 1885–1886 führte die hohe Arbeitslosigkeit zu Aufständen in den Arbeitersiedlungen der Stadt. In dieser Zeit der Unsicherheit machte ein Mann von sich reden, der sich als Sozialist bezeichnete. Domela Nieuwenhuis war ein Mann mit einer Mission, er war ein Mann der Kirche gewesen und hatte sich später dem Sozialismus zugewandt, und diesen verfocht er nun noch intensiver als ehemals den Kalvinismus. Dieser Revolutionär beschimpfte die Königsfamilie und ihre Anhänger und schuf damit eine starke Polarisierung im Volk.

In dieser Zeit brachte Casper ein Schild in seinem Laden an, auf dem »Hoflieferant« zu lesen war.

Ein kleines Mädchen, Wilhelmina, das bald eine der beliebtesten Königinnen ihrer Zeit werden sollte, verbrachte einige Zeit ihrer Kindheit in der Nähe des Juweliergeschäfts. Ihr Einfluss auf die Familie ten Boom zog sich durch zwei Generationen.

Wilhelmina hatte von ihrer Kindheit an ein starkes Bewusstsein für persönliches Schicksal. Ihr Einblick in Dinge, die sie durch ihre sorgfältig ausgesuchten Lehrer erhielt, standen im harten Kontrast zu den christlichen Werten, die ihr ihre Mutter beibrachte.

Sie geben uns Aufschluss über den Kampf zwischen Verstand und Seele, der schon immer in den Köpfen der Menschen stattfand.

Durch was wurde der Charakter dieses Mädchens geformt, das später 58 Jahre über dieses kleine, aber starke Land regieren sollte? Was hat ihr die Kraft gegeben, ihrem Standpunkt während der dunklen Jahre des Zweiten Weltkriegs treu zu bleiben? In ihrer packenden Autobiographie berichtet Wilhelmina über den harten geistigen und geistlichen Kampf zwischen dem liberalen Intellektualismus ihrer Zeit und einem Schöpfergott, den sie ausfocht. Am Ende des 19. Jahrhunderts schrieb Königin Wilhelmina über Probleme mit liberalen Lehrern:

»Die Vernunft hat das letzte Wort, und als Letztes wird die Haltung zu Gott und zum christlichen Glauben widerlegt. Alles, was nicht durch Skalpell, Mikroskop oder Teleskop bewiesen werden kann, wird abgelehnt oder ignoriert. Dieser Geist beeinflusst die Menschen, ohne dass es ihnen immer bewusst ist. Man kann es überall in unserer Gesellschaft fühlen ... immer wenn Gottes Führung (wie in der Geschichte) oder Gottes Allmacht ignoriert wurde, verletzte es mich und brachte mich zu einer inneren Abwehr.«

Es ist aufregend zu sehen, welche Parallelen Gott im Leben einer Königin und eines ihrer armen Untergebenen setzen kann. Wilhelmina wurde Königin und begriff, dass Gottes Führung nötig war, um ihre Regierung durch zwei Weltkriege, unzählbare Überschwemmungen und politische Unruhe zu bringen.

In der gleichen Zeit, in der sie aufwuchs, bereitete Gott eine andere Frau aus ihrem Heimatland vor, eines Tages mit ihr im Palast zu sitzen und ihr Dinge über Gott zu erklären.

Aber zuvor war Casper damit beschäftigt, die Balance zwischen Geschäft, Familie und dem Dienst am eigenen Land zu halten, bis er hörte, dass sein Vater in Haarlem im Sterben lag. Willem schrieb in einem seiner letzten Briefe: »Ich lebe Tag für Tag, als könnte es der letzte sein. Gottes Güte ist ewig, und seine Treue durchzieht Generationen. Ich genieße die Gegenwart Gottes und warte auf ihn. Meine Koffer sind gepackt.«

Willem gebrauchte seine letzte Kraft, um seinen Sohn Casper mit den Worten der alten Patriarchen zu segnen: »Die Gnade Jesu Christi, die Liebe Gottes und die Gemeinschaft des Heiligen Geistes sei mit dir. Amen.«

Wir reden heute so viel von »Sterben in Würde« und könnten viel von diesen »Heiligen« lernen, die in einer Nähe zu Gott lebten, die es ihnen möglich machte, zur Zeit ihres Sterbens mit den Worten des Paulus zu gehen: »Lebe ich in Christus, ist Sterben für mich Gewinn.«

1892 bekamen die ten Booms ihr fünftes Kind (ein Kind war bereits als Baby gestorben). Die Familie lebte in Armut, hatte Schulden, Krankheiten gehörten zum Alltag, und die Zukunft schien ungewiss, und nun kam noch dieses kleine schwache Baby dazu. Die Mutter schrieb in ihr Tagebuch: »Was für ein kleines, armes Ding war sie, nahezu tot und hatte eine bläulich-weiße Hautfarbe. Ich habe noch nie so etwas Erbärmliches gesehen. Keiner hätte geglaubt, dass sie überleben würde.«

Tante Jans' Ehemann, Onkel Henrik, sagte, als er Corrie sah: »Ich hoffe, Gott nimmt diese arme Kreatur bald zu sich.«

Corrie ten Boom hat ihr Leben damit begonnen, Menschen in Erstaunen zu versetzen und hat nie damit aufgehört!

Als sie sechs Monate alt war, ein kleines Baby, das fast immer in einem Tragetuch am Bauch ihrer Tante Anna lag, musste ihre Familie nach Haarlem zurückkehren. Casper wurde von seiner Mutter im Uhrengeschäft gebraucht. Ein paar Jahre später zog Casper mit seiner Familie in das Haus seiner Kindheit. Es wurde umgebaut und um fünf Räume im dritten Stockwerk vergrößert.

Corrie war zu dieser Zeit etwa drei oder vier Jahre alt, ein ängstliches Kind, das nachts oft schrie und den Vater in Eile an ihr Bett brachte, um sie zu trösten. In späteren Jahren waren diese hinzugefügten Räume im dritten Stock eine Zuflucht für andere Menschen, die sich in der Nacht fürchteten.

Corrie verbrachte also ihre ersten Jahre in einem unpraktischen Haus mit steilen Treppen, in dem Liebe und Gastfreundschaft, aber auch Schmerzen ihren festen Ort haben sollten. Als das Haus 1970 für die Öffentlichkeit zugänglich gemacht wurde und viele tausend Besucher durch die Räume liefen, wunderten sich viele von ihnen über die Dunkelheit in diesem Haus. Für Corrie war es jedoch ein Haus voller Liebe und Heiterkeit.

Die Anfänge in der Beje haben letztendlich in die ganze Welt gestrahlt.

Eine Liebesgeschichte

Die Holländer haben ein Wort, um ein Zuhause, eine Familie oder ein Gefühl zu beschreiben, das unserem »gesellig« entspricht. Corrie beschrieb dies Wort im Alter als »Kunst zu leben«. Was für eine Anerkennung, wenn Kinder im Leben der Eltern eine Liebesbeziehung erkennen, die durch Armut und persönliche Belastungen nur gestärkt wurde. Casper und Cor hatten extrem wenig materiellen Besitz, aber einen anderen Reichtum in ihrem Leben. Obwohl ihre erste Priorität neben ihrer Hingabe an Gott die Familie war, halfen sie immer wieder Menschen in Not. Sie teilten ihr Heim, ihr Essen, ihr Geld und ihren Gott mit anderen.

Casper schrieb seiner Frau immer zärtliche Liebesbriefe, wenn sie zur Erholung von ihren zahlreichen Krankheiten aufs Land fuhr. Ein Brief, den man über 80 Jahre später fand, begann mit einer Entschuldigung, weil er ihr schon drei Tage lang nicht geschrieben hatte!

»Ich komme mehr und mehr zu der Überzeugung, dass der Herr mich überreich gesegnet hat, indem er mir dich gab. Es hört sich vielleicht seltsam an, aber es scheint ein Zeichen seiner großen Güte zu sein, dass ich durch so viele Schwierigkeiten gehen muss und trotzdem so wunderbar glücklich mit dir und den Kindern bin. Vielleicht brennt meine Liebe nicht so stark wie am Anfang, ich kann aber sagen, dass meine erste Liebe zu dir nie aufgehört hat. Sie ist nie schwächer geworden. Möge Gott uns geben, dass unsere Liebe zueinander und zu ihm immer weiter wächst.«

In einer Zeit, in der viktorianisches Denken vorherrschte, spielte Casper auf die Gefühle eines frisch Verheirateten in einer Weise an, die zu seiner galanten Art passte. Als Gentleman der alten Schule sprach er von dem etwas delikaten Thema in einer Weise, die würdevoll und angemessen war.

Casper beschäftigte sich mit weit mehr als seinem Leben in dem kleinen Haus und dem Geschäft. Er beherrschte vier verschiedene Sprachen und nahm an internationalen Konferenzen teil, auf denen er oft zu den Rednern gehörte. Er war ein begabter Lehrer und wunderbarer Geschichtenerzähler, wobei Casper seine Geschichten mit Teilen aus seinem Leseschatz unterlegte.

Wer Corrie kennt, kennt auch ihren Vater. Obwohl sie ihre Mutter liebte, war es doch der Einfluss des Vaters, den man in ihrem ganzen Leben sieht.

Casper war an jedem Menschen interessiert, den er traf. Oft war er so mit anderen Menschen beschäftigt, dass er darüber geschäftliche Dinge wie die Buchhaltung vergaß. Er reparierte eine wertvolle Uhr und vergaß dann, einen Preis für seine Arbeit festzulegen.

Jeden Tag begann er mit Gebet und Bibellesen in seiner Werkstatt, und es wurde von der ganzen Familie erwartet, pünktlich zu der Andacht zu erscheinen. Eine Entschuldigung für Nachlässigkeit ließ er nicht gelten.

Bei den ten Booms gab es eine besondere Art von Reichtum: Ihnen wurde die Liebe zur Kunst und Musik nahe gebracht. Nur wenige Minuten von ihnen entfernt gab es Galerien voller Gemälde von Rembrandt, Vermeer, Hals und anderen holländischen Meistern. Musik, vor allem von Bach, wurde bei den ten Booms gespielt, und das Singen nahm einen wichtige Rolle in ihrem Familienleben ein.

Und Geld? Sie mussten jede Mark umdrehen. Als Corrie, Betsie, Willem und Nollie noch klein waren, kümmerte sich die unverheiratete Schwester von Cor Tag und Nacht um die Kinder und die häufig kranke Schwester. Für ihre 80-Stunden-Woche wurde sie von Casper mit einem Gulden pro Woche bezahlt. In der Mitte der Woche waren die Finanzen oft schon so knapp, dass Casper schüchtern zu Anna kam und sie fragte: »Hast du deinen Gulden noch?«

Der Gulden war immer zur Hand, und oft wurden für ihn die Lebensmittel, die die Familie an diesem Tag brauchen würde, besorgt.

Casper war ein Advokat der Unterdrückten. Immer wenn jemand schlecht behandelt wurde, stand er bereit, ihn zu verteidigen. Einmal sah er, während er durch eine Straße spazierte, wie sich eine Gruppe Menschen an einem Kanal versammelte. Als er näher kam, sah er, dass ein Mann auf Krücken, der für die Mitternachtsmission arbeitete, die sich um Prostituierte bemühte, von einer Frau aus dem Rotlichtmilieu beschimpft wurde. Casper stellte sich zu dem Missionar und bekam ebenfalls die Wucht ihrer Beleidigungen zu spüren. Später erzählte er seiner Frau, dass er sich in bester Gesellschaft befunden hätte, denn auch Jesus war ein Freund der Prostituierten und Sünder gewesen.

Wenn Casper arbeitete, tat er dies so konzentriert, dass der gesamte Haushalt mit Frau und Kindern um ihn herumwirbeln konnte, ohne dass ihn das abgelenkt hätte. Seine Uhren tickten, die Wanduhren schlugen die Zeit, das kleine Haus war voller Babygeschrei, Frauenstimmen und Küchengerüchen. Bis Willem geboren wurde, war Casper der einzige Mann im Haus. Er war der Herr des Hauses und der geistige und geistliche Führer seiner Familie. Das Einzige, was er zur Hausarbeit beitrug, war das Öffnen und Schließen der Gardinen.

Schon als junger Mann begann er, seinen Bart wachsen zu lassen, und so sah er später wie einer der alten jüdischen Patriarchen aus, die er gerne zitierte.

Casper war ein Handwerker, der seine Uhren mit Feingefühl und Respekt bearbeitete. Menschen, die in seine Werkstatt kamen, lehnten sich gerne über den Tresen, um ihm zuzusehen, wie er gründlich Uhren reparierte oder reinigte. Man konnte es mit der Arbeit eines Künstlers, der eine Landschaft malt, vergleichen oder mit der eines Musikers. Ebenso war es etwas Besonderes, ihm bei einem Gespräch zuzuhören, denn er war immer bereit, von seinem Glauben zu zeugen.

In der Schublade seines Arbeitstisches bewahrte er eine Bibel auf, die viel benutzt wurde. Die Bibel war Caspers Anleitung, und er schien immer die richtigen Verse zu wissen, wenn jemand mit Problemen zu ihm kam. Corrie fragte ihn einmal: »Papa, lernst du alle Verse auswendig, die du einmal in einem Gespräch mit jemand gebrauchen könntest?«

»Nein«, antwortete er, »es ist der Herr, der mir immer die richtigen Worte gibt, die ich brauche.«

Er zitierte Jesaja 50, 4: »Gott der Herr hat mir eine Zunge gegeben, wie sie Jünger haben, dass ich wisse, mit den Müden zu rechter Zeit zu reden.« Jesaja war eines seiner Lieblingsbücher und wurde jeden Sonntag in der Familienandacht gelesen.

Casper machte seiner Familie klar, wie wichtig es sei, Bibelverse auswendig zu lernen. Das half seinen Kindern später durch ihre Leidenszeit. Zu Corrie sagte er: »Mädchen, jedes Wort, das du auswendig kannst, ist ein wertvolles Werkzeug, das ER durch dich benutzen kann.«

Das Wort Gottes lebte in Caspers Unterbewusstsein ebenso wie die Sprachen, die er beherrschte. Er wollte seinen Kindern zu einem weiten Horizont verhelfen, der über ihr kleines Haus und kleines Heimatland hinausging. Eine Methode bestand darin, das Bibelstudium in verschiedenen Sprachen gleichzeitig durchzuführen. Deutsche, französische, holländische, hebräische und griechische Bibeln wurden von den verschiedenen Familienmitgliedern benutzt, um die gleiche Bibelstelle zu studieren.

Als Casper schon etwas älter war, wurde er krank und musste ins Krankenhaus. Familienmitgliedern wurde erlaubt, während der Nacht bei ihm zu bleiben, und Corrie erinnerte sich, dass er im Delirium begann, in verschiedenen Sprachen zu sprechen und diese zu vermischen. Plötzlich begann er in Französisch zu sprechen und sagte etwas über junge Leute, die Aufmerksamkeit bräuchten und wie man ihnen von Gott erzählen könne. Er hatte seine Sprachkenntnisse in seinem Unterbewusstsein gespeichert. Jahrzehnte später benutzte seine jüngste Tochter ihre Sprachkenntnisse, um in der ganzen Welt von ihrer Liebesbeziehung zu Gott zu sprechen.

Der Kampf um den Verstand der Menschen im 20. Jahrhundert ist keineswegs ein neues Phänomen. Im frühen 19. Jahrhundert stritt man sich genauso über das Wort Gottes wie heute. Viele Freunde von Casper waren Agnostiker, Liberale oder Sozialisten, und er gewann ihren Respekt durch seinen klaren Standpunkt in Bezug zur Bibel.

Als Zweifel begannen, den Glauben seines einzigen Sohnes, Willem, zu zerstören, vertrat Casper auch ihm gegenüber seine Überzeugung. Obwohl Willem bereits erwachsen und verheiratet war, gab Casper seine Rolle als Familienoberhaupt und Vater nicht auf. Er schrieb:

»Willem, du kannst sicher sein, dass Bibelkritik Tod bringt, wohin sie auch führt. Der menschliche

Verstand und die Autorität der Bibel scheinen unvereinbar ... Der Grund unserer Hoffnung liegt nicht im Wissen der Menschen, sondern in Gottes Treue ... Wir müssen uns zwischen der Wissenschaft und der Erklärung: ›Es steht geschrieben‹ entscheiden.«

Im Esszimmer der Familie ten Boom gab es ein Möbelstück, das das Zentrum der Familienaktivitäten war. Ein ovaler Tisch, meist von einer roten oder schwarzen Tischdecke bedeckt, war der Treffpunkt vieler Generationen von Tanten, Kindern, Gästen und Flüchtlingen. Acht Jahrzehnte später richtete Corrie sich ein eigenes Haus in Amerika ein und suchte nach einem Duplikat des ovalen Tisches, den sie schließlich in einem modernen kalifornischen Laden fand. Um den Tisch in Haarlem herrschte eine Geselligkeit, die diese Frau dazu brachte, Menschen in der ganzen Welt zu lieben.

Corries Charakter bildete sich durch die Gemeinschaft der Menschen im Haus in der Barteljoristraat, in der das Leben dieser Menschen Geschichte schrieb. Ihre Mutter war eine sanfte, einfühlsame Frau, die Harmonie in dieses beengte Haus voller gegensätzlicher Charaktere brachte. Sie liebte Gäste und konnte das Letzte aus einem Gulden herausholen.

Viele einsame Menschen kamen in die Beje und fanden dort Musik, Spaß, Essen und interessante Gespräche. Cor stellte ein »Segenskästchen« auf den ovalen Tisch, in dem sie Kleingeld für Missionsprojekte sammelte. Kamen Gäste, öffnete sie die Arme, als wolle sie die ganze Welt willkommen heißen, und sagte: »Es ist so gut, dass du da bist ... ein Pfennig in das Segenskästchen für dein Kommen!«

Die Suppe wurde vielleicht mit etwas Wasser gestreckt, aber es gab immer Platz an dem ovalen Tisch für unerwartete Gäste, die kurz vor dem Essen auftauchten.

Später, als Corrie um die Welt reiste und auf die Gastfreundschaft anderer Christen angewiesen war, da sie selten in Hotels wohnte, konnte sie von ganzem Herzen Mahlzeiten und ein Bett bei diesen Menschen genießen. Einmal sagte sie: »Ich glaube, ich genieße den Dank für die offenen Türen und Herzen meines Elternhauses. In der Bibel können wir lesen: ›Lass dein Brot über das Wasser fahren, denn du wirst es finden nach langer Zeit.‹« (Prediger 11,1)

Tante Bep, die älteste Schwester von Cor, die auch bei den ten Booms lebte, war ein Bild der Traurigkeit, gekrönt mit einem Knoten oben auf ihrem Kopf. Sie war Krankenschwester und fuhr von Haus zu Haus und pflegte Kinder in den Häusern der reichen Holländer. Als sie zu schwach für diese Arbeit wurde, nahm Casper sie in seinen Haushalt auf. Ihr jähzorniges Temperament muss eine Herausforderung für die friedliche Cor gewesen sein, die nun oft vermitteln musste. Wenn Corrie zu ihrer Mutter lief, um sich über eine gemeine Bemerkung ihrer Tante zu beschweren, sagte Cor zu ihr: »Liebe sie so, wie sie ist, Correman, und denk daran, was für ein einsames Leben sie gehabt hat.«

Tante Jans war eine talentierte Frau mit einer klaren Meinung und einer Dickköpfigkeit, die durch ihr starkes Kinn unterstrichen wurde. Ihre Haltung machte ihre Sicht der Dinge deutlich. Sie benötigte besonderes Essen, ein eigenes Zimmer, und das Haus war voll von ihren Projekten. Sie war sehr jung gewesen, als ihr Ehemann starb. So hatte sie keine eigenen Kinder und zog in die Beje, brachte ihre Möbel und Bücher mit und lebte bis zu ihrem Tod mit den ten Booms. Das Haus wurde nach oben erweitert, um Platz für sie zu schaffen.

»Corrie, Nollie, ihr werdet Musikunterricht nehmen. Ich habe einen jungen begabten Soldaten getroffen und habe euch schon für den Unterricht bei ihm angemeldet.« So machte Tante Jans Pläne für ihre Nichten. Ihre Pläne waren Befehlen gleich.

»Die Straßen von Haarlem sind voll junger Männer, die in die Armee oder in die Marine gehören. Sie kommen vielleicht auf schlechte Gedanken. Ich werde einen Club für sie gründen.« Und das passierte dann auch.

Tante Jans war so unbeweglich wie ihr schwerer Schreibtisch. Sie hatte ihre eigenen Vorstellungen von Kleidung, Verhalten und Theologie. Casper glaubte an die Gnade Gottes und dass die Bibel uns sagt, wir seien alle durch Gnade errettete Sünder. Tante Jans glaubte, man würde durch Werke gerettet und dass Gnade eine billige Rettung wäre. Häufig hatten Casper und Tante Jans heftige Diskussionen über ihre verschiedene Art zu glauben.

So dogmatisch Tante Jans auch war, sie gab Corrie und ihren Geschwistern ein Beispiel in der Gabe des Schenkens. Wenn sie unerwartet zu Geld kam, versorgte sie die Familie mit besonderen Köstlichkeiten. Die schweren Kleidungsstücke, die sie den Mädchen gab, zeugten von ihrem schlechten Geschmack, aber sie konnten mit einer Schleife hier und ein bisschen Spitze dort hübscher gemacht werden, und Fotos von den ten Booms ließen den Eindruck einer wohlhabenden Familie entstehen.

Tante Jans war auch eine Evangelistin, die sich wirklich um die Seelen der Menschen sorgte. Corrie konnte sich an Geschichten erinnern, die ihr von frühester Kindheit an erzählt wurden und in denen es um die Menschen ging, die Tante Jans zu Gott gebracht hatte. Die ganze Familie freute sich mit ihr, wenn sie wieder von einer Person erzählte, die Jesus als Retter angenommen hatte.

Kurz vor dem Ersten Weltkrieg, als das Militär mobilisiert wurde, schrieb sie ein Traktat, das sie drucken ließ und an die Soldaten verteilte. Darauf stand:

»Haben Sie anderen noch nie von Jesus erzählt? Dann bezweifle ich, dass Sie ihn kennen. Jesus sagte: ›Ich sage euch aber: Wer mich bekennt vor den Menschen, den wird auch der Menschensohn bekennen vor den Engeln Gottes. Wer mich aber verleugnet vor den Menschen, der wird auch verleugnet werden vor den Engeln Gottes.‹« (Lukas 12, 8–9)

Dieses Traktat wurde an viele Soldaten verteilt, die im Ersten Weltkrieg vier lange Jahre an der holländischen Front lagen. Vielleicht geschah es durch Tante Jans, dass Corrie den Wert von Traktaten und Evangelisation kennen lernte.

Corries Tanten waren Persönlichkeiten. Tante Anna kann man mit einer warmen Küche und dem Geruch frisch gebackenen Brotes vergleichen. Ihr Herz war so ausladend wie ihr Umfang; in ihrem runden Gesicht konnte man Mitgefühl lesen. Sie war Corries Ersatzmutter, wann immer es Cor zu schlecht ging, um sich um die Familie zu kümmern. Sie versorgte ihren Bereich im unteren Teil des Hauses voller Kreativität und konnte aus wenig viel machen. Auch Tante Anna leitete eine Bibelgruppe, zu der hauptsächlich die Dienstmädchen der reichen Leute aus der Umgebung kamen. Jeden Mittwoch- und Sonntagabend trafen sich einige der Mädchen in einem Clubraum oder der Beje, um zusammen zu nähen und in der Bibel zu lesen. Sie brachte ihnen geistliche Lieder bei und dachte wohl an die Töchter, die sie selbst nicht hatte. Wenn eines ihrer »Kinder« vom rechten Weg abkam, ging es ihr so zu Herzen, dass sie stundenlang weinte. Casper versuchte sie dann zu trösten, indem er ihr sagte: »Anna, du kannst diese Last nicht allein tragen. Wirf deine Sorgen auf Jesus.«

Anna gab ihr Leben hingebungsvoll und freigiebig für die Familie ihrer Schwester und die Bedürfnisse der Mädchen. Sie kannte die Auswirkungen dieser dekadenten Welt aus ihrer Arbeit mit den Dienstmädchen, die oft früh sexuelle Beziehungen eingingen, nur zu genau. Es war die feinfühlige Anna, die Nollie, Betsie und Corrie aufklärte. Corrie erinnerte sich später, dass das wohl die schwierigste Aufgabe für Anna gewesen sei.

Jahre später, nachdem Tante Anna gestorben war, erzählte Casper seiner Tochter Corrie: »Mir hat Anna einmal erzählt, dass sie nie heiraten würde, weil ich der einzige Mann war, den sie je geliebt hat.« Während sie sich an ihre Zeit des Erwachsenwerdens erinnerte, konnte Corrie sich nur schlecht vorstellen, dass ihre Tante in diesem kleinen Haushalt heimlich in ihren Vater verliebt war. Dass sie diese Gefühle unterdrücken konnte, zeugte von ihrem wahrhaft dienenden Charakter.

Was Corrie von Tante Anna lernte, war die Freude am Leben in einer Familie, obwohl sie selbst unverheiratet war. Auch lernte Corrie kochen und aus wenig mehr zu machen. Ihre Kochschule fand in einer Ecke unter dem Küchentisch statt, von wo sie den Unterhaltungen lauschen konnte und Tante Anna bei der Arbeit zusah. Als Corrie älter wurde und einen hohen Bekanntheitsgrad erreicht hatte, erwartete man gelegentlich von ihr, ein Meister auf allen Gebieten zu sein. So wurde sie gebeten, ihr Lieblingsrezept für ein Kochbuch beizusteuern. Sie nannte die einfachen Zutaten: »Beginne den Tag mit Gebet und Bibellesen.« Danach verriet sie ihr berühmtes Rezept: Endivie in Sahnesoße. Dazu benötigt man drei Endivien, zwei Esslöffel Mehl, eine Tasse Milch und einen halben Esslöffel Butter.

Für die drei Tanten, Tante Bep, Tante Jans und Tante Anna, sowohl persönlich als auch finanziell zu sorgen, als sie älter und hilfsbedürftiger wurden, war für die Familie ten Boom in den letzten Jahren des vorigen Jahrhunderts selbstverständlich. Die älteren Familienmitglieder wurden nicht in ein Altersheim abgeschoben, sondern wurden in der Familie versorgt. Jahrzehnte später, als Corrie alt und pflegebedürftig war, wurde ebenso für sie gesorgt.

Von Corrie und ihren Schwestern war Nollie die stärkste. Sie war nur eineinhalb Jahre älter als Corrie, aber sie war wie eine Mutter zu ihr. Sie nahm sie schützend an die Hand, wenn sie weggingen, tröstete sie, wenn sie Angst hatte, und ließ sie in ihrem Bett schlafen, wenn sie die Nacht fürchtete. Typisch holländisch waren die Eisenbetten und die mit Federn gefüllten Daunenbetten. Sie sollten in dem schlecht geheizten Haus warm halten. Es war die Aufgabe von Nollie und Corrie, jeden Morgen die Bettdecken aufzuschütteln.

Mehr als ein halbes Jahrhundert später musste Nollie Corrie vom Tod des Vaters schreiben. Wieder war die große Schwester die Stütze für Corrie. Sie schrieb ihr:

»Meine liebe Kees (Corries Spitzname),

... meine Liebe, nun muss ich dir etwas sehr Trauriges schreiben. Sei stark. Am 10. März ist unser lieber Vater zu Gott gegangen. Er hat nur zehn Tage gelitten. Er starb in Loosduinen. Gestern habe ich seine Habseligkeiten aus Scheveningen geholt. Ich weiß, dass der Herr dir in dieser schweren Zeit helfen wird.«

Nollie war in schweren Zeiten immer für Corrie da.

Als Nollie und Corrie noch klein waren, spielten sie oft auf der Straße neben dem Haus, wo sie viele Dinge für ihr Leben lernten. In dieser dunklen Straße sahen sie, wie Betrunkene von der Polizei in die nahe gelegene Polizeistation gebracht wurden, sie lernten Arme und Benachteiligte kennen und für diese zu sorgen. Corries Freude am Leben im Freien und ihr Bedürfnis nach Sonne rührten sicherlich her von dem Mangel an Sonnenschein in dieser Haarlemer Gasse.

Mit Betsie aufzuwachsen war wie Unterricht in Liebreiz. Betsie war eine Schönheit und eine kleine Dame. Corrie hatte Angst, mit Betsies Puppen zu spielen, da sie wie Betsie immer schön und makellos angezogen waren. Ihre Puppe hieß wie die Mutter der geliebten Königin Wilhelmina Emma, Corries Puppe wurde nach ihrem Vater benannt, Casperia. Casperias Kopf war von dem Treppauf- und Treppabgeschleppe kaputtgegangen, und außerdem fehlten ihr einige Finger. Wenn Emma mit Casperia spielte, sah es aus, als säße ein Dienstmädchen am Tisch der Königin.

Betsie hatte Locken, und Corries Haare waren glatt. Betsie war zart gebaut wie eine Kamee aus dem Juweliergeschäft. Corrie wurde nach ihrem schwachen Start zu einer pummeligen kleinen Unruhestifterin, die einen Streich nach dem anderen ausheckte.

Betsie war der Liebling der Familie, von zarter Gesundheit, aber voll künstlerischer Talente. Sie war eine begabte Erzählerin, die alltägliche Erlebnisse, gemischt mit Fantasie und Humor, zu großen Ereignissen machen konnte.

Betsie heiratete nie, obwohl ihre Schönheit ihr viele Verehrer bescherte. In den folgenden Jahren, in denen Corrie und Betsie viele unterschiedliche Erfahrungen machten, entwickelten sie eine Form der Partnerschaft, in der sich die beiden wunderbar ergänzten. Sie funktionierten als Team, das Millionen Menschen außerhalb ihres kleinen engen Hauses berühren sollte.

Corrie lernte die Liebe zu Farben, Blumen und Schönheit von ihrer Schwester, die nicht lange genug lebte, um die Resultate ihres erstaunlichen Einflusses auf ihre kleine Schwester zu erleben.

Willem war in der Minderheit in diesem Haus voller Frauen und Mädchen. Casper erzog seinen Sohn jedoch voller Weisheit, lehrte ihn die Liebe zum Studieren und ein Verantwortungsbewusstsein gegenüber den Juden, das auf seinem Christsein beruhte. Als sie noch jung waren, half Willem Corrie beim Sprachenlernen und ermutigte sie, mehr als eine Fremdsprache zu erlernen.

Willems Belesenheit und Vision wurden später bekannt durch seine Arbeit über das Thema Antisemitismus. Er beschäftigte sich mit den der europäischen Literatur zugrunde liegenden Ideen, die das Judentum eher als eine Rasse und nicht als Religion sahen. Viele Intellektuelle in Frankreich und Deutschland legten das Fundament des Holocaust, indem sie die Juden als minderwertige Rasse bezeichneten.

Willems Interesse an den Juden aus biblischer und auch aus politischer Sicht beeinflusste Corrie in ihrem Verständnis und ihrer Fürsorge für diese Menschen. Nachdem er geheiratet und eine sichere berufliche Position erreicht hatte, wurde Willem gefragt, ob er nicht als Missionar unter Juden in Amsterdam arbeiten wolle. Der Kreis in der Familie ten Boom schloss sich. Casper schrieb seinem einzigen Sohn:

»... Mein Vater, der Da Costa verehrte, war sein Leben lang ein Mitglied der Holländisch-Israelischen Gesellschaft. Solange ich zurückdenken kann, hing ein Bild von Da Costa in unserem Wohnzimmer. Viele Menschen, die sich für Israel einsetzten, haben unser Haus besucht. Als ich in Rapenburg in Amsterdam wohnte, habe ich mit den Juden dort oft über den Messias geredet.

Aber das ist nicht das Wichtigste. Das Wichtigste ist, dass du jahrelang diese Liebe zur hebräischen Sprache hattest und nun, in einer Zeit, in der der Antisemitismus zunimmt, eine Liebe zu Gottes eigenem Volk in dir wächst.«

In diesen furchtbaren Jahren des Zweiten Weltkriegs gab es einen Wendepunkt im Leben von Corrie: Ihr Bruder wurde zum Leiter der Untergrundbewegung, die in dieser Familie ihre Anfänge nahm. Immer hatte Willem einen starken intellektuellen Einfluss auf Corrie gehabt.

Das Umfeld ist nicht das Einzige, was einen Menschen formt. Aber im Leben von Corrie können wir sehen, wie stark der Einfluss ihrer Vorfahren und Familie war. Sie war durch das alltägliche Leben dieser Familie geprägt worden. Im Alten Testament erklärt Mose dem Volk Israel Gottes Gebote:

»So nehmt nun diese Worte zu Herzen und in eure Seele … und lehrt sie eure Kinder, dass du davon redest, wenn du in deinem Haus sitzt oder unterwegs bist, wenn du dich niederlegst und wenn du aufstehst. Und schreibe sie an die Pfosten deines Hauses und an deine Tore, auf dass ihr und eure Kinder lange lebt in dem Lande, das der Herr, wie er deinen Vätern geschworen hat, ihnen geben will, solange die Tage des Himmels über der Erde währen.« (5. Mose 11, 18–21)

Das Leben der ten Booms war sehr gesellig. Die Liebe als Hauptbestandteil ihrer Beziehungen lief durch alle Generationen, die in diesem kleinen, engen Haus lebten.

Weine nicht, Corrie

Corries Kindheitserinnerungen prägten ihr Erwachsenenleben. Wenn Casper sie ins Bett brachte, kitzelte sie sein Bart, und er roch leicht nach holländischen Zigarren. Dann legte er sanft seine Hand auf ihr Gesicht. Sie wagte sich nicht zu bewegen, denn er könnte aus dem Zimmer gehen und sie allein in der Dunkelheit zurücklassen. Wenn sie zu weinen begann, sagte er streng: »Sei ein großes Mädchen, Correman, nicht weinen.«

Corrie erinnerte sich an die Hände ihres Vaters im Konzentrationslager, sie fühlte sie auf ihrem Gesicht, wie sie sie trösteten und beschützten. Ihr Vater hatte sie stark gemacht, so wie ihr himmlischer Vater sie durch ihr ganzes Leben hindurchtrug.

Als Corrie und Nollie noch klein waren, wurden sie einmal von einem Fahrradfahrer angefahren. Beide rannten verdreckt und voller Schrammen an Knien und Ellbogen nach Hause. Nollie schrie so laut, dass die Eltern ihr die ganze Aufmerksamkeit schenkten, während Corrie sich in die Ecke verkroch. Sie erinnerte sich an die Worte ihres Vater: »Nicht weinen, Corrie.« Plötzlich entdeckte die Mutter Corrie und rief: »Um Himmels willen, sieh dir Corrie an!« Corrie kämpfte mit den Tränen, rieb sich ihre blutigen Schürfwunden und bemühte sich, das große Mädchen zu sein, wie es ihr Vater ihr gesagt hatte. Ein anderes Mal war Corrie die Anstifterin in einem Schulstreich. In den frühen Jahren unseres Jahrhunderts, in denen Corrie die Schule besuchte, wurde jede kleinste Verletzung der Schulordnung hart bestraft. Gelegentlich wurde auch von der Schule verwiesen.

Corrie war ungefähr zehn Jahre alt und Schülerin einer christlichen Schule, die von ihrem Vater mitgegründet worden war. Schon damals zeigten sich ihre Führungsqualitäten. An einem Nachmittag, an dem die Zeit stehen zu bleiben schien, verließ der Lehrer gerade lang genug das Klassenzimmer, um Corrie die Zeit zu geben, die anderen Schülerinnen in ihren Plan einzuweihen. Obwohl es verboten war, Mützen oder Hüte im Klassenraum zu tragen, wollte Corrie die anderen Kinder dazu bringen, um genau zwei Uhr alle ihre Hüte und Mützen aufzusetzen. Sie war die Einzige mit einer Uhr und würde das Zeichen geben.

Kurz vor zwei Uhr wurde es ungewöhnlich ruhig in dem Raum, für den Lehrer ein schlechtes Zeichen. Um genau zwei Uhr langte Corrie unter ihren Tisch, zog ihren Hut hervor und setzte ihn auf den Kopf. In diesem Augenblick kam Herr Van Ree, ein sehr strenger Lehrer zurück, sah Corrie als Einzige einen Hut tragen und sagte: »Corrie ten Boom, du gehst sofort zum Direktor!«

Tränen traten ihr in die Augen, als sie bemerkte, dass keines der anderen Kinder ihr gefolgt war. Sie musste die Demütigung alleine durchstehen. Was würde ihr Vater sagen? Würde sie wegen ihres Verhaltens von der Schule verwiesen? »Nicht weinen, Corrie«, muss es in ihren Ohren geklungen haben.

Corrie erzählte Nollie von ihrem Problem, als sie abends zu ihr ins Bett stieg und die Bettdecke bis ans Kinn zog. Nollie, mit der Weisheit einer Zwölfjährigen, sagte: »Erinnerst du dich an den langweiligen Psalm, den Vater uns einmal vorlas und in dem ständig wiederholt wurde: ... ›die dann zum Herrn riefen in ihrer Not, und er errettete sie aus ihren Ängsten‹?« (Psalm 107)

Siebzig Jahre später erzählte mir Corrie, dass sie sich an die Worte »zu dem Herrn rufen« erinnerte und mit der Gewissheit einschlafen konnte, dass der Herr schon alles in Ordnung bringen würde. Sie wurde nicht von der Schule verwiesen, und der Direktor entließ sie mit einer sehr milden Strafpredigt. »Corrie ten Boom, du hast dich gestern nicht wie eine gute Christin verhalten.«

Für Corrie war Weinen ein Ausdruck von Schwachheit. Harte Zeiten und schwierige Umstände machten sie schließlich etwas weicher. Viel später konnte sie die Tränen weinen, die sich in sehr harten Zeiten bei ihr angestaut hatten. Einmal verließ sie fluchtartig einen privaten Filmvorführraum, in dem sie Szenen ihres Lebens auf Leinwand gebannt sah, und fand sich in den Armen Ethel Waters wieder, einer Frau, die auch Not und Leiden kennen gelernt hatte. Corrie, schon über 80 Jahre alt, weinte wie ein Kind, während eine andere große geistliche Persönlichkeit sie in den Armen hielt und sang: »Sein Auge ruht auf dem Spatzen, und ich weiß, er sieht auch mich.«

Corries Liebe zur Musik begann in ihrer Kindheit. Ihre unbezähmbare Tante Jans brachte sie dazu, auch in der Öffentlichkeit zu singen; ihren ersten Auftritt hatte sie vor holländischen Soldaten. Corrie erinnerte sich, dass Tante Jans Soldaten von den Straßen holte und dann sie und Nollie reingerufen wurden, um diese zu unterhalten. Ein Feldwebel unter ihnen entpuppte sich als begabter Musiker, und Tante Jans bat ihn, den beiden Schwestern Harmoniumunterricht zu geben. Mit nur zwölf Jahren begleitete Corrie schon die Duette mit ihrer Schwester Nollie.

An einem Abend sang Corrie im mit vielen großen Möbelstücken voll gestellten Wohnzimmer ihrer Tante Jans ein Lied von dem verlorenen Schaf. Man muss es ihrem sehr guten Erinnerungsvermögen zurechnen, dass sie sich Jahrzehnte später an die letzte Zeile, die sie sang, erinnerte: »... und das Schaf, das in die Irre lief, war ich.«

Armes kleines Schaf. Es muss den Soldaten sehr unwahrscheinlich vorgekommen sein, dass dieses Mädchen mit dem niedlichen Gesicht etwas von »in die Irre gehen« wusste. Ein Offizier nahm sie auf den Schoß und fragte sie: »Sag mir, wie bist du in die Irre gegangen?«

Corrie musste zugeben, dass die Worte nur zu dem Lied gehörten und dass sie sich nicht daran erinnern konnte, je verloren und von Jesus gefunden worden zu sein.

Als sie in ihre Teenagerjahre kam, wurden die Gruppen, vor denen sie sang, immer größer und größer. Sie kannte auch Angst und Lampenfieber und schrieb einmal an einen ihrer Freunde:

»... Ich bin daran beteiligt, einigen hundert Menschen die Gute Nachricht zu bringen. Manchmal stehe ich mit klopfendem Herzen und zitternder Stimme vor ihnen. In diesen Zeiten ist es mein größter Trost, dass Gott in den Schwachen mächtig ist ...«

Die ersten Jahre in diesem Jahrhundert waren ruhige Jahre für Holland. Königin Wilhelmina saß auf dem Thron, eine Frau mit geistlichen Werten und einer starken Vorstellung von Bestimmung. Während dieser Zeit vor dem Zweiten Weltkrieg wuchs Hollands Monarchin geistlich und in ihrer Beziehung zu Gott.

Eine ihrer loyalen Untergebenen sollte später eine wichtige Rolle in dem Leben ihrer Königin spielen. Beide lebten in einer Beziehung zu ihrem Schöpfer, die sie in ihren alten Jahren in einer besonderen Weise zusammenbringen sollte.

In ihrer Autobiographie gibt uns Königin Wilhelmina einen Einblick in ihre Persönlichkeit, die später ein Symbol für den Mut und die Einheit der Holländer wurde. Sie schrieb über ihren wachsenden Glauben:

»Eine Wahrheit, die für viele Menschen erst im hohen Alter zu einer Realität wird, hat mir Gott schon in frühen Jahren aufgeschlossen. Durch Kampf und Abwehr gegen das Unabwendbare, ohne menschliche Hilfe, einsam und doch nicht allein, ist doch immer wieder er mit seiner unsichtbaren Hilfe da ... In diesen Jahren entstand ein tiefes Bedürfnis nach Stabilität, geistlichem Wachstum und einer bewussten Beziehung zu Gott durch Jesus. Diese Bedürfnisse waren so stark, dass meine Arbeit ohne ihre Erfüllung unmöglich schien.«

Ein anderes holländisches Mädchen, unbedeutend in den Augen der Welt, aber bedeutend in Gottes Augen, kämpfte ebenfalls gegen das Inakzeptable. Eine der schwersten Zeiten in Corries jungen Jahren begann, als sie für fünf Monate das Bett hüten musste. Für eine lebenslustige Siebzehnjährige hörte sich die Diagnose des Arztes wie ein Todesurteil an. Er vermutete, sie hätte Tuberkulose, eine gefürchtete Krankheit in der damaligen Zeit, die monatelang oder auch jahrelang zur Ruhe zwang.

»Weine nicht, Corrie!« Was für ein dummes Wort in dieser Situation. Ihre Familie tröstete sie, aber sie sah nichts als Ungerechtigkeit in dieser Diagnose. Sie verfiel in Selbstmitleid, als sie sah, dass ihr die langen Spaziergänge, die Gymnastik und das von ihr geliebte sehr aktive Leben von nun an verwehrt bleiben sollten.

Corrie war gelehrt worden, Gott für alles zu danken. Sie hörte ihren Vater für Rechnungen danken, auch wenn kein Geld vorhanden war; sie hörte ihre Mutter Gott für ein bisschen Wasser danken, das sie der Suppe zufügte, wenn Gäste kamen. Aber sie konnte nicht dafür danken, krank zu sein! Das Essen wurde ihr ins Zimmer gebracht, sie durfte keine Besucher außer ihrer Familie empfangen und fühlte sich elend.

In dieser Zeit der erzwungenen Ruhe begann Corrie über Kirchengeschichte zu lesen, was ihr Willem sehr ans Herz legte, der mittlerweile Theologiestudent an der Universität von Leiden war. Nach fünf langen Monaten wurde festgestellt, dass sie doch keine Tuberkulose, sondern einen entzündeten Blinddarm hatte. Sie wurde operiert und konnte sich wieder frei bewegen. Die Zeit in der Isolation hatte ihr trotzdem gut getan, da sie nun Kenntnisse in Kirchengeschichte besaß, die sie sich sonst nie angelesen hätte.

Als Corrie wieder kräftig genug war, entwickelte sie die für Jugendliche typische Rastlosigkeit, immer auf der Suche nach neuen Erfahrungen. Ihr Leben war bis zu diesem Zeitpunkt – bis auf einige Ausflüge nach Amsterdam mit ihrem Vater – auf die Straßen Haarlems beschränkt gewesen. Sie begann sich zu sorgen, dass ihre Familie es als Undankbarkeit empfinden würde, wenn sie den Wunsch äußerte wegziehen. Deshalb besprach sie ihr Problem mit ihrer Bibellehrerin, Frau Van Lennep, die sich als verständnisvolle Frau erwies. »Corrie, deine Gefühle sind ganz normal. Du kannst mit Gottes Kraft einiges in dieser Welt schaffen.«

Eine der Tätigkeiten, die ein armes, aber gut erzogenes junges Mädchen ausüben konnte, war, als Kindermädchen in einer reichen Familie zu arbeiten. Da

Corrie Erfahrung und Abschlüsse in Hausarbeit, Kinderpflege und Kenntnisse in Sticken und ähnlichen Dingen hatte, lag es nah, dass sie als Gouvernante oder Kinderpflegerin arbeiten würde.

Ihre erste Arbeitsstelle wurde zu einem Test in Anpassungsfähigkeit an ein Heim und eine Familie, die der eigenen Familie sehr unähnlich war. Corrie zog aus der kleinen Beje in ein Haus, in dem allein das Wohnzimmer so groß wie das Erdgeschoss ihres Elternhauses war. Obwohl ihr neues Zuhause in Zandvoort, einem wunderschönen Dorf am Meer, nur zehn Kilometer von Haarlem entfernt lag, kam es Corrie vor, als lebe sie in einem anderen Land.

Als Erstes erkannte sie, dass soziale Stellung, Kleidung und Besitz erste Priorität im Leben dort hatten. Das kleine Mädchen, das sie unterrichten sollte, war ungehorsam und undiszipliniert. Corrie erzählte: »Hätte ich mich wie sie verhalten, wäre ich von der Schule verwiesen worden.«

Der größte Schock in ihrem jungen Leben war jedoch die Aufmerksamkeit, die sie von ihrem Arbeitgeber bekam.

Siebzig Jahre später erinnerte sie sich noch an die Worte, die sie in dieser neuen Welt begrüßten. Eines Tages – das rebellische kleine Mädchen in ihrer Obhut hielt gerade seinen Mittagsschlaf – lief Corrie durch den Teil des Hauses, der den Schlafzimmern vorbehalten war, als sie auf ihren Arbeitgeber, einen stattlichen Geschäftsmann, stieß. »Corrie«, sagte er mit einem Atem, der leicht nach Whisky roch, »ich bin ein alter Bock, aber alte Böcke mögen junge, frische Ziegen.«

Die arme wohl behütete Corrie, die wenig über die Machenschaften dieser Welt wusste, rannte in ihr Zimmer und schrie zu ihrem Gott. Sie war desillusioniert von dem Leben der Reichen, ihrem sozialen Ansehen und den Männern. Sie wollte nicht wieder nach Hause gehen, da sie kein Drückeberger war, aber sie lebte von Donnerstag zu Donnerstag, ihrem freien Tag, an dem sie nach Haarlem fahren konnte, um am Katechetenunterricht teilzunehmen. Ihr Weg, weg von zu Hause, hinein ins Abenteuer, wurde zu einer Reise in die Dunkelheit.

Eines Tages kam Willem zu Besuch, um ihr mitzuteilen, dass ihre älteste Tante, die mürrische Tante Bep, gestorben sei und dass Tante Anna unter extremen Erschöpfungszuständen litt, eine Auswirkung ihrer Verantwortung für die Pflege Beps während der vergangenen Jahre. Corrie musste sich zusammenreißen, um nicht allzu glücklich über diese Nachrichten zu erscheinen. Es war nicht passend, sich über den Tod der Tante zu freuen, aber nun gab es einen triftigen Grund, um ihre Arbeitsstelle aufzugeben und nach Hause zurückzukehren.

Zu Hause! Wie wunderbar alles aussah! Die kleinen engen Räume, das abgenutzte Mobiliar und die Liebe. Die Harmonie in der Beje stand in starkem Kontrast zu dem Streit und der Hässlichkeit in dem herrschaftlichen Haus am Meer. Corrie verstand nun den Zynismus ihrer Tante, die viele Jahre als Gouvernante in diesen Häusern gearbeitet hatte.

Corrie hatte das Leben außerhalb Haarlems ausprobiert und beschloss, dass sie es nicht mochte. Vielleicht hat sie ihrem Vater nie von der Episode im Haus in Zandervoort erzählt, da man diese Themen in ihrem Haus nicht besprach. Corrie konnte ihr verstörtes Gesicht jedoch nicht vor ihrem besorgten Vater verbergen. Er sagte ihr: »Vergiss nicht, Corrie – Gott hält uns ... wir haben die Zusage, dass er immer seine Hände über uns hält, dass er uns schützen wird ... er trägt uns ... unterstützt uns ... kräftigt uns.«

Casper ten Boom sorgte für die Richtung, in die die Erfahrungen seiner Kinder liefen. Er wies sie immer wieder auf Gottes Hilfe hin, wenn seine eigene nicht ausreichte.

In späteren Jahren, nach einem Leben voller Reisen, Leiden und Aufregungen, schrieb Corrie in ein Andachtsbuch:

»Gott leitet uns auf zwei Arten. Die Erste ist unbewusst und entwickelt sich durch ein enges Leben mit Jesus. Der zweite Weg geht über besondere Führung, wenn uns Gott in eine neue Richtung gehen lassen will – z. B. eine neue Arbeit.«

Sie zitierte Psalm 32, 8: »Ich will dich unterweisen und dir den Weg zeigen, den du gehen sollst; ich will dich mit meinen Augen leiten.«

Nach ihrer misslungenen Zeit als Kindermädchen empfing Corrie besondere Führung. Im Jahr 1910 war sie ein Mädchen von neunzehn Jahren. In Holland wie im Rest der Welt dachte man sehr optimistisch. Man glaubte an eine bessere Welt und das Gute im Menschen, wenn er nach einer Ethik lebt, die es ihm möglich macht, nicht nur materielle Hilfe für Unterprivilegierte zu geben, sondern sie auch geistig zu beeinflussen. Corrie war intelligent genug, um zu wissen, dass es ein Trugschluss wäre, an eine besser und besser werdende Welt zu glauben, aber sie wollte es genauer wissen, und als sie erfuhr, dass in Haarlem eine Bibelschule gegründet würde, war sie begeistert.

Corrie tat immer mehrere Dinge gleichzeitig – auch als junge Frau. Sie schrieb sich in der Bibelschule für sieben Hauptfächer ein: Ethik, Dogmatik, Kirchengeschichte, Altes Testament, Neues Testament, Geschichte des Alten Testaments und Geschichte des Neuen Testaments. Die Schule war nicht ihre einzige Aufgabe, erst musste der Haushalt erledigt werden. Sie half Tante Anna beim Kochen, Putzen und in der Pflege.

Corrie behauptete von sich, keine gute Schülerin gewesen zu sein, und trotzdem habe ich gesehen, wie sie durch ihre Bücher und öffentlichen Auftritte einige unserer klügsten Köpfe in Erstaunen versetzte. Ihren Humor bewies sie auch bei den Prüfungen in der Bibelschule.

Im letzten Examen gab es zwei Teile: Das Erste war ein mündliches Examen, das sie in Windeseile hinter sich brachte. Der zweite Teil war formaler. Eine Gruppe von Pastoren hatte sich im Konferenzraum der Kathedrale von St. Bavo versammelt. Die Wände dieser eindrucksvollen Kirche wurden nie warm, und am Nachmittag der Prüfung schienen sie besonders kalt. Corrie bemerkte, dass sie von zwei Pastoren befragt wurde, die einen persönlichen Streit über eine theologische Frage ausfochten. Die Atmosphäre wurde so gespannt, dass sie in allen sieben Fächern durchfiel.

Corrie ging nach Hause mit dem Gefühl, wie schon so oft in ihrem Leben, wieder einmal besiegt worden zu sein. Betsie ließ diese Haltung nicht durchgehen. Sie sagte ihr: »Wenn du eine Prüfung nicht bestehst, Corrie, musst du sie so lange wiederholen, bis du sie schaffst und dein Diplom erhältst.«

Sie wiederholte ihr Examen acht Jahre später und bestand die Prüfung. Ob es eine holländische Eigenart oder nur eine der Familie ten Boom ist – dickköpfige Hartnäckigkeit hat sich als Muster durch ihr ganzes Leben gezogen.

Was ist mit mir los?

In ihren Teenagerjahren war Corrie eine stille Romantikerin. Viktorianische Liebesgeschichten waren ihre heimliche Leidenschaft. Sie las die Romane in drei verschiedenen Sprachen und träumte davon, die Heldin in den Geschichten zu sein. Ab dem zarten Alter von 14 Jahren war der Held ihrer Fantasien ein großer blonder Freund ihres Bruders Willem. Er war schon ein »Mann« von 19 Jahren, und Corrie verliebte sich hoffnungslos in ihn. Das erste Mal nahm er sie bewusst wahr, als sie und ihre Schwester Nollie nach Leiden reisten, um Willem auf der Universität zu besuchen. Nollie mit ihren zarten Grübchen und ihren weichen hochgesteckten Haaren war immer im Zentrum des Interesses, wenn das andere Geschlecht anwesend war. Und Corrie mit ihrer seltsamen Haltung und ihrer nachlässigen Kleidung war immer die lustige kleine Schwester, die gerne Unfug ausheckte. Als nun Karl Corrie mehr Aufmerksamkeit als Nollie entgegenbrachte, war es um sie geschehen. Er war der Mann für sie, und sieben Jahre lang trug sie sein Bild in ihrem Herzen.

Währenddessen war viel zu tun, viel über die Welt außerhalb der Grenzen der Niederlande zu lernen. Das Haus der ten Booms wurde von Missionaren und Uhrmachern aus anderen Ländern besucht, und diese Menschen brachten Geschichten und Ideen aus ihren verschiedenen Kulturen mit. In einer Zeit, in der es noch keine Radios und kein Fernsehen gab, um jemand am Geschehen der Welt außerhalb seiner direkten Umgebung teilhaben zu lassen, wurde es der Familie ten Boom auf diese Weise ermöglicht, ihren Horizont zu erweitern. In den letzten Jahren ihrer Teenagerzeit lernte Corrie Missionare und deren Arbeit auf der ganzen Welt kennen. Oft unterhielt sie sich mit Menschen anderer Denominationen. Gab es wirklich Dogmen außerhalb der holländischen reformierten Kirche? Es war aufregend mit Menschen aus anderen Ländern über verschiedene theologische Standpunkte zu reden. Corrie wollte alles wissen und das Leben kennen lernen. Haarlem war ein gemütliches, sicheres Zuhause, aber sie war immer auf der Suche nach mehr, nach Abenteuer ohne Risiko.

Als sie 19 Jahre alt war, begegnete sie einem seltsamen Mann, der mittlerweile unter den europäischen Christen zu einer Legende geworden war. Sein Name war Sundar Singh, und er stammte aus einer reichen indischen Sikh-Familie. Als Kind hatte man ihm beigebracht, Jesus zu hassen, und er verbrannte jede Bibel, die er finden konnte. Er bewarf christliche Missionare, die in seine Heimatstadt kamen, mit Dreck und beschimpfte sie lauthals. Trotz alledem hatte Sundar Singh ein starkes Bedürfnis Gott kennen zu lernen. Er war ein rastloser junger Mann und betete, dass, wenn es Gott wirklich gäbe, er ihm doch bitte ein Zeichen geben solle. Es wird die Geschichte erzählt, dass dieser Inder, wie Saulus auf der Straße nach Damaskus, Jesus sah und hörte, wie der ihn fragte: »Wie lange willst du mich noch verleugnen? Ich bin für dich gestorben und habe mein Leben für dich gegeben.«

Der junge Inder fiel vor seinem Retter auf die Knie und akzeptierte ihn als seinen Herrn. Er verband seinen christlichen Glauben mit etwas indischem Mystizismus und erhielt daraufhin den Titel Sadhu (heiliger indischer Mann) Sundar Singh.

Als Corrie hörte, dass er auf einer Wochenendkonferenz in der Nähe von Lunteren sprechen sollte, packte sie ihren Rucksack und ein paar Decken, reiste zur Konferenz und ging auf den Zeltplatz, auf dem sie keinen Platz reserviert hatte. »Ich kann in den Feldern schlafen«, bettelte Corrie, »ich möchte nur den Sadhu hören.«

Der junge Student, der Corrie an der Konferenz teilnehmen ließ, hieß van Hoogstraten. Er wurde selbst Missionar und hatte eine Tochter, die Jahre später Corries Begleiterin auf ihren vielen Reisen um die Welt wurde.

Corrie fühlte sich sehr durcheinander in der Woche, in der sie Singh sprechen hörte. Er sprach von Visionen und davon, dass er Jesus von Angesicht zu Angesicht gesehen hatte. Corrie begann sich zu fragen, ob ihre Beziehung zu Gott so tief war, wie sie sein sollte. An einem Tag verließ sie den Zeltplatz und ging in der Heide spazieren, so in ihre Gedanken versunken, dass sie den Mann nicht bemerkte, der auf sie zukam. Plötzlich stand sie vor Sadhu Sundar Singh.

»Herr Singh, können Sie mir bitte sagen, was mit mir nicht stimmt? Ich bin ein Kind Gottes, Jesus ist mein Retter, und ich weiß, dass mir die Sünden vergeben sind. Ich weiß, dass er bei mir ist, denn er hat gesagt: Ich bin bei euch alle Tage bis an der Welt Ende. Aber ich habe noch nie Visionen gesehen oder Wunder erlebt so wie Sie.«

Dieser indische Mystiker sagte Corrie damals Worte, die sie ihr Leben lang nicht vergessen sollte. Er erzählte ihr, dass oft Menschen zu ihm kommen würden, um Wunder zu sehen, er aber würde sie dann lieber zu Corrie ten Boom, einem jungen holländischen Mädchen aus Haarlem schicken, die Jesus nie gesehen hätte, ihn aber kennen würde, da sie ihn als ihren Retter angenommen habe. Er sagte Corrie, sie solle Johannes 20, 29 nachschlagen, wo geschrieben steht: »... Selig sind die, die nicht sehen und doch glauben!«

»Corrie«, sagte er. »Bete nicht um Visionen; Gott gibt dir die Gewissheit seiner Nähe ohne Visionen.«

In den folgenden Jahren durfte Corrie Visionen und Wunder erleben. Aber das waren keine Erlebnisse, die sie erwartet hatte, sondern sie resultierten aus ihrer Beziehung zu dem Gott, den sie liebte.

Corrie kehrte nach ihrer Begegnung mit Singh nach Hause zurück und war voller Begeisterung. Sich auszutauschen war ein großer Teil des Familienlebens, vor allem wenn es um tiefe geistliche Dinge ging. Ihr Vater war immer ganz bei der Sache, wenn seine Kinder und Freunde ihm über ihr Verständnis von biblischen Wahrheiten erzählten. Oft sagte er: »Ist es nicht wunderbar, solch eine große Freude auf dieser Erde zu erleben? Es ist ein kleiner Vorgeschmack auf den Himmel. Ja, das Beste kommt noch.«

Corrie lernte von ihrem Vater, richtig zuzuhören. Eines der Geheimnisse ihrer anziehenden Persönlichkeit in ihren späteren Jahren war ihr intensives Interesse an anderen Menschen.

Im Jahr 1916 änderten sich einige Dinge: Ihr Bruder Willem heiratete und – wichtiger noch – Karl würde auf der Hochzeit sein. Corrie war nun schon etwas älter und wusste einiges über das Leben. Betsie nähte ihr ein wunderschönes Seidenkleid für die Hochzeit. Der Kauf des eleganten Stoffes war mit Opfern von Seiten ihres Vaters und Tante Jans' verbunden. Er hatte auf seine Zigarren verzichtet, und Tante Jans hatte sich mit der Heizkohle eingeschränkt.

Die Hochzeit von Willem und Tine war wunderschön, aber nur wenige Menschen wussten von den großen Hoffnungen im Herzen der jungen Corrie. Sie war verliebt! Karl musste das Gleiche empfunden haben, denn in den folgenden Monaten trafen sie sich häufig für lange Spaziergänge in der Umgebung. Wenn das Paar über die Zukunft sprach, gingen seine Pläne in Richtung einer eigenen Gemeinde und eines großen Pfarrhauses, das er mit Frau und Kindern bewohnen würde. Corrie bemerkte aber, dass nie von Heirat die Rede war, obwohl alles darauf hinzudeuten schien.

Große Brüder sind oft diejenigen, die die Träume ihrer jüngeren Schwestern dämpfen, aber Corrie wollte die trübsinnigen Bemerkungen ihres Bruders Willem nicht akzeptieren. »Corrie«, sagte er sehr ernst, »du verstehst Karls Familienhintergrund nicht. Sie sind sehr ehrgeizig und haben hart daran gearbeitet, dass er jemanden mit Prestige und Ansehen heiratet. Lass ihn nicht dein Herz brechen, Corrie.«

Corries Naturell war zu sonnig und positiv, um auf Willems düstere Prognosen zu hören. In diesen Tagen sprach er so viel über Krieg und Politik, dass es nicht besonders angenehm war, mit ihm zusammen zu sein. Corrie beschäftigte sich mit Musik und Träumen. Die Welt war in Aufruhr, aber Corrie war wie Holland, ein neutraler Ort, umgeben von Kriegsschauplätzen.

Wenn man auf die Geschichte zurückblickt, ist es schwer zu verstehen, wie die Menschen in Holland so isoliert von dem Geschehen um sie herum bleiben konnten. Königin Wilhelmina schrieb in ihrer Autobiographie: »Der Ausbruch des Krieges war eine große Überraschung für die unvorbereiteten Holländer. In dieser Zeit waren sogar die hoch gebildeten Menschen schlecht über die politischen Ereignisse außerhalb der eignen Grenzen informiert.«

Obwohl Holland seine Neutralität bewahrte, begann es sich auf einen Krieg vorzubereiten. Soldaten und Reservisten wurden einberufen und Familien im ganzen Land auseinander gerissen. Dazu kamen Tausende Flüchtlinge, die in das kleine Land strömten, als Belgien von Deutschland angegriffen wurde. Zivilisten und Soldaten kamen in großen Mengen nach Holland. Nahrung und Unterkünfte für die vielen Menschen mussten gefunden werden. Und während der Erste Weltkrieg über Jahre andauerte, kam es auch in Holland zu einer Nahrungsmittelknappheit.

Der Krieg begann, sich auf das Leben aller auszuwirken. Ein Nation mag neutral sein, der einzelne Mensch aber kann das nicht.

Inmitten des Elends, das der Krieg verursachte, hatten die Niederlande auch noch mit starken Überschwemmungen zu kämpfen, die durch schwere Stürme entstanden, die das Wasser so aufpeitschten, dass die Deiche brachen. Nahrung wurde so knapp, dass die ten Booms wie die meisten der armen holländischen Familien, die in Dörfern arbeiteten und lebten, Suppe aus einer Möhre machten und einen Gulden fünfmal umdrehten, bevor sie ihn ausgaben.

Im Jahr 1917 gab es endlich Hoffnung auf ein nahes Ende des furchtbaren Krieges. Die Vereinigten Staaten traten den Alliierten bei, und schon bald erschienen Truppen mit Verpflegung an den Grenzen; langsam sickerte die Nachricht durch, dass die deutsche Armee sich zurückzog und der Krieg nun bald zu Ende sei.

Für Corrie war die aufregendste Nachricht allerdings ein Brief von Karl, in dem er ihr von seiner neuen Kirche und seiner reichen Gemeinde schrieb. Es schien ihr, dass die Träume und ehrgeizigen Pläne, von denen sie auf ihren Spaziergängen gesprochen hatten, in Windeseile wahr wurden. Dann zerbrach ihre Welt: Der Krieg um sie herum tobte nicht wilder als der Krieg in ihrem Herzen, als sie eines Tages die Tür öffnete und Karl mit einem netten, modernen Mädchen am Arm vor ihr stand. »Corrie, ich möchte, dass du meine Verlobte kennen lernst.«

Ihre Familie kam ihr zu Hilfe, führte eine nette Unterhaltung und bot Karl und dem jungen Mädchen, das seine Frau sein würde und aus einer einflussreichen Familie stammte, Kaffee an. Gerade so, wie Willem es vorausgesagt hatte.

Was konnte Corrie tun? Sie war nicht mehr das kleine Mädchen, dem man bei einem aufgeschlagenen Knie sagen konnte: »Weine nicht, Corrie.« Sie war ein junges Mädchen mit einem gebrochenen Herzen und einem Schmerz, der nicht weggewischt werden konnte, nicht einmal von ihrem Vater!

Corrie wusste, dass es niemals einen anderen Mann geben würde, den sie so lieben könnte, wie sie Karl geliebt hatte. Aber wie konnte sie diese Ablehnung verkraften? Die tröstende Hand ihres Vaters lag auf ihrem Kopf, der vom Schluchzen bebte. Er strich der Tochter, die er so liebte, sanft über die Wangen. »Corrie, Liebe ist die stärkste Macht in dieser Welt, und wenn sie zurückgewiesen wird, bedeutet es große Schmerzen. Es gibt zwei Dinge, die wir tun können, wenn das passiert. Wir können die Liebe abtöten, sodass es nicht mehr wehtut. Aber damit stirbt auch ein Teil von uns. Oder wir können Gott bitten, einen anderen Weg zu öffnen, auf dem die Liebe weitergetragen wird. Corrie, bitte Gott, dir seine Liebe für diesen Mann zu geben, eine Liebe, die nichts zerstören kann. Wann immer wir nicht aus eigener Kraft lieben können, kann Gott sie uns auf seine Weise geben.«

Ihr ganzes Leben bewahrte sich Corrie dieses kindliche Vertrauen in ihren irdischen Vater – so wie in ihren himmlischen Vater. In dieser dunklen Zeit ihres jungen Lebens lernte sie eine Lektion, die sie durch Zeiten trug, in denen menschliche Liebe unmöglich schien.

Mehr als 40 Jahre später schrieb sie: »Vertrauensvoll legte ich meine Hand in die seine wie ein trauriges Kind, das weiß, dass der Vater keinen Fehler macht.«

1920 sagte Corrie ihrem Vater, dass sie bei ihm in seinem Geschäft arbeiten wolle. Ihr Vater antwortete darauf: »Dann musst du die beste Ausbildung erhalten, die es gibt. Wenn du etwas bauen kannst, kannst du es auch reparieren.« Also begab Corrie sich in ein neues Abenteuer, mit einem kleinen Koffer, in dem sie einmal Kleidung zum Wechseln und ihre Bibel bei sich trug, und begann ihre Ausbildung zur Uhrmacherin.

Anfang des 20. Jahrhunderts wurden junge Mädchen keine Geschäftsfrauen. Die soziale Stellung war sehr wichtig, und man wurde gemäß seiner Herkunft behandelt. Auf dem Hintergrund können wir die Entscheidung Casper ten Booms, seine Tochter das

Handwerk der Uhrmacherin in der Schweiz erlernen zu lassen, als sehr liberal einstufen. Holländische Historiker berichten uns, dass die weiblichen Passagiere in der ersten Klasse der Züge als Damen und in der zweiten Klasse als Frauen bezeichnet wurden. Der Persönlichkeit ihres Vater entsprechend, wurde Corrie als Dame in die Schweiz geschickt.

Als sie in Basel ankam, wohnte sie zum ersten Mal in einem Hotel. Sie sah den Türsteher an und fragte sich, ob sie ihm erzählen sollte, wohin sie ging, denn das tat sie gewöhnlich, wenn sie jemand auf ihren Spaziergängen begegnete.

Als Corrie ihre Uhrmacherlehre in einer schweizerischen Fabrik begann, lernte sie schnell, dass es etwas ganz anderes war, ein Teil einer Maschinerie zu sein, als ein Teil einer liebevollen Familie. Ihre Arbeit war es, Spiralen für Uhrwerke herzustellen, jeden Tag neun Stunden lang. Ihre Muskeln waren diese Arbeit nicht gewohnt, und auch ihre Augen schmerzten. Eines Tages rannte ein großer Hund in ihren Arbeitsraum, und Corrie ließ ihre Arbeit liegen, um mit dem Hund zu spielen. Als sie völlig zerzaust vom Herumtollen aufblickte, sah sie geradewegs in das Gesicht des Fabrikbesitzers, der sie missbilligend ansah. Nicht schon wieder: erwischt von einem strengen Lehrer, der sie zum Direktor schicken würde!

Aber Corrie war mutiger geworden und ließ sich nicht mehr so leicht einschüchtern wie zu ihrer Schulzeit. Sie sagte dem Mann, dass sie bereits den fünfzehnten Tag die gleiche Arbeit verrichten müsse und:

»Ihr Hund war ein willkommener Gast. Vielleicht hat er mich sogar vor dem Verrücktwerden bewahrt.«

Der Direktor hatte dafür wenig Verständnis. Er bestand darauf, dass sie solche Spiralen für die nächsten zwei Jahre neun Stunden am Tag herstellen müsse. Corrie fand diese Vorstellung unerträglich. Sie verstand, dass Disziplin nötig sei, war aber der Meinung, dass es die Schweizer damit übertrieben! Sie hatten einen so engen Zeitplan und verlangten extreme Genauigkeit von ihren Arbeitern! Was konnte nur gut an diesem starren und langweiligen Training sein?

Viele Jahre später arbeitete Corrie wieder in einer Fabrik. Diesmal in einem deutschen Gefangenenlager in Vught in den Niederlanden. Ihre Aufgabe war, in einer Reihe zwischen anderen Gefangenen zu sitzen und Teile für die deutsche Flugindustrie zusammenzubauen. Sie hatte gelernt, mit Eintönigkeit und Routine umgehen zu können. Aus dem Gefangenenlager schrieb Corrie an ihre Familie: »Wir sind in Gottes Trainingsprogramm und lernen viel.«

Die Jahre dazwischen

Auch der Sieg in einem Krieg hat Konsequenzen. Obwohl die Alliierten das deutsche Militär besiegt hatten und ihnen jetzt harte Auflagen machten, um den Frieden zu sichern, war es ein kostspieliger Sieg gewesen. Er hatte viele Leben gekostet, viel Geld war in den Krieg geflossen, und Europa litt unter einer bedrohlichen Wirtschaftskrise.

Im Haushalt der ten Booms änderten sich auch einige Dinge. Willem hatte während des Krieges geheiratet, Nollie heiratete 1919, und die Beje schien leerer und leerer zu werden.

Die Tanten und die Mutter wurden älter, und deren Pflege erforderte die ganze Aufmerksamkeit von Corrie. Körperlich wurden sie zwar schwächer, aber ihr Zeugnis wurde dadurch nur intensiver.

Bei Tante Jans, der begabten Evangelistin, Lehrerin und Bibelgruppenleiterin, wurde die Angst vor dem Tod stärker, nachdem sie ihr Alter und ihr Diabetikerleiden mehr und mehr an ihre Zimmer fesselten. Die nie enden wollenden theologischen Diskussionen, die sie immer wieder mit ihrem Schwager führte, könnte man so zusammenfassen »... Schaffet, dass ihr selig werdet, mit Furcht und Zittern. Denn Gott ist's, der in euch wirkt beides, das Wollen und das Vollbringen, nach seinem Wohlgefallen.« (Philipper 2, 12–13)

Tante Jans glaubte an die Errettung aufgrund guter Taten, weshalb sie sich nie sicher war, ob sie genug tat oder getan hatte – ganz im Gegensatz zu Casper, der glaubte, dass Gott in Menschen Veränderung schafft, wenn sie Jesus als Retter angenommen haben und ihr Leben ihm unterstellen.

Corrie meinte, dass diese beiden theologischen Ansätze ein Widerspruch wären, und wusste, dass ihr Vater Recht hatte. Kurz bevor Tante Jans starb, erlebte sie einen tiefen Frieden. Sie nahm das Versprechen Christi an, ihr ewiges Leben zu schenken, und sagte zu Corrie: »Ist es nicht gut, dass Jesus sagte: ›Ich gebe meinen Schafen ewiges Leben‹?« Der Text in Johannes 10,28 war es, der ihr den Frieden brachte.

Drei Jahre, bevor sie starb, erlitt Corries Mutter einen schweren Schlaganfall, der sie vollständig lähmte. Ihr sanfte Stimme war nicht mehr zu hören, aber sie hatte weiterhin diese liebenswerte und liebevolle Persönlichkeit, die die Familie immer stärkte. Corrie, die voller Lebenslust und Energie war, sagte damals, dass sie hoffe, nie in eine solch hilflose Lage zu kommen.

Das Haus wirkte sehr leer, als die Mutter und die Tante gestorben waren. Es fehlten die Tabletts mit Essen, die Bettpfannen, das Treppauf Treppab, um die Kranken zu versorgen – und nun waren sie nur noch zu dritt: zwei junge Frauen und ihr Vater. Es wäre so einfach gewesen, in eine bequeme Routine von Hausarbeit, Uhrmacherei und Bibelarbeiten zu verfallen. Kinder in diesem Haus zu haben, in dem jahrelang vor allem ältere Menschen gelebt hatten, würde ihren Lebensstil sehr verändern.

Doch die Kinder kamen schon bald. Erst waren es einige unterernährte und ängstliche Kinder aus Deutschland, die der Krieg entwurzelt hatte und die nun in dem warmen Haus in Haarlem unterkamen. Sie waren zwar nur eine begrenzte Zeit dort, und trotzdem wurden aus ihrem Besuch Monate. Während sie sich um diese Kinder kümmerten, die der Krieg an Körper und Seele gebrochen hatte, dachte Corrie: Herr, lass uns das nie in Holland erleben. Ich glaube nicht, dass ich die Kraft hätte, meine eigne Familie leiden zu sehen.

Als die deutschen Kinder – inzwischen gesund – sie wieder verließen, hatte mit ihnen etwas Neues in dem alten Haus begonnen. Corrie machte die Räume sauber, die vor kurzem noch voller Leben gewesen waren, und dachte an einen Plan, von dem Nollie, Betsie und sie geträumt hatten, als sie Mädchen waren. Sie hatten zu ihrer Mutter gesagt: »Mama, wenn wir erwachsen sind, wollen wir unsere Zimmer Missionarskindern geben. So viele von ihnen können nicht bei ihren Eltern bleiben, wenn sie aufs Missionsfeld gehen. Die Kinder müssen darunter leiden, dass ihre Eltern Gott gehorsam sind. Einige werden das verstehen, viele werden es aber auch ablehnen.«

Mutter freute sich sehr über das, was Corrie ihr vorschlug, denn sie wollte nicht, dass ihre eigenen Kinder Missionare wurden. Sich aber um Missionarskinder zu kümmern schien ihr eine ehrenvolle Aufgabe.

Corrie erinnerte sich an die Idee ihrer Kindheit, als Willem sie gerade im Uhrengeschäft besuchte, um ihr eine wichtige Frage zu stellen. Als Pastor hatte Willem das große Bedürfnis, Missionaren zu helfen. Er fühlte, dass Gott ihn in Holland haben wollte, aber sein Interesse an den Geschehnissen in der Welt brachte ihn dazu, in Kommissionen und verschiedenen Organisationen mitzumachen, die sich um Missionsarbeit kümmerten. Eine dieser Organisationen war die holländische *East Indies Mission,* die die Missionare unterstützte, die in weit entfernten Gebieten arbeiteten. Willem kam mit seinem Anliegen zu Corrie, Betsie und Vater ten Boom, als sie um den ovalen Tisch im Esszimmer saßen, wo so viele große und kleine Entscheidungen über die Jahre hinweg gefällt wurden.

»Ich habe gerade davon gehört, dass drei Missionarskinder sofort ein Zuhause brauchen. Die Eltern werden bald aufs Missionsfeld gehen und haben für Familien gebetet, die sich vorstellen können, diese Kinder eine Zeit bei sich aufzunehmen. Ich dachte, das wäre vielleicht etwas für euch.«

Willem war kein Mensch, der lange um den Brei herumredete. Er beschrieb das Problem und gab gleich die Lösung; seine direkte Art war gleichzeitig Gewinn und Verpflichtung. Er kannte seine Familie gut genug, um zu wissen, dass ihre Antwort schnell kommen würde, wenn sie mit menschlichen Nöten und Bedürfnissen konfrontiert würde.

»Wir konnten ein Zuhause für den Jungen finden, aber wir brauchen noch einen Platz für die beiden

Mädchen. Die Eltern arbeiten für eine Glaubensmission. Wenn es die Finanzen dieser Mission erlauben, werdet ihr bezahlt. Wenn kein Geld vorhanden ist, dann müssen die Pflegeeltern aus dem Glauben leben, so wie die Missionare.«

Gott in Sachen Finanzen zu vertrauen war kein neues Konzept für die ten Booms. Nachdem Willem gegangen war, sagte Corrie: »Ein Mädchen könnte in Tante Beps Zimmer schlafen.« Vater ten Boom sah über seinen Brillenrand und sagte: »Du verplanst also schon das Haus. Wenn ihr beide dafür seid, werde ich nicht dagegen sein, aber lasst uns erst einmal darüber beten.«

Am nächsten Morgen besuchte der Missionsdirektor das Uhrengeschäft und sagte: »Wir haben Gott dafür gedankt, dass Sie bereit sind, die beiden Mädchen bei sich aufzunehmen.«

Der Vater schien nicht aus der Fassung zu geraten, als er von dem anmaßenden Gebet hörte, und antwortete: »Ja, wenn Sie Gott schon gedankt haben, können wir Ihnen den Wunsch wohl nicht mehr abschlagen. Wann können die Kinder einmal herkommen, damit wir sie kennen lernen?«

Es dauerte nicht lange, und schon waren Corrie, ihre Schwester und ihr Vater die Pflegeeltern aller drei Missionarskinder – inklusive Hardy, dem Jungen. Obwohl man schon ein Heim für ihn gefunden hatte, brachte man es nicht übers Herz, den Bruder von seinen Schwestern zu trennen.

Die beiden Schwestern Puck und Hans waren

aufgeweckte kleine Mädchen, elf und zwölf Jahre alt; Hardy war ein ernster Vierzehnjähriger. Über Nacht waren in der Beje nicht mehr nur tickende Uhren und leiser Gesang von Liedern zu hören, sondern plötzlich gab es dort auch junge Stimmen und das Getrampel vieler geschäftiger Füße.

Die Ankunft der Kinder gab Corries Leben eine neue Richtung. In den nächsten Jahren lebten in dem kleinen Haus in der Barteljoristraat insgesamt elf Pflegekinder. Einmal waren es sieben zur gleichen Zeit.

Das alte Haus platzte aus allen Nähten. Eines Tages reiste die Tochter eines Missionars von Indonesien nach Holland, wo sie bei ihrem Onkel leben sollte. Kurz bevor das Boot auslief, schickte der Onkel ein Telegramm, in dem er schrieb, dass er seine Nichte nicht aufnehmen könne. Ein anderer Missionar sagte: »Schickt sie in die Beje, dort ist immer Platz. Und falls sie keinen haben, wird man Platz für sie schaffen.« Der Name Beje wurde von den Missionarskindern geprägt. Sie konnten Barteljoristraat nicht aussprechen und nannten sie in der Kurzform Beje (wird Bajaj ausgesprochen). Jahrzehnte später sollte dieser Name durch Bücher und Filme in der ganzen Welt sehr bekannt werden.

Betsie kümmerte sich um das Essen und die Kleidung, und Corrie spezialisierte sich auf Sport und Musik. Die Aktivitäten in ihrem Haus entwickelten sich schließlich zu einer weltweiten Bewegung, dem *Girl Guide Movement.*

Wenn wir Corries Leben, die Erweiterung ihrer Interessen und Aktionen aus unserer Perspektive sehen, wird uns klar, dass kein Umstand im Leben seiner Kinder zu unwichtig für Gott ist. Corrie war 33 Jahre alt, als Hans, Puck und Hardy in ihr Leben kamen. Gott hatte ihr Jahre zuvor gezeigt, dass Ehe und Kinder nicht Teil ihres Lebens sein würden. In ihrer spontanen Art begann sie nun ein Familienleben, in dem viele Kinder ein Zuhause finden sollten.

Über 50 Jahre später erinnerte sich Hans, damals ein intelligentes Kind mit einer guten Auffassungsgabe, an ihre Jahre in Haarlem. Sie heißt jetzt Frau A. Kappner-Van der Veen und lebt in Geldrop in Holland. »Ich weiß, dass wir damals in einer Krisenzeit lebten. Das Leben der Menschen war sehr einfach, und das war auch in dem Uhrengeschäft zu bemerken. Wenn man sparen muss, sind es zuerst die Luxusartikel, auf die man verzichtet. Das Leben bei den ten Booms war einfach, aber sehr glücklich. Sie wussten die kleinen Dinge des Lebens zu genießen.

1925 zogen wir zu den ten Booms. Ich erinnere mich vor allem daran, dass Tante Kees (Corries Spitzname seit ihrem zehnten Lebensjahr) ihr Leben sehr genoss, so wie auch Tante Bet. Die kleinsten Dinge konnten sie erfreuen, weil sie glaubten, dass uns alles von Gott geschenkt würde. Ich erinnere mich noch an eines der Lieblingslieder von Opa ten Boom: ›Ich habe den Grund gefunden.‹ Es macht deutlich, auf welchem Grund sie bauten. Bitte denken Sie nicht, dass das Leben bei ihnen übergeistlich war. Wir hatten viel Spaß zusammen.

Nach dem Krieg habe ich oft gedacht, dass Corries ganzes Leben eine Vorbereitung auf ihre große Aufgabe heute war. Jetzt denke ich aber, dass ihre Arbeit in den Jahren 1920–1930 auch sehr wichtig war. Sie gab vielen Mädchen das Wichtigste für ihr Leben, denn vielleicht hätten sie von niemanden sonst von Jesus erfahren.

Corrie hatte viele Talente. Sie würde sagen: ›Diese Dinge schafft man sich nicht selber, also bedanke dich bei Gott für die Gaben, die du bekommen hast.‹ Ich glaube, es ist sehr angebracht, Gott für Corrie zu danken, denn alles, was wir über ihn wissen, wissen wir durch sie.«

Unzählige Menschen sagen, dass Corrie ten Boom einen großen Einfluss auf ihr Leben hatte. In den Jahren dazwischen, den unbedeutend erscheinenden Jahren einer Person, die später ein so aufregendes Leben haben sollte, abenteuerlich, bunt und gefährlich, erfuhren Hunderte junger Leute Orientierung für ihr Leben durch Corrie, Betsie und ihren Vater.

Hans, Puck und Hardy waren plötzlich Teil der Familie ten Boom. Die als vorübergehende Lösung gedachte Abmachung dehnte sich auf mehrere Jahre aus, und Hans sagte, dass sie in der Beje von einem Kind zu einer jungen Frau wurde. Sie schrieb: »Noch oft danke ich Gott für diese Ersatzeltern, während meine Eltern als Missionare in Indonesien waren, und dass es ein Privileg war, diese wichtigen Jahre mit den ten Booms gelebt zu haben.«

Über seine Schriften aus aller Welt gebeugt oder bei der komplizierten Arbeit an einer Uhr ignorierte Vater die Geräusche im Haus, die von den vielen jungen Bewohnern des Hauses herrührten. Er bemerkte auch ihre Fehler und Streiche nicht. Er prahlte: »Unsere Kinder sind wunderbar, sie streiten sich nie!«

Die strengere Corrie hatte die Kinder vielleicht gerade für ungezogenes Verhalten auf ihre Zimmer geschickt. Sie würde die Treppen hochstapfen mit energischen Schritten, denn sie war eine stattliche Frau, um die Schuldigen mit ihrer Sünde zu konfrontieren.

Oft hörte man von ihr: »Wir müssen bedenken, dass die Kinder nach dem Sündenfall geboren wurden.« Puck, eines der Pflegekinder, erinnerte sich an ein Gespräch hinter verschlossenen Türen, in dem sie Tante Kees erzählte, dass sie Lessie, ein anderes Pflegekind, hassen würde, und daraufhin von Corrie ermahnt wurde: »Puck, weißt du nicht, dass Jesus sagt, dass Hass in den Augen Gottes einem Mord gleichkommt? Er hat uns gesagt, dass wir sogar unsere Feinde lieben sollen.«

Puck saß abwehrend auf ihrem Bett, Corrie sah ihr direkt in die von Tränen verschmierten Augen, und nun hörte sie die Worte, die Corrie später auf der ganzen Erde wiederholen würde.

»Weißt du nicht, Puck, dass Paulus in Römer 5,5 sagt: ›... denn die Liebe Gottes ist ausgegossen in unsre Herzen durch den Heiligen Geist, der uns gegeben ist‹? Er wird dir seine Liebe geben, ein Teil der Frucht des Geistes und eine Liebe, die nie versagt.«

»Aber Tante Corrie«, warf Puck ein, »was muss ich tun? Ich habe nur diese Hassgedanken in mir.«

»Johannes sagt: ›Wenn wir unsere Sünden bekennen, ist er treu und wird uns unsere Sünden vergeben und wird uns reinigen von aller Ungerechtigkeit.‹ Jesus wird dein Herz mit seinem Blut reinigen, und dann wird er dich mit seiner Liebe füllen. Sollen wir jetzt zu ihm gehen und ihm alles erzählen?«

Jahre später wurde Puck, das Missionarskind, in einem Gefangenenlager in Indonesien gefoltert. Sie erzählte Corrie: »Wenn man mich schlug, musste ich oft an dich und Opa denken, und ich erinnerte mich an das, was ihr mir über Feindesliebe beigebracht habt.«

In unserer schnelllebigen Zeit, in der alles von Computern bestimmt wird und in der alles einem strengen Zeitplan unterworfen scheint, denken wir oft an die Menschen vor 50 Jahren zurück mit der Vorstellung, sie hätten ein langsameres und ruhigeres Leben geführt. Corrie arbeitete in dem Uhrenladen, kümmerte sich um die Kinder, leitete Bibelstunden und unterrichtete in der Sonntagsschule. Eines Tages wurde Corrie auf eine neue Aufgabe gestoßen. Sie hörte sich einen Vortrag einer Dame an, die für den *Verein der Freunde junger Mädchen* arbeitete. Corrie fühlte sich nicht wohl unter diesen wohlhabenden

Damen aus gehobener Gesellschaft. Kleidung war ihr nie sehr wichtig gewesen, und der Kontrast zwischen ihrer kurzärmeligen Bluse und ihrem gewöhnlichen Rock und den wunderschönen Seidenkleidern der Frauen veranlasste sie dazu, sich in die Ecke des prachtvollen Wohnzimmers zurückzuziehen. Sie hörte die Rednerin über die dringende Notwendigkeit von Clubs reden. Diese sollten die Zeit zwischen der Sonntagsschule, die nur für Mädchen bis zwölf Jahre ging, und dem CVJM, einer Gruppe für junge Frauen, überbrücken. Die Teenager wüssten nicht, wie sie ihre Freizeit gestalten könnten.

»Corrie ten Boom, das hört sich wie eine Aufgabe für dich an.«

Corrie versuchte den Finger, der sich in ihren Arm bohrte, zu ignorieren. Frau Bechthold war eine nette ältere Dame, eine Freundin von Tante Jans, die die vielen Fähigkeiten der ten Booms und Corries kannte. Oh nein, dachte Corrie, ich kann nicht noch mehr machen! Sie gab die klassische Entschuldigung: »Ich habe keine Zeit.«

»Bete dafür«, flüsterte die hartnäckige Dame.

An dem gleichen Abend sprach Corrie mit Gott über die Angelegenheit, und das Resultat war, dass dieser Club ins Leben gerufen wurde. Sie saß an dem ovalen Tisch und fragte sich, wo dieses Projekt stattfinden könnte; sie hatte kein Geld, keinen Ort, an dem sie sich treffen konnten, und keinerlei Erfahrung. Einer ihrer Lieblingsverse in der Bibel war: »Durch den Glauben wurde Abraham gehorsam, ...

in ein Land zu ziehen, ... und wusste nicht, wo er hinkäme.« (Hebräer 11,8)

Casper kannte viele wohlhabende Menschen in Haarlem, da er seit Jahren ihre Uhren reparierte. Unter seinen reichen Kunden machte sich Corrie auf die Suche. »Frau Gelder, ich möchte Sie um einen Gefallen bitten. Wir wollen einen Club gründen, um Mädchen eine sinnvolle Freizeitgestaltung zu ermöglichen und ihnen von Gott zu erzählen. Könnten wir eine Ecke Ihres Gartens benutzen, um dort Spiele mit den Mädchen zu machen, sie zu beschäftigen und ihnen aus der Bibel zu erzählen?«

Es war schwierig, ihr einen solch konkreten Wunsch abzuschlagen, und so erhielt Corrie die Zusage vieler Besitzer großartiger Landhäuser, ihr Grundstück benutzen zu dürfen. Corrie und Betsie sammelten die Namen der in Frage kommenden Mädchen, was keine schwierige Aufgabe war, da Betsie jahrelang die Sonntagsschule geleitet hatte. Bald hatten sie viele Mädchen zusammen, und es wurde deutlich, dass die Verantwortung geteilt werden musste und Helfer benötigt wurden. Corrie begann damit, junge Frauen für eine Mithilfe in ihrem Team auszubilden. Wenn eine junge Frau ins Geschäft kam, um ihre Uhr reparieren zu lassen, ging Corrie auf sie zu, um sie kennen zu lernen. Erkannte sie in ihr eine mögliche Anwärterin für solch eine Arbeit, erzählte sie ihr von der Mädchengruppe, wie wichtig die Arbeit wäre, und lud sie ein, zu einem Treffen für mögliche Gruppenleiterinnen zu kommen.

In kurzer Zeit hatte sie 40 Leiterinnen zusammen. Corrie entwickelte einen einfachen Plan, und die Clubs konnten beginnen. Jede Woche legte die Gruppenleiterin eine Brücke in Haarlem fest, auf der sich die Gruppe treffen sollte. Dort fanden sie sich zusammen und gingen dann gemeinsam zu einem dieser großen Grundstücke, um dort zu spielen und zu reden. Es war spannend, da die Mädchen erst von dem Ort des Clubtreffens erfuhren, nachdem sie zusammenkamen.

Dann wurde es August und ungewöhnlich regnerisch. Die Gruppenleiterinnen standen auf den Brücken und warteten vergeblich auf die Mädchen. Nur einige ganz treue Seelen tauchten auf, und die Stimmung war ziemlich gedrückt.

Corrie brachte die neuen Probleme vor Gott und bat ihn um einen Raum, in dem sie sich treffen könnten. Corrie drückte ihre Entschlossenheit so aus: »Kann dein Glaube Berge versetzen, oder versetzen Berge deinen Glauben?«

Sie ging zurück zu ihren wohlhabenden Freunden, sich Gottes Führung jetzt viel sicherer und weit weniger beeindruckt von ihren Juwelen und den Seidenkleidern. »Ich kam erst, um Sie um eine Ecke in Ihrem Garten zu bitten, nun komme ich, um Sie um eine Ecke in Ihrem Portmonee zu bitten. Wir betreuen viele junge Mädchen, für die unsere Aktivitäten und die Liebe Gottes sehr wichtig sind, aber dazu benötigen wir einen Raum, damit sie nicht nur Schönwetter-Freunde bleiben.«

Der *Verein der Freunde junger Mädchen* war bereit, eine Kommission ins Leben zu rufen, die sich um die Belange des Clubs kümmern sollte. Zuerst wurde ein Raum auf der Bakenessergracht, einem Kanal in der Nähe der Beje, gefunden. Wenn der Laden geschlossen wurde und das Abendessen gegessen war, brauchte Corrie nur einige Minuten, um zu diesem Treffpunkt zu laufen. Der Raum war jedoch bald zu klein für die stetig wachsende Mitgliederzahl des Clubs. Die Leiterinnen beteten jede Woche um einen größeren Raum, und bald wurden ihre Gebete erhört. Ein sehr großes Haus wurde ihnen zur Verfügung gestellt, und schon bald hörte man aus dem Teyler-Haus (benannt nach dem bekannten Haarlemer Philanthropen) Musik und Gesang, es wurden Volkstänze eingeübt, genäht, Handarbeiten angefertigt und Gymnastik angeboten. Von einem aufdringlichen Finger einer älteren Dame, die sagte: »Corrie, das wäre eine Aufgabe für dich«, bis zu diesem belebten Club war nur wenig Zeit vergangen. Corrie war Gottes Werkzeug in dieser unspektakulären Bewegung, die sich dann über die ganze Welt ausbreitete, aber die längst vergessene Frau, die damals mit den anderen Damen Tee trank, hatte auch ihren Platz in Gottes Plan.

Das Pflegekind Hans erinnerte sich später an die Zeit der Clubs:

»Corrie hatte in jedem Fall Führerqualitäten, ohne dabei aufdringlich zu sein. Sie hat immer alles mit dem Team besprochen und war der fröhliche

Mittelpunkt, ohne zu dominieren. Sie organisierte viele Clubs. Jeder nannte sie Tante Kees. Sie war so bekannt, dass ihr der Postbote eines Tages eine Postkarte brachte, die an Tante Kees, Haarlem, adressiert war.«

Der Sinn der Clubs war, den Mädchen Gott nahe zu bringen und sie von der Straße zu holen. Von einem wöchentlichen Treffen erweiterte sich der Club zu einer täglichen Einrichtung. Jedes Treffen begann mit einigen Minuten, in denen über Jesus gesprochen, eine Geschichte aus der Bibel erzählt und die Gute Nachricht erläutert wurde. Wenn die Mädchen mehr wissen wollten, konnten sie eine Konfirmationsklasse besuchen, die sie auf die Mitgliedschaft in der Reformierten Kirche vorbereitete.

Jedes Jahr hatten die Mädchenclubs einen Festabend mit Programm im Theater. Jede Gruppe führte einen Sketch, ein Musical oder einen Volkstanz vor. Die Mädchen marschierten in Reihen auf die Bühne, und dann eröffnete Corrie den Abend.

Eine Rede, die sie zu einer dieser Gelegenheiten hielt, hatte den Titel »Gott ist immer zu erreichen«. In einem anderen Jahr hieß es: »Hast du dein Radio auf die richtige Frequenz eingestellt?« Hans schrieb 50 Jahre nachdem sie an diesen Veranstaltungen teilgenommen hatte: »Ich kann sie immer noch dort stehen sehen. Sie hat mich tief beeindruckt und ich bin mir sicher, andere mit mir.« Corrie wurde wegen ihrer viktorianischen Erziehung ein Vormund zur Seite gestellt – diesen bestimmte der Vorstand des *Vereins der*

Freunde junger Mädchen. Es war die Frau eines Doktors, und sie sollte aufpassen, dass Corrie nicht zu extrem in ihren Ideen wurde. Es ist also zu verstehen, dass die revolutionäre Idee, es solle doch auch gemischte Gruppen geben, nicht gerade begeistert aufgenommen wurde und Corrie wurde mit Misstrauen bedacht. Der Freundeskreis wurde gegründet und das Experiment für ein Jahr geheim gehalten. Die geheime Seite erhöhte natürlich die Attraktivität der Gruppe. Corrie erzählte gerne von dem Spaß, den sie in der Gruppe hatten, und sagte: »Ich glaube nicht, dass wir an zwei Tagen das gleiche Programm hatten.«

Manchmal redeten sie über Politik, und an anderen Abenden fuhren sie mit Ruderbooten auf der Spaarne. Einmal entschlossen sie sich, auf den Turm der Kathedrale zu klettern. Für die Mädchen und Jungen war das keine unüberwindliche Aufgabe, aber für Corrie mit ihrer Höhenangst war es eine große Leistung!

Ein junger Mann in dem Club, der in einem Beerdigungsunternehmen arbeitete, benutzte den Leichenwagen, um mit seinen Freundinnen am Sonntag Unternehmungen zu machen. Montags wurde dieser Wagen wieder für den Transport der Särge benutzt. Ein Mädchen nach dem anderen wurde mit diesem feierlichen Auto durch die Umgebung kutschiert, aber keine wollte ihn heiraten. Corrie musste ihn bei der Wahl des Ausflugsautos beraten.

Etwa 40 Jahre später – sie war zwischen ihren

vielen Reisen in Holland – traf sie in einer Kirche den Mann vom Beerdigungsunternehmen, der sie fragte: »Kennst du mich noch? In deinem ›Freundeskreis‹ habe ich den Herrn gefunden. Das Wissen von der Ewigkeit hat mir die Kraft für mein Leben und meine Arbeit gegeben.«

Corrie hatte nichts gegen die Beziehungen, die sich in ihrem Club bildeten, und freute sich immer sehr, wenn einer ihrer jungen Männer eine ihrer jungen Frauen heiratete.

Sonntag war immer ein Tag der Ruhe im Haus der ten Booms. Für Corrie jedoch wurde der Sonntagnachmittag eine Zeit, in der sie geistig Behinderte betreute. Oder sie traf sich mit Jungen und Mädchen, die ihren Clubs beitreten wollten, oder es erzählte ihr der Pastor von jemandem, der den Gottesdienst störte. Corrie ließ diese Leute zu sich kommen und feierte einen speziellen Gottesdienst mit ihnen. Sie schrieb in ihrem kleinen Buch mit dem Titel *Common Sense, Not Needed* (Menschenverstand nicht nötig):

»Ich begann die Gute Nachricht behinderten Menschen zu bringen, die nicht Teil einer Institution waren. Es war ihnen nicht möglich, zur Kirche zu gehen; und sie verstanden die Predigt nicht. Aber brauchten sie nicht Jesus genauso wie du und ich? In der Bibel können wir lesen, dass Jesus sich um alle Menschen in Not kümmerte ... Diese Arbeit war in den Augen der Welt vielleicht unbedeutend, nicht aber in den Augen Gottes. Kein Aufwand ist unbedeutend, wenn er im Gehorsam gegen Gottes Gebote ausgeführt wird: ›Gehet hinaus in alle Welt und verkündigt das Evangelium allen Völkern.‹«

Während Corrie sich um die aufgeweckten Pflegekinder in der Beje kümmerte und sich der mentalen und physischen Herausforderung mit den Teenagern in ihren Clubs stellte, fand sie auch noch Zeit, sich wöchentlich mit den geistig Behinderten, den Mongoloiden und Minderbegabten zu treffen.

Eine von Corries Geschichten über ihre Sonntagnachmittagsgruppe ist einfach und eindrucksvoll:

»Kareltje war ein kleiner zwölfjähriger Junge. Er hatte blaue Augen und den Kopf voller Locken. Er gehörte zu einer großen, armen Familie und hatte einen grausamen Vater, der ihn quälte, weil Kareltje geistig behindert war. Er hörte mir zu, als ich die Geschichte von der Speisung der Fünftausend erzählte. Als ich an der Stelle war, wo Jesus aus den wenigen Broten und Fischen genug machte, um die große Menschenmenge satt zu bekommen, sprang Kareltje plötzlich auf und rief: ›Es gibt genug. Wir haben genug für jeden! Nehmt so viel ihr wollt!‹ Kareltje fühlte sich wie einer der Jünger. Was für eine Freude! ›Genug für jedermann!‹ Ich wünschte mir, jeder würde sich so wie Kareltje über den Reichtum freuen, den Gott uns gibt, wenn wir alles aus der Hand von Jesus nehmen, um es anderen weiterzureichen.«

Corrie wusste, dass der Heilige Geist keinen hohen IQ verlangt, um sich Menschen zu zeigen. Es war dies Interesse an den geistig Schwachen, das die

Deutschen wütend machte, da sie an eine höhere Rasse glaubten.

Corrie begann Zeltlager und Konferenzen zu organisieren, als die Clubs mehr und mehr Zulauf hatten. Im Sommer plante sie vier Treffen, zu denen die Mädchen und ihre Leiterinnen draußen zusammenkamen. Erst wurde auf diesen Ausflügen gezeltet, und später fand sich ein Gebäude, das Bliscap, ein altes Wort für Freude, genannt wurde. Es war eine einfache Holzhütte, in der Platz für ca. 60 Mädchen war.

Die Enge des Zeltlebens gab häufig Anlass für Klatsch und Tratsch. Aus diesem Grund gab es ein Lagergesetz: »Wenn du etwas Negatives über eine Person sagen musst, sage zuerst zehn positive Dinge über sie.« Wenn jemand während einer Mahlzeit etwas Gemeines über einen anderen sagte, wurde von irgendeiner Person einfach »Gib mir bitte das Salz rüber« gesagt.

Diese Ferienlager und die einfachen Dinge, die Corrie ihnen beibrachte, beeinflussten die Mädchen nachdrücklich in ihrem ganzen Leben. Der Höhepunkt jeden Tages war das Lagerfeuer am Abend, zu dem die Mädchen um das Feuer herumsaßen, mit Wolldecken um ihre Schultern, und sangen. »Tante Kees hielt die Abendandacht, und es waren Zeiten, die wir nie vergaßen.«

Corrie war bekannt für ihre aufregenden Geschichten. Sie benutzte ihre ausgeprägte Fantasie, um sich spannende Geschichten auszudenken. Der letzte Abend dieser Ferienlager war immer etwas

Besonderes. Wenn alle ins Bett gekrochen waren und nachdem die Lichter ausgemacht wurden, ging Corrie nach draußen und sang in ihrer warmen, tiefen Altstimme ein Abschiedslied.

Ein anderes Mädchen aus dem Club, Pussy, jetzt Frau Rie Droog aus Südafrika, erinnerte sich an das Leben im Ferienlager. Sie erzählte: »Ich kenne Corrie, seit ich 14 bin. Jetzt bin ich 71. Ich traf sie das erste Mal im HMC, dem Haarlemer Mädchenclub. Ich nahm an dem Gemeinschaftsclub teil, an der Gymnastik und dem Konfirmationsunterricht, an dessen Ende ich in der großen Kirche in Haarlem konfirmiert wurde. In dieser Zeit gehörten fast alle Mädchen des Clubs der Arbeiterklasse an, sie waren also nicht verwöhnt. Die Jahre zwischen 1928 und 1940 waren hart, denn es gab eine hohe Arbeitslosigkeit. Ich habe an vielen ihrer Ferienlager teilgenommen und sogar einmal eine Tour entlang des Rheins, teilweise im Boot und teilweise zu Fuß, mitgemacht.

Nachts gab es Lagerfeuer, und wir haben uns alles eingeprägt, was uns Tante Kees erzählte. Ihre einfache Art, Geschichten zu erzählen, hat mich sehr berührt und mit mir viele andere. Sie gab uns außerdem immer etwas, worüber wir später nachdenken sollten! Die Atmosphäre in diesen Ferienlagern war immer so fröhlich, dass es vielen von uns schwer fiel, uns wieder in unseren Familien und an unseren Arbeitsstellen einzuleben. Tante Kees war eine wunderbare Pädagogin! Und es ist unmöglich, ihren großartigen Humor zu beschreiben.

Sie war diejenige, die das Fundament für meinen Glauben legte. Ich habe ihr immer sehr genau zugehört, wenn sie sprach. Ich habe ihre gütigen, wunderschönen und ausdrucksvollen Augen bewundert, und im Schein des Lagerfeuers fiel mir ihr einfacher, mit einem kleinen Diamanten verzierter Ring auf, der im Schein des Feuers glitzerte.«

Corrie besuchte Südafrika im Jahr 1953, und Pussy besuchte die Versammlung, in der sie sprach. Dort stand die lustige Tante Kees, um viele Jahre und Erfahrungen reicher, sie sprach zu Hunderten von Menschen und nicht nur zu ein paar Mädchen, die um ein Lagerfeuer saßen. Pussy wollte, dass ihr Ehemann ihre alte Ferienlagerleiterin hörte und sagte: »Sie hat Henk so beeindruckt, dass er ihr schrieb und sich im Alter von 72 Jahren in der Reformierten Kirche in Südafrika konfirmieren ließ.«

Ein Freund Corries, der eine wichtige Rolle in ihrem Leben spielte, Dr. Hans Moolenburgh, sagte: »Corrie überwindet Zeit und Raum.« Nachdem wir von ihrem Einfluss auf so viele Menschen wissen, wird die Bedeutung der Worte Dr. Moolenburghs klar.

Corries Geschichten waren immer so einfach und verständlich, dass sie uns lange in Erinnerung bleiben. Es geht uns mit ihnen ähnlich wie mit Kinderreimen oder den klassischen Märchen. Ihre Illustrationen beinhalteten die Weisheit Gottes, die ihr Fundament in den Versen hatte, die sie oft zitierte:

»... Hat nicht Gott die Weisheit der Welt zur Torheit gemacht? Denn weil die Welt, umgeben von der

Weisheit Gottes, Gott durch ihre Weisheit nicht erkannte, gefiel es Gott wohl, durch die Torheit der Predigt selig zu machen, die daran glauben.« (1. Korinther 1,20–21)

Corrie schulte ihre Ferienlagerleiterinnen nicht in tiefen theologischen Fragen, aber sie brachte ihnen das Geschichtenerzählen (nicht länger als zwei bis fünf Minuten) bei, um die Wahrheit zu illustrieren. Hier ist eine Geschichte die sie mir erzählte:

»Es war einmal ein alter Mönch, der zu Weihnachten Weihnachtslieder sang. Seine Stimme war furchtbar, aber er liebte seinen Gott. Eines Tages sagte der Abt des Klosters: ›Jetzt haben wir einen neuen Mönch unter uns, und er hat eine wunderschöne Stimme, er wird von jetzt ab singen.‹ Dieser Mann sang so schön, dass es alle glücklich machte.

Aber in der Nacht kam ein Engel zum Abt und sagte: ›Warum hattet ihr dieses Jahr keinen Weihnachtslieder-Abend?‹ Der Abt antwortete: ›Wovon redest du? Wir hatten einen besonders schönen Abend!‹ Aber der Engel meinte: ›Im Himmel haben wir nichts davon gehört.‹«

Corrie würde die Geschichte auf einen Punkt bringen: »Liebe Mädchen, der Herr hört die Kinder, die ihn lieb haben, aber er kann die nicht hören, die Jesus nicht als ihren Retter angenommen haben. Hört er eure Stimme?«

Corrie war eine gute Organisatorin und Leiterin, aber sie begann zu erkennen, dass ihre Clubs und Ferienlager mehr Struktur brauchten. Aus dem Gymnastikclub entstand der holländische Pfadfinderclub für Mädchen. Corries Mädchen wurden durch ihr Logo bekannt als die Dreiecksmädchen. Das Dreieck symbolisierte die drei Phasen der Entwicklung: sozial, intellektuell und körperlich; der Kreis wies auf die geistliche Dimension hin. Corrie erklärte: »Wenn das Dreieck vom Kreis umschlossen ist, stehen wir in der richtigen Position als Kinder Gottes.«

Corrie durchlief die Jahre, ohne sich um ihr Alter oder ihre Ehelosigkeit zu sorgen. Sie zog sich ihre Clubuniform an und marschierte mit ihren Mädchen. Sie liebte Spaß und konnte wunderbar über sich selbst lachen. Ihr Vater war immer der Inbegriff von Würde, während Corrie der immerwährende Spaßvogel blieb.

Jedes Jahr fand am 31. August ein großes Fest statt, um den Geburtstag der Königin Wilhelmina zu feiern. Man feierte mit Picknicks, mit Paraden und Ansprachen. Casper ten Boom war der Vorsitzende der Haarlemer Paraden-Kommission und zog sich zu dieser Gelegenheit seinen besten Anzug an und setzte einen Hut auf – durch und durch ein feiner Herr. Auf einer Parade lief der Mädchenclub neben einer vornehmen Kutsche, gefahren von Kutschern in Uniformen, die zu den Hengsten passten, die die Kutsche zogen. Als die offiziellen Fotos dieses renommierten Ereignisses veröffentlicht wurden, sah man die Mädchen des Clubs mit vornehm lächelnden Gesichtern in ihren adretten Uniformen, nur Corrie steckte ihr Gesicht, zu einer Grimasse verzogen, aus dem Fenster der Kutsche.

Corries Ausstrahlung war etwas Besonderes. Eine amerikanische Dame, die beim CVJM arbeitete, hörte in den 30er Jahren von ihr und lud sie zu einer Internationalen Konferenz nach Riga in Lettland ein. In diesem Land, das später von den Kommunisten eingenommen wurde, bestand zu der damaligen Zeit Religionsfreiheit.

Auf dieser Konferenz wurde Corrie in die weltweite Leiterschaft der Mädchen-Pfadfinder eingeführt. Aber es schien etwas zu fehlen in ihren Aktivitäten. »Es wurde viel von Persönlichkeitsbildung geredet«, erinnerte sich Corrie, »aber das geistliche Training war enttäuschend.«

Corrie, die Neue unter ihnen, kam mit einer deutlichen Frage: »Glauben Sie nicht, dass wir das Ziel verfehlen, wenn wir den Mädchen sagen, sie sollen gute Bürger sein, und sie nicht zu Jesus Christus bringen?«

Zu ihrem Erstaunen entschloss man sich dazu, einen Schwerpunkt auf Evangelisation zu legen. Als sie nach Holland zurückkehrte, bat sie einige der Frauen, die sie durch ihre Clubarbeit kannte, ihr bei der Gründung eines nationalen Vorstands zu helfen. Sie kamen aus allen Teilen des kleinen Landes und hatten ihre Treffen in einem sehr zentralen Raum, dem 1.-Klasse-Wartesaal des Bahnhofs von Amsterdam.

Corrie kannte keine Kompromisse. Als sie den Verfall der christlichen Werte in den Mädchenclubs bemerkte, weil religiöse Unterweisung durch ethische ersetzt wurde, gründete sie eine christliche Bewegung mit dem Namen: Der niederländische Mädchenclub.

Der erste Artikel der Vereinssatzung lautete: »Suche deine Kraft im Gebet«. Das war Corries Motto. Sie brauchte es, wenn sie glücklich war, und sie brauchte es, wenn es ihr schlecht ging; und sie gab es anderen weiter.

In einer sehr bitteren Zeit, in späteren Jahren, saß Corrie in einem dunklen Steinloch im Scheveninger Gefängnis in Holland, als sie ein Schluchzen aus einer nahen Zelle hörte. Sie rief laut: »Weine nicht – sei stark –, bald werden wir wieder frei sein.«

Wie wunderbar diese bekannte Stimme geklungen haben muss! Wer konnte ihre Stimme mit einer anderen verwechseln?

»Tante Kees, bist du das? Ich bin's, Annie. Oh, Tante Kees, mir tut es so Leid, dass du auch hier sein musst.«

Annie war eines der treuen Mädchen aus Corries Mädchenclub. Sie war von der Gestapo festgenommen worden und landete im Gefängnis. Nie war sie ein besonders starkes oder mutiges Mädchen gewesen, erinnerte sich Corrie. Wie konnte sie ihr nur helfen? »Annie, erinnerst du dich noch an den ersten Punkt aus unserer Vereinssatzung? Suche deine Kraft im Gebet.«

Was passiert, wenn eine Person alles genommen bekommt, den Besitz, das Zuhause und die Freiheit?

Das Leben wird sehr einfach und reduziert sich auf die echten Werte der Existenz. Die Kinder, die Clubs und die Bibelgruppen gaben vielen Menschen Durchhaltevermögen, die später Schlimmes erleben sollten.

Truus Benes, ein anderes Mädchen aus dem Club, erinnerte sich: »Corrie war eine besonders starke Frau, die immer einen Weg aus Schwierigkeiten finden konnte. Am wichtigsten war jedoch, dass sie uns immer auf unseren Schöpfer hinwies. Sie war das Zugpferd in der Arbeit mit den Mädchen und hat uns sehr angespornt.«

Gott hat diese zähe Frau ausgerüstet für das Schreckliche, das sie später erleben sollte. Bald waren die ruhigen Jahre zu Ende. Die Clubs wurden geschlossen. Corrie erinnerte sich an das letzte Mal, als sie zusammenkamen. Die Mädchen sangen die Nationalhymne und kämpften gegen ihre Tränen an. Sie sagte: »Mädchen, weint nicht. Wir hatten viel Spaß in unseren Clubs, aber das war nicht der Grund, warum wir zusammenkamen. Jesus macht uns stark, auch im Krieg und in Katastrophen.«

TEIL II

Der Wendepunkt

Wenn Gott eines seiner Kinder nimmt, um es in einer mächtigen Weise zu gebrauchen, dann nimmt er dasjenige, das bereit ist. Gott kannte Corries Schwächen und Stärken, ihre Talente und Gaben. Er kannte auch die Punkte, an denen sie zerbrechen würde.

In einer Zeit, in der die Welt unter dem Terrorismus zittert, in der die politischen Führer sich nur unter starker Bewachung bewegen können und Revolutionen die Erde in Unruhe versetzen, fragen wir uns, ob wir uns dem Leiden stellen können, das uns jederzeit treffen kann. In einer Zeit des Überflusses scheint der Hunger weit entfernt; umgeben von Behaglichkeit und Freiheit scheint Sklaverei undenkbar. Wenn wir jedoch von Corrie und anderen Menschen lesen, die uns ein Beispiel von unglaublichem Mut geben, fragen wir uns: Würde ich unter diesen Umständen meinen Verstand behalten?

Der Wendepunkt könnte mit einem Telefonanruf oder einem Türklopfen beginnen.

Was sagt uns Gott durch seine Dienerin Corrie?

Gott gebrauchte sie, um zu uns über die Vergänglichkeit der Dinge und den anhaltenden Wert einer Persönlichkeit, die durch Gottes Disziplin geformt und gestärkt wird, zu sprechen.

Gott, hilf Holland ... und uns

Viele Holländer ignorierten in den späten 30er-Jahren die unheilvollen Kriegsanzeichen, die um ihr schönes Land herum zu bemerken waren. Sie hatten schon einmal ihre Neutralität bewiesen und würden es wieder tun. Aber es gab auch einige, die die drohende Gefahr ernst nahmen, und unter ihnen war Königin Wilhelmina und ihr treuer Untergebener Casper ten Boom.

Königin Wilhelmina bewies in ihrer Autobiographie politischen Weitblick: »Als Hitler im Frühling 1938 in Österreich einmarschierte, waren mir die Folgen klar. Die deutsche Politik würde in einer europäischen Katastrophe enden.«

In der schönen Stadt Haarlem riefen die Glocken der Kirche St. Bravo die Gläubigen zum Gottesdienst, auf dem Marktplatz wimmelte es von Bauern und Händlern, und das Uhrengeschäft der ten Booms wurde von Casper ten Boom und seinen beiden erwachsenen Töchtern so wie in den vergangenen Jahren weitergeführt.

Als der Zweite Weltkrieg begann, gab Holland sofort seine Neutralitätserklärung ab.

Im Radio wurde jedoch von deutschen Invasionen in ein Land nach dem anderen berichtet. Im April 1940 kam dann die Besorgnis erregende Nachricht des Überraschungsangriffs auf Dänemark und der Invasion in Norwegen. Hitlers Männer kontrollierten die nordeuropäischen Länder.

Dann passierte es. Corrie und Betsie hörten die Bomben, die auf Schiphol, den Flughafen in der Nähe von Haarlem, abgeworfen wurden. Nun hatte die harte Realität auch die Menschen eingeholt, die dachten: »Hier kann das nicht passieren.«

Corrie rannte zu ihrer Schwester Betsie, und die beiden hielten sich im Arm wie ängstliche Kinder und beteten.

»Herr, mach uns stark. Nimm uns unsere Angst und gib uns Vertrauen.«

»Betsie, Gott hält die ganze Welt in seiner Hand.«

»Corrie, die Haare auf deinem Kopf sind gezählt.«

In dieser Nacht sah Corrie in einer Vision die ganze Familie in einem Gefährt, das wie ein Viehwagen aussah. In vielen ihrer späteren Vorträge und Bücher berichtete sie über diesen Traum, vielleicht hat sie ihn dabei auch ein bisschen ausgeschmückt. In jedem Fall war er eindrücklich genug, dass sie sich noch viele Jahre später an ihn erinnerte.

Früh am nächsten Morgen versammelten sich Corrie, Betsie und der Vater am Radio und hörten die Königin Folgendes verkündigen:

»Mein liebes Volk, nach allen diesen Monaten, in denen unser Volk ohne zu wanken an seiner Neutralität festgehalten hat und es unser einziger Vorsatz war, diese Einstellung fest und beständig zu bewahren, hat nun letzte Nacht die deutsche Armee ohne die geringste Vorwarnung einen Überraschungsangriff auf unser Land begonnen ...«

Um das Radio kauernd, haben Corrie, Betsie und ihr Vater bestimmt verstanden, was dieser Überraschungsangriff für ihre sichere kleine Welt bedeuten würde.

Die Königin beauftragte alle Holländer, ihre Verantwortung wahrzunehmen: »Ich und meine Regierung werden weiter unsere Pflicht tun. Ihr werdet eure Pflichten tun, überall und unter allen Umständen, jeder an dem Platz, an dem er beschäftigt ist, mit der größten Wachsamkeit und im inneren Frieden, mit einer Hingabe, die allein ein reines Gewissen ermöglicht.«

Die Angst, die Corrie in dieser Nacht und dem darauf folgenden Tag empfand, war die schlimmste, die sie je erlebt hatte. Später sagte sie, dass selbst der Krieg, die Besatzung und die Zerstörung ihres Familienlebens, wie sie es in der Vision vorausgesehen hatte, nicht so Grauen erregend waren wie die blanke Angst, die der erste Schock mit sich brachte. Corrie reflektierte später: »War dies wie eine Impfung, mit der uns Gott auf die Zukunft vorbereitete?«

Dem ersten Angriff folgten fünf Tage Krieg. Es war eine sehr kurze Zeit, in der viel lang anhaltendes Elend verursacht wurde. Die Uhrmacherei wurde ein Hafen der Zuflucht für viele; Vater betete mit jedem, der kam. Wenn sie beunruhigt war, setzte sich Corrie oft an das Klavier, um Bach zu spielen, und fühlte sich dadurch getröstet.

Deutsche Fallschirmjäger fielen in Den Haag ein und verbreiteten Verwirrung unter der schlecht vorbereiteten holländischen Armee. In ihrem ersten Kampf mit den feindlichen Fallschirmjägern konnten die Holländer kaum zwischen Feind und Freund unterscheiden. Ihre Luftwaffe war zu schwach, um sich zu wehren, und die deutschen Panzer überrollten die Bodentruppen einfach.

Der dunkelste Tag des Fünftagekriegs war der, an dem die königliche Familie floh, Königin Wilhelmina nach England und Kronprinzessin Juliana nach Kanada. Corrie war nicht jemand, der schnell Tränen vergoss, aber als sie die Stimme der Königin aus London hörte, weinte sie in aller Öffentlichkeit und mit ihr viele Holländer. Für die Holländer bedeutete die Königin Sicherheit. Ihre Worte über den Äther waren mitfühlend und stark: »Unser Herz ist bei den Bürgern unseres Landes, die durch eine schwere Zeit gehen werden. Aber am Ende werden die Niederlande mit Gottes Hilfe ihr ganzes Land zurückbekommen.«

Wenn Corrie durch die Straßen ihres geliebten Haarlem ging, tat ihr das Herz weh bei dem Gedanken an die Demütigung und Niederlage, und sie bemerkte einen Zusammenhalt unter den Bürgern, der oft in Katastrophenzeiten entsteht. Sie dachte: So wird es im Tausendjährigen Reich sein, die ganze Erde wird Gott erkennen; einst nicht im Elend, sondern im Herrn.

Wie der Beginn einer langsam fortschreitenden Krankheit, so war die Besatzung anfangs noch erträglich. Die Uhrmacherei hatte viele neue Kunden durch die deutschen Soldaten, die Uhren und Wecker kauften. Corrie sprach mit ihnen und erinnerte sich an die jungen Gesichter, die damals, im Ersten Weltkrieg, von Tante Jans zu den Bibelstunden eingeladen worden waren. Aber diese jungen Männer waren anders, einige von ihnen waren so schroff und hart – man hatte ihnen von früher Kindheit an ihre Überlegenheit eingeredet.

Wenn deutsche Panzer, Kavallerie und Soldaten durch die Barteljoristraat zogen, bemerkte Corrie oft, dass viele von ihnen zu beschämt waren, um den Anwohnern in die Augen zu schauen. Nach dem Krieg erzählte ihr ein Deutscher: »Ich schämte mich bei jedem Schritt, den ich in Holland tat, denn ich wusste, dass ich eine neutrale Nation besetzte.«

Für Corrie mit ihren 48 Jahren war die Besatzung fast ein wenig aufregend. Die Routine im Geschäft, die Arbeit mit den Clubs und die täglichen Spaziergänge änderten sich, aber die neuen Herausforderungen waren auch interessant.

Für die ten Booms waren die Psalmen immer sehr wichtig gewesen und bekamen in diesen Tagen einen ganz neuen Wert. Die Kirchen waren sehr gut besucht, und Prediger, die nie über das zweite Kommen Christi gepredigt hatten, fühlten sich plötzlich ermutigt, dies nun doch zu tun.

Aber mit der Zeit wurden den Holländern durch die deutsche Verwaltung Einschränkungen auferlegt. Es begann mit kleinen Dingen, wie beispielsweise einer Ausgangssperre. Sie wurde anfangs locker gehandhabt, aber nach und nach wurden die Stunden eingeschränkt, bis die Menschen ihre Häuser schließlich nach sechs Uhr nicht mehr verlassen durften. Nahrungsmittel wurden rationiert, und Autos, Radios, Gold, Zinn, Kupfer und sogar die bronzenen Kirchenglocken wurden schließlich konfisziert. Als der erste Winter der Besatzungszeit begann, wurde nach und nach die antisemitische Haltung der deutschen Verwaltung deutlich. Im November 1940 erließ die deutsche Regierung ein Dekret, dass alle Juden von ihren Posten in Politik, Schulen und Universitäten verschwinden müssten. Viele holländische Beamten willigten in diese Anordnungen ein, und nur wenige stellten sich dagegen. Jemand hatte gesagt: »Als Christ kann ich mich nicht über Menschen einer anderen Rasse stellen.« Drei Wochen später wurde er von den Deutschen ins Gefängnis gesteckt.

»Wir werden weiterhin die Juden unterstützen«, sagte Casper, »denn sie sind der Augapfel Gottes.«

Die meisten Holländer verhielten sich dem Königshaus gegenüber streng loyal, was dem deutschen Besatzungsleiter, Dr. Arthur Seyss-Inquart, sehr missfiel und ihn dazu veranlasste, alle Hinweise auf das Königshaus und die Königin zu eliminieren. Sogar Straßennamen noch lebender Mitglieder des Königshauses wurden umbenannt.

In der Jahren 1941 und 1942 wurden intensive Bemühungen unternommen, um ein Holland nach deutschem Vorbild zu schaffen. Eine starke Pro-Nazi-

Organisation war die *National Sozialistische Bond* (oder NSB), die aus holländischen Kollaborateuren bestand. Die polizeiliche Kontrolle durch die Deutschen wurde stärker. Diese Holländer mussten unter Kontrolle gebracht werden! Jeder Einwohner über 15 Jahre musste immer einen Personalausweis bei sich tragen. Dieser trug das Passfoto, die Unterschrift und den Fingerabdruck des Besitzers. Juden trugen außerdem ein großes »J« in ihren Ausweisen. Diese Ausweise sollten in den kommenden Jahren in der Untergrundbewegung sehr wichtig werden. Denn Lebensmittelkarten gab es nur für registrierte Personen, die außerdem einen Ausweis vorlegen konnten, und so war schnell klar, dass das große »J« im Ausweis der Juden ein Zeichen des Schicksals werden sollte.

Die ersten Dinge, die die Deutschen beschlagnahmten, waren Fahrräder. Es kam vor, dass Menschen unterwegs waren, um etwas zu besorgen oder einen Besuch zu machen, und sich plötzlich in einer Straßensperre wiederfanden. Ihr Transportmittel wurde ihnen weggenommen, und ihnen wurde eine Quittung ausgestellt, die keinen Wert hatte. Einigen Leuten wurde erlaubt, ihr Fahrrad zu behalten, aber man bediente sich an den Reifen, die dann nach Deutschland geschickt wurden, um dort eingeschmolzen und für den Bau von Kriegsfahrzeugen verwendet zu werden.

Corrie lernte, ohne Reifen Fahrrad zu fahren, und spürte dabei jede Unebenheit des Kopfsteinpflasters durch ihren Körper vibrieren, während sie durch die Straßen Haarlems fuhr.

Die Unbequemlichkeiten wurden bald von Entsetzen abgelöst, als Juden und gesunde Männer zu verschwinden begannen. Unter den Bewohnern grassierten Angst und Schrecken. Bald kam es zu Attentaten als Vergeltungsakte auf das, was die Deutschen als Sabotage bezeichneten.

In Haarlem wurde ein deutscher Soldat auf mysteriöse Weise erschossen, woraufhin die Wehrmacht entschied, dass für jeden Angriff auf einen Soldaten zehn Zivilisten ihr Leben lassen sollten.

Der Anfang vom Ende der jüdischen Bevölkerung in Holland begann, als die Juden gezwungen wurden, einen gelben Stern an ihrer Kleidung zu tragen. Corries Vater war sehr entsetzt über den Hass, den er gegenüber diesem Volk, das er so liebte, erlebte.

»Corrie, wirst du mir auch einen gelben Stern besorgen? Ich möchte auch einen tragen.«

Corrie erlaubte ihm nicht, sich auf diese Weise mit den Juden zu solidarisieren, weil sie wusste, dass er dann mit ihnen getötet würde. Aber in seiner galanten Art nahm er vor jedem Juden, der ihm begegnete, seinen Hut vom Kopf.

Eines Tages wurde Casper von einem alten Freund, einem Haarlemer Rabbi, besucht. Vater hatte oft mit ihm gebetet; sie hatten gemeinsam das Alte Testament gelesen und viele Bücher ausgetauscht. Er kam mit vielen Büchern beladen in die Beje, und die ständige Anspannung stand ihm deutlich im Gesicht. Er brachte die Bücher zurück, die ihm Vater geliehen hatte und mit ihnen viele seiner eigenen, die einen großen Wert für ihn besaßen. Außerdem brachte er Schmuck und Uhren. Es war das letzte Mal, dass sie ihn sahen. Einer seiner Söhne überlebte, aber Corrie konnte ihm sein wertvolles Eigentum nicht zurückgeben, da die Gestapo bei der Gefangennahme der ten Booms alles beschlagnahmt hatte.

Eine Zeit lang behielten die Holländer ihren Sinn für Humor, wobei Witze über Hitler am beliebtesten waren. Als jedoch die Deportation der Juden begann, schrieb Corrie: »Unser Elend wurde zu groß für Witze. Außerdem hörte Holland auf zu singen.«

In der Beje wurde immer viel Musik gemacht, und Betsie sagte: »Ein Christ muss in der Lage sein, in der Nacht Psalmen zu singen.« Corrie unterrichtete ihre Freunde davon, dass Montagabend geistliche Lieder in der Beje gesungen werden würden. Das schien das Mindeste, was sie tun konnten, um ihre Seele in dieser schweren Zeit am Leben zu halten.

Aber es wartete noch mehr Arbeit auf die beiden altmodischen Schwestern und ihren Vater.

Corrie und Betsie versuchten ihren Vater vor den immer häufiger werdenden Einschüchterungen der Gestapo zu schützen. Einmal war Corrie allein mit ihm unterwegs, als sie Zeugen wurden, wie ein Dutzend jüdische Familien in einen alten Bus verfrachtet wurden. »Ich versuchte Vaters Aufmerksamkeit auf etwas anderes zu lenken, aber er hatte es schon bemerkt und blieb stehen. In Vaters Gesicht sah ich eine Traurigkeit, wie ich sie nie zuvor gesehen hatte. Schließlich begann er zu sprechen: ›Ich zittere, wenn ich an die Strafe denke, die über Deutschland kommen wird. Sie haben den Augapfel Gottes angetastet.‹«

Hitlers Vorstellung von einem Europa nach dem Krieg vereinigte viele Holländer mit den Deutschen. Hitler hatte einmal gesagt, dass die besten Repräsentanten der arischen Rasse in Holland und Norwegen zu finden seien. Der Nationalsozialismus vertrat die Auffassung, dass die arische Rasse in den Juden einen unversöhnlichen Feind hätte, und um eine vollkommene Zivilisation zu schaffen, müssten alle Juden aus verantwortungsvollen Positionen in Europa verschwinden. Die Nazis wollten sie von der restlichen Bevölkerung trennen und vielleicht sogar ganz von dem europäischen Kontinent vertreiben.

Zunächst war die Kooperation mit dem neuen Regime »freiwillig«. Der Widerstand war eher ein symbolischer als ein aktiver Widerstand.

Corries Neffe, Peter van Woerden, ein sehr talentierter Musiker, spielte einmal die Orgel in einer reformierten Kirche. Nach der Sonntagspredigt zog Peter alle Register der gigantischen Orgel und spielte feierlich die »Wilhelmus«, die holländische Nationalhymne, die die deutsche Regierung verboten hatte. Vater, dessen altes Herz höher zu schlagen begann, war der Erste, der aufstand und von seiner Liebe zu der Königin und seinem Heimatland sang.

Antideutsche Gefühle begannen sich breit zu machen, als es offensichtlicher wurde, dass die deutschen Aktionen mehr und mehr die Freiheit beschnitten. Widerstand wurde für viele Holländer nötig, schon allein um den Respekt vor sich selbst zu bewahren. Holländische Studenten gründeten eine Widerstandsbewegung. Im Jahr 1943 teilte man 14 000 Studenten mit, dass sie nicht länger studieren könnten, es sei denn, sie würden eine Erklärung unterschreiben, in der stand: »Ich werde von jeder Art Widerstand gegen das Deutsche Reich und die deutsche Armee absehen.« Sechsundachtzig Prozent der Studenten unterschrieben diese Erklärung nicht. Universitäten mussten schließen. All diejenigen, die nicht unterschrieben hatten, wurden am 5. Mai ans deutsche Gericht beordert und nach Deutschland in Arbeitslager geschickt.

Im Leben müssen immer wieder Entscheidungen getroffen werden. Einer der Studenten war der 18-jährige Hans Poley, der Sohn einer Freundin Corries. Als sich Hans weigerte, diese Loyalitätserklärung zu unterschreiben, kam seine Mutter in die Beje, um mit Corrie zu sprechen. »Wir können Hans nicht bei uns zu Hause wohnen lassen. Es ist nur eine Frage der Zeit, bis die deutsche Polizei ihn findet. Corrie, kann Hans bei euch wohnen?«

Eine kleine Bitte, aber diese sollte der Anfang einer Untergrundbewegung in dem ruhigen kleinen Haus werden. Corrie sagte sofort: »Okay, er soll kommen.«

Hans war ein gut aussehender und mutiger junger Mann. Er kam in der Nacht zu den ten Booms und wurde ein Teil der Familie, der vom 9. Mai 1943 bis zum 5. Februar 1944, dem Tag ihrer Gefangennahme, bei ihnen blieb.

Corrie sagte: »Wir hatten unsere Rettungsarbeit nicht geplant. Menschen kamen zu uns und sagten, die Gestapo sei hinter ihnen her, und wir nahmen sie auf. Andere folgten.«

Die ten Booms waren nicht die Einzigen, die sich an dieser Untergrundarbeit beteiligten. Viele mutige Männer und Frauen und auch Jugendliche versorgten Piloten der Alliierten, deren Flugzeuge von den Deutschen abgeschossen worden waren. Eine der wichtigsten Aktivitäten der Widerstandsbewegung war es, Untergetauchte zu verstecken, holländische Juden oder junge Männer, die von der deutschen Polizei gesucht wurden.

Für Corrie war es eine Befreiung, etwas tun zu können. Schon bald konnte sie ihr Organisationstalent wieder einsetzen. Ein Klopfen an der Tür, ein kurzer Blick die Straße entlang und schnell wurde eine junge jüdische Mutter mit ihrem Baby in die Beje gezogen. Für sie wurde ein Zuhause auf dem Land gefunden, ein sicherer Ort, wenigstens für einige Zeit.

Betsie kümmerte sich um den Haushalt, und als sich die Zahl der Kurzzeit- wie auch der Langzeitgäste steigerte, delegierte sie auch Pflichten an andere. Das Haus glich bald einem geschäftigen Büro, mit Leuten, die kamen und gingen. Es wurden Arbeiten verteilt und Anfragen bearbeitet.

Von dem, was Corrie später aus dieser Zeit erzählte, und dem, was man aus Interviews mit Menschen, die in diesen entscheidenden neun Monaten in der Beje lebten, weiß, können wir uns ein Bild von den zahlreichen Aktivitäten machen. Corries Arbeitsweise glich der der Pfadfinder. Sie leitete die Aktivitäten in der Beje wie damals ihre Clubs, indem sie sich bemühte, zu organisieren und den Laden am Laufen zu halten. Sie schien die neuen Aufregungen in ihrem Leben fast zu genießen. Einige der Menschen, die für die ten Booms arbeiteten oder Botengänge verrichteten, amüsierten sich im Geheimen über die ten-Boom-Schwestern, über ihre altmodischen Umgangsformen und ihre Kleidung. In den 40er-Jahren trugen Frauen für gewöhnlich wadenlange Röcke. Die ten Booms kleideten sich meist in Schwarz, und ihre Kleider hatten einen Stil, der normalerweise von Frauen zwischen 60 und 70 getragen wurde. Bald wurde die Beje bekannt als die »glücklichste Untergrundadresse« in den Niederlanden. Ein begabter Geiger und ein junger Anwalt, die beide in den Untergrund gezwungen wurden, unterhielten beispielsweise die Bewohner mit einer Tartini-Sonate. An einem anderen Abend vergnügte man sich mit Spielen oder nahm sich Zeit für das Erlernen von Fremdsprachen. Einige der Gäste wurden zu Dauergästen und damit zu einem Teil der Familie. Es gab einen Kern von sechs bis acht Gästen, die blieben und mit Vater und Betsie das Haus versorgten. Corrie war der Kopf des Ganzen. Sie sagte: »Ich brachte Menschen zusammen.« Es gab viele Unterschiede unter den Menschen und in ihren Bedürfnissen! Insgesamt bewohnten 30 Jungen und 20 Mädchen die Beje, zusätzlich 20 ältere Männer und zehn Frauen. Das Zusammenleben wurde durch Corrie organisiert, und sie sorgte für die Weiterleitung der Untergetauchten.

Probleme gab es jeden Tag. Eine jüdische Frau stand kurz vor der Niederkunft; ein Arzt und ein Krankenhaus mussten gefunden werden. Geschichtliche Berichte erzählen von herausragenden Beispielen, in denen vor allem Mediziner sich weigerten, den Deutschen bei ihren kriegerischen Vorhaben zu helfen. Dann gab es Menschen, die krank wurden oder starben. Wie konnte ein Jude begraben werden, ohne seine Familienmitglieder in Gefahr zu bringen? Eine Widerstandskämpferin berichtete später, wie sie eine tote Frau in einen Rollstuhl setzte und mit ihr zu einem Kanal in Amsterdam fuhr. »In Friedenszeiten wäre ich Arm in Arm mit meinem Freund an diesem Kanal entlangspaziert, aber nun sah ich zu, wie eine kleine jüdische Großmutter in dem dunklen Wasser versank.«

Corries kleines Schlafzimmer wurde ein Vorrats- und Notzimmer: Es fand sich dort Platz für ein Kind; zwanzig zusätzliche Lebensmittelkarten wurden hier aufbewahrt. Corrie ermutigte ihr Team immer wieder zu Aktionen. »Also los, Jungs, lasst uns anfangen. Wer will das Transportmittel organisieren? Wer kümmert sich um eine Anlaufstelle?« Corrie entwickelte eine List, die nie Teil ihrer Persönlichkeit gewesen war, aber nun zu einer Überlebenstaktik wurde.

Flüchtlinge kamen und gingen, aber ein Kern blieb immer in der Beje. Meyer Mossel (dessen Spitzname Eusie war), Mary und Thea waren Juden; Peter und Hans Studenten, und Leendert war ein Lehrer. Bald wurde klar, dass sie ein Versteck für die Untergetauchten benötigten, damit diese verschwinden konnten, wenn die Gestapo einmal ihr Haus durchsuchen sollte. Es wurde ein Unterschlupf gebaut, der durch Corries Schrank zu erreichen war. Darin konnten sich etwa acht Menschen verstecken. Auf dem Boden lag eine Matratze, und es standen immer ein Getränkevorrat und trockene Kekse bereit. Man nannte es die Engelskrippe.

Es war eine Zeit voller Spannung, aber auch voller Freude. Corrie erzählte, wie ihre Liebe zu den Juden sich vertiefte, während sie die Gefahr mit ihnen teilte. Einmal feierten sie das Hannukah-Fest; Vater besorgte eine Hannukah-Lampe, und die Gäste waren hoch erfreut. Eusie, ein Kantor der Synagoge, der zu den Dauergästen gehörte, verschönte die Feier mit Liedern, die er in seiner vollen schönen Baritonstimme vortrug.

Ein Nachbar von gegenüber kam in die Beje und sagte: »Könntet ihr euren Juden sagen, dass sie die Gardinen zuziehen sollten, wenn sie ihre Feste feiern? Ich habe ihnen in der letzten Stunde mit großem Interesse zugesehen, aber nicht allen euren Nachbarn könnt ihr vertrauen. Ein Verräter, der vielleicht nur einen winzigen Einblick in das erhält, was eure begeisterten Gäste da tun, könnte euch alle ins Konzentrationslager bringen.«

Jede Nacht, bevor sich alle schlafen legten, brachten alle Gäste auf Zeit ihre Kleidung in die Engelskrippe. Eusies Hosenträger baumelten immer aus seinem Kleiderhaufen und amüsierten Corrie sehr. Es herrschte eine tragische und zugleich komische Atmosphäre in der Beje. Eine Zeit lang waren die Regeln fast wie bei einem Spiel. Als Belohnung für besonders gute Verrichtung der Aufgaben gab es Windbeutel mit ein wenig kostbarem Zucker. Corrie führte Übungen für den Ernstfall durch, indem sie die Alarmglocke läutete, ihre Stoppuhr nahm und sah, wie schnell jeder in dem Versteck verschwand. Man duckte sich und kroch in den Wandschrank, wobei die Beine als Letztes verschwanden. Dann wurde die Schiebetür geschlossen, und die Kästen und die Wäsche wurden wieder auf den Boden des Schranks gestellt.

»Diesmal nur 70 Sekunden, sehr gut.« Danach machte Corrie ihre Runde durch die Räume, um zu sehen, ob einer ihrer Mitbewohner etwas vergessen hatte. Eusie hatte Zigarrenasche hinterlassen, Hans einen Hemdkragen vergessen. Aus dem Schrank hörte sie Eusie mit seinem sehr jüdischen Dialekt: »Mary, du pustest mir in den Nacken!« Mary war Asthmatikerin, und ihr schwerer Atem bedrohte ihre Sicherheit.

Corrie versuchte sich die Grausamkeiten, von denen sie wusste, dass die Juden sie erleiden mussten, nicht zu sehr zu Herzen gehen zu lassen. Einmal legte Mary plötzlich ihre Arme um sie und schluchzte: »Mein Volk, mein Volk, wie schrecklich wir leiden müssen!« Corrie hielt sie fest umschlossen und konnte nichts sagen. Jedes Wort hätte hohl geklungen. Vor ihr breitete sich ein Meer des Elends aus. Gottes Volk musste furchtbare Grausamkeit erleben. Es war fast gefährlich, das ganze Ausmaß des Leidens zu kennen, da es einem das Herz brechen würde. Sie musste stark bleiben, um die Untergrundbewegung weiterführen zu können.

Corrie betete: »Vater, in Jesu Namen, habe Erbarmen mit deinem Volk. Herr, hilf uns Befreiung zu bringen. Lass diesen furchtbaren Krieg bald enden.«

Corrie versuchte nicht, die Juden, die in ihr Haus kamen, zu evangelisieren. Hans Poley, der nach dem Krieg ein Geschäftsmann wurde, erzählte: »Die ten Booms waren sehr extrovertierte Christen, aber sie versuchten nicht zu bekehren.«

Später wurden trotzdem Gebete und Bibellesungen von Corries Vater, der von allen liebevoll Opa genannt wurde, von seinen jüdischen Freunden wiederholt. Mary wurde gefangen genommen und erzählte einem von Corries ehemaligen Clubmitgliedern: »Ich hörte mir an, was Opa über Jesus sagte, und glaubte, dass er die Wahrheit sagte. Ich glaube, dass Jesus der Messias ist, und habe ihn gebeten, in mein Leben zu kommen.« Nachdem sie das erzählt hatte, ging ihre Zellentür auf, und sie wurde weggeführt. Man hat nie wieder etwas von ihr gehört.

Alle Gäste der Beje, die sich auf der Durchreise befanden, lebten ständig in Angst. Eusie aber sagte: »Hier in der Beje kann uns nichts passieren, wir sind von Engeln umgeben. Ich habe noch nie ein solches Haus gesehen. Wird etwas benötigt, wird gebetet, und es kommt – oft sofort.«

Man kümmerte sich aber nicht nur um die Verfolgten, sondern auch um die Verfolger. Einmal kam ein deutscher Soldat in die Uhrmacherei, sah, dass Corrie allein war, und sagte: »Grüß Gott.«

»Warum sagen Sie nicht Heil Hitler?«, fragte sie.

»Ich glaube nicht an Hitler, ich glaube an Gott.«

Corrie, die nie zögerte herauszufinden, wo ein Mensch wirklich stand, fragte: »Glauben Sie an Jesus Christus?«

Als ihr der Soldat erzählte, er sei Christ, lud sie ihn zur Bibelstunde am kommenden Abend ein. Am folgenden Abend wurden alle Juden sicher versteckt, das Haus aufgeräumt und alle Dinge beseitigt, die darauf schließen lassen könnten, dass mehr Personen in dem kleinen Haus lebten als die drei Bewohner, die dort gemeldet waren. Es wurden Gesangbücher aus der deutschen Kirche ausgeliehen, aber niemand kam.

Zwei Tage später traf Corrie den jungen Mann auf der Straße. Er erzählte ihr, dass er für zwei Wochen Urlaub hätte und nach Deutschland reisen würde. Wenn er zurückkäme, wolle er eine richtige Bibelgruppe aufbauen. Er bekam seinen Urlaub nie; das deutsche Heer hatte Probleme in Russland, und der Urlaub wurde für alle gestrichen. Corrie sah es als Zeichen Gottes, dass der junge Mann nun doch mit ihnen die Bibel lesen sollte. »Können wir uns dann heute zusammensetzen?«, fragte sie.

»Das sollten wir nicht tun. In meiner Heimatstadt haben Freunde von mir eine Bibelgruppe für Soldaten organisiert. Die Gestapo kam und brachte den Vater in ein Gefängnis, die Mutter in ein anderes und die Kinder in ein drittes. Frau ten Boom, diese Menschen waren Deutsche. Was glauben Sie, würde die Gestapo mit einer holländischen Familie machen, die das Gleiche tut?«

Vater hörte die Unterhaltung. Er nahm den deutschen Soldaten mit in seine Werkstatt, legte seine Hand auf seine Schulter und betete. Casper ten Boom hasste die deutschen Besatzungskräfte nicht, er hatte Mitleid mit ihnen. Vielleicht war es der Schutzraum, den seine Familie um ihn aufbaute, um ihn vor dem Wissen über die immer häufiger werdenden Gräueltaten der Gestapo zu schützen, vielleicht war es aber auch seine eigene anhaltende Liebe zu allen Menschen.

Im Jahr 1943 mehrten sich die Siege der Alliierten, und die deutsche Polizei in Holland unterdrückte die Holländer immer mehr. Ein Holländer, der sich noch gut an die alles beherrschende Angst erinnert, sagte: »Wir wussten nie, wer als Nächster erschossen würde und wann. Wenn jemand ins Gefängnis kam, konnte es passieren, dass er aus seiner Zelle geholt, mit anderen Gefangenen an die Wand gestellt und erschossen wurde.«

Im Frühling 1943 hörten die Bewohner der Beje, die Familie ten Boom und ihre Gäste, Königin Wilhelmina ärgerliche Worte im Radio sprechen. Ihre Ansprache wurde aus London übertragen und heimlich in den in holländischen Haushalten versteckten Radios gehört. »Ich möchte meinen wütenden Protest gegen die widerwärtig listige Organisation und immer weitergehende Menschenjagd der deutschen Horden deutlich machen. Sie werden von Verrätern aus unseren eigenen Reihen unterstützt, die ihre Angriffe auf das ganze Land ausbreiteten. Uns fehlen die Worte, um diese niederträchtigen Praktiken zu beschreiben.«

Einige der Beje-Bewohner dachten, dass Corries und Betsies Reden über ihre Schutzengel eine Illusion wäre. Es kam jedoch der Tag, an dem sie eines Besseren belehrt wurden.

An der Front

Nollie wurde von der Gestapo verhaftet. Corrie sprang auf ihr Fahrrad mit den verbogenen Felgen und holperte zu dem Haus ihrer Schwester, das etwas mehr als ein Kilometer von der Beje entfernt lag. Sie war vorsichtig genug, um nicht anzuhalten, als sie dort die Gestapo antraf, die das Haus durchsuchte. War dies der Anfang vom Ende ihres Verstecks für Juden und andere Menschen, die ihren Schutz brauchten?

Wie eine Antwort auf ihre noch nicht gestellte Frage hörte Corrie eine bekannte Zeile aus Bachs wunderschönem Lied »Jesu, meine Freude« aus Nollies Haus dringen, obwohl die deutsche Polizei nach belastenden Beweisen suchte, um die Bewohner gefangen nehmen zu können. Nollies Sohn Fred, ein Theologiestudent, spielte auf dem Klavier. Er war nicht verhaftet worden, weil er der Gestapo erzählt hatte, er sei Aushilfspastor in einer kleinen Gemeinde. Manchmal zeigten die Deutschen Respekt vor Geistlichen. Der jüngste Sohn Peter war über das Dach entkommen.

Die Deutschen hatten Nollie verhaftet, weil sie zwei Juden in ihrem Haus gefunden hatten. Corrie hörte der himmlischen Musik Bachs zu und betete: »Herr, ich möchte dir dafür danken, dass du mich daran erinnert hast, dass du Nollies Leben in der Hand hältst und dass du die Quelle ihrer Freude bist.«

Es blieb ihr keine Zeit, weiter auf das Haus ihrer Schwester zu starren. Corrie raste nach Hause und sagte allen in der Beje, sie müssten sofort verschwinden. Für einige Zeit stellten sie die Aktivitäten ein, bis sie sich sicher waren, dass die Gestapo nicht ein weiteres Haus der ten Booms durchsuchen würde.

Zu wissen, dass Nollie im Gefängnis saß, war eine Tatsache, die Corrie und Betsie schockierte und ihren Vater schwächte. Als sie kleine Mädchen waren, war Corrie zu ihrer Schwester Nollie gerannt, um getröstet zu werden. Nun saß Corries *moedertje* im Gefängnis. Wohin würden diese furchtbaren Übergriffe auf Unschuldige nur führen?

Corrie wusste, dass sie alles unternehmen würde, um ihre Schwester frei zu bekommen, und sie entschied sich, sich von nichts und niemand einschüchtern zu lassen. Nollie würde bald wieder frei sein. Kein Gefängnis wäre imstande, eines ihrer geliebten Familienmitglieder gefangen zu halten!

Nollie wurde als Erstes zur Polizei gebracht und in eine dreckige Zelle gesteckt, in der nachts die Mäuse über ihre schmutzige Bettdecke rannten. Corrie wusste, dass die Mutter einer jungen Studentin, der sie geholfen hatte, sich vor den Deutschen zu verstecken, in dieser Polizeistation arbeitete. Diese Frau war die Kontaktperson, die Corrie alle Neuigkeiten über Nollie überbrachte.

Eines Morgens wurde Corrie berichtet, dass Nollie mit einem Transporter in ein anderes Gefängnis gebracht werden sollte. Corrie hielt vor dem Gefängnis Wache und sah nach vielen Stunden des Wartens ihre Schwester zwischen zwei Polizisten aus der Polizeistation kommen. Corrie ignorierte die Männer und warf die Arme um ihre Schwester. Nollie lächelte und sagte: »Gott ist Liebe!«

Corrie war erschüttert. Wie konnte Nollie nur so ruhig sein? Corrie hätte es verstanden, wenn sie gesagt hätte: »Kannst du verstehen, warum Gott es zulässt, dass mich unsere Feinde ins Gefängnis stecken?« Aber nein, Nollie hatte durch ihr Erlebnis zwei Flügel erhalten. Sie hatte sich in diese Situation ergeben und bewies Vertrauen.

Diese sanfte holländische Mutter wurde in einen dunklen Gefängnistransporter geschoben, in dessen winzigem Raum sie kaum stehen konnte. Plötzlich schien die Sonne durch ein Loch in der Tür, und sie nahm einen Stift, den sie in ihren dicken Haaren versteckt hatte, und schrieb an die Wand: »Jesus ist Sieger.«

Nollie gab denen, die mit ihr gefangen waren, immer wieder Kraft. Einmal wurde sie in eine komplett verdunkelte Zelle zu einer anderen Frau gesteckt, die in einer Ecke schluchzte.

»Kopf hoch!«, sagte Nollie zu ihr. »Wir werden nicht für immer hier sein.«

»Musst du nicht weinen?«, fragte die Frau. »Wir müssen alle weinen, wenn wir zum ersten Mal hierher kommen.«

»Warum sollte ich weinen? Gott macht keine Fehler, auch wenn er unseren Feinden erlaubt hat, mich hierher zu bringen.«

Corrie begann ihre Bemühungen, um Nollie frei zu bekommen. Sie ging zu den Gestapo-Offizieren, der Polizeistation und besuchte Untergrundorganisationen. Sie wurde beschimpft, ausgelacht und aus Büros geschmissen, aber sie gab nie auf. Schließlich zeigte sich ein Hoffnungsschimmer. Sie hörte von einem deutschen Arzt, der für die kranken Gefangenen dieser Gegend zuständig war und ein mitfühlender Mann zu sein schien. Zu dieser Zeit las Corrie gerade das Buch von Dale Carnegie: *Wie man Freunde gewinnt und Menschen beeinflusst.* Einer der Grundsätze, die in dem Buch vorgestellt wurden, wandte sie nun an. Um das Eis zu brechen, sollte man das Hobby der anderen Person herausfinden und ihn dazu befragen.

Sie ging zum Haus dieses Arztes, und mutig bat sie, ihn sehen zu dürfen, ohne zu wissen, was sie erwarten würde. Zu Hause saßen viele Menschen zusammen, um für Corries Unternehmen und um Weisheit für sie zu beten.

Als sie das Haus betrat, sah sie sich drei riesigen Hunden gegenüber, und der Grundsatz Carnegies wurde schnell angewandt. Der Arzt kam, und nachdem sie ihn höflich begrüßt hatte, sagte Corrie: »Sie haben wunderschöne Hunde. Was für eine Rasse ist das?«

Der Arzt wurde recht lebhaft und begann ihr von

seinen Tieren zu erzählen und was für wundervolle Kameraden sie seien, wenn er von seiner Familie getrennt wäre. Schließlich hielt er inne, sah die holländische Dame von unbestimmbarem Alter an und sagte: »Ich bin mir sicher, Sie sind nicht zu mir gekommen, um über Hunde mit mir zu sprechen. Was kann ich für Sie tun?«

Corrie wurde sehr direkt: »Meine Schwester Nollie van Woerden ist im Gefängnis. Ihr geht es nicht gut, und ich bin mir sicher, dass der Gefängnisaufenthalt tödlich für sie enden kann. Das einzige Verbrechen, das sie begangen hat, ist, zwei Juden in ihrem Haus versteckt zu haben.«

Der Arzt sah sich die Gefangenenliste an und sagte: »Hier steht niemand mit ihrem Namen.«

Jetzt erfuhr Corrie zum ersten Mal, dass weibliche Gefangene unter ihrem Mädchennamen geführt wurden. Es war nur ein kleiner Punkt, aber trotzdem eine weitere psychologische Methode, um den Gefangenen ihre Würde zu nehmen.

Der Arzt sah unter ten Boom nach und sagte: »Oh ja, ich kenne sie. Sie ist wirklich krank. Machen Sie sich aber keine Sorgen, es ist nicht allzu schlimm, und sie ist eine fröhliche Frau, die die anderen Gefangenen aufmuntert.«

»Ich weiß, dass Nollie nie ihren Mut verlieren wird«, sagte Corrie erleichtert. »Sie kennt den Herrn und bringt alle Probleme zu ihm. Ich bin zu Ihnen gekommen, weil ich glaube, dass Sie mir helfen können, sie aus dem Gefängnis zu holen.«

»Ihr Interesse gilt also nicht den Hunden«, neckte sie der Arzt. »Aber ich werde mein Bestes tun.«

Nun konnte Corrie gute Nachrichten mit nach Hause bringen! Aber es verging eine Woche, und nichts passierte. Corrie ging zurück zu dem Haus des Arztes, nun noch etwas mutiger, und fragte ihn: »Wie geht es Ihren Hunden?«

»Frau ten Boom, Sie scheinen mir nicht zu vertrauen und glauben nicht, dass ich Ihrer Schwester helfen möchte. Sie müssen die Vorgehensweise aber schon mir überlassen.«

Corrie fühlte sich jetzt auf sicherem Grund und sagte in ihrer unwiderstehlich schelmischen Art: »Wenn sie in einer Woche nicht bei uns ist, werde ich wiederkommen und Sie nach Ihren Hunden fragen.«

Am nächsten Tag kehrte Nollie nach Hause zurück. Corrie wusste, dass Gott ihre Gebete erhört hatte und sie die Grundsätze des Dale Carnegie genau zur richtigen Zeit hatte lesen lassen.

Während Nollie im Gefängnis saß, setzte die Untergrundarbeit in der Beje für einige Zeit aus. Nach ihrer Freilassung nahmen sie die Arbeit jedoch erneut auf, und die Aktivitäten nahmen wieder zu. Corrie begann wieder Lebensmittelkarten und Reisescheine zu besorgen, sie organisierte den Transport und Verstecke für Juden, vor allem nachdem die Verfolgung von Juden durch die Polizei noch stärker wurde.

Holländische Historiker fanden heraus, dass nur wenige Holländer in der Zeit der deutschen Besatzung zwischen 1940 und 1945 ihr normales Leben aufgaben und im Untergrund arbeiteten. Viele Holländer waren bereit, kleine Risiken einzugehen, aber der größte Teil der Bevölkerung, wie überall im besetzten Europa, beteiligte sich nicht an der Widerstandsbewegung. Es wird geschätzt, dass weniger als 1200 Menschen ihre gesamte Zeit der Arbeit im Untergrund widmeten.

Die Gefahr wurde mit zunehmendem Bekanntheitsgrad der ten Booms größer. Eines Tages kam ein Mann, der in der nationalen Untergrundbewegung aktiv war, zu Corrie und sagte: »Du bist in so großer Gefahr, dass ich dich fragen muss: Kannst du schießen? Wir werden dir einen Revolver geben, sodass du dich wehren kannst, wenn man dich angreift. Heute Abend werden wir dich abholen und zu einem Haus weit außerhalb von Haarlem bringen. Dort bekommst du deinen ersten Schießunterricht.«

Corrie antwortete ihm: »Ich habe die Hände einer Uhrmacherin. Ich kann sie sehr ruhig halten, aber ich mag die Idee nicht.«

»Wir werden heute Abend kommen. Denk darüber nach.«

Corrie ging auf ihr Zimmer, um über diese schwierige Entscheidung zu beten. »Herr, ich weiß, dass ich mich in diesem Krieg an der Front befinde. Aber bitte lass mich Leben retten und nicht Leben nehmen. Ich möchte nicht verurteilen, was andere tun, aber mach mir klar, was dein Wille für mich ist.«

Als die Männer kamen, um sie zum Schießunterricht abzuholen, sagte sie: »Ich werde nicht mitkommen. Ich weiß nicht, was Gottes Wille für andere ist, aber ich weiß, was sein Wille für mich ist.«

Der Druck wurde stärker. Einmal wurde Corrie vor den Polizeidirektor gerufen. Sie war erstaunt über die Vorladung, da sie dachte, dass sie jederzeit verhaftet werden konnte und die Vorladung ihr eher mild erschien. Corrie rief die Familie zusammen, gab die letzten Anweisungen und legte ihr Leben in die Hand Gottes.

Es stellte sich heraus, dass der Polizeioffizier ein patriotischer Holländer war und mit der Untergrundbewegung kooperierte. Er wollte helfen. Weil er informiert war, dass Corrie Untergrundkämpfer im ganzen Land kannte, erzählte er ihr, dass er von einem Untergrundkämpfer wusste, der mit den Deutschen kollaborierte. Weil es kein geheimes Gefängnis für Kollaborateure gäbe, sagte er zu Corrie: »Die einzige Möglichkeit, ihn von seiner teuflischen Arbeit abzuhalten, ist, ihn zu töten. Ich kann es selbst nicht tun, da die Polizei unter strikter Kontrolle arbeitet. Könnten Sie dieses Projekt persönlich übernehmen?«

Corrie war sehr erstaunt, dass jemand glaubte, dass eine Sonntagsschullehrerin und Jugendleiterin jemand ermorden könne, egal wie bösartig sein Handeln gegenüber seinen eigenen Landsleuten auch war.

»Nein, Frau ten Boom, nicht Sie selbst sollen es tun. Aber Sie könnten jemand finden, der diese Aufgabe übernimmt.«

»Sind Sie ein Christ?«

»Ja, das bin ich.«

»Dann werden wir zusammen beten.«

Corries Entscheidungen, ob groß oder klein, wurden immer im Gebet getroffen. »Herr, rühre das Herz dieses Mannes an und mach aus dem Verräter einen Christen. Rette ihn für die Ewigkeit, Herr, mache aus ihm ein Werkzeug für dich anstelle eines Werkzeuges in der Hand des Feindes.«

Gott erhörte Corries Gebet, und der Mann, den man umbringen wollte, bekehrte sich und wurde zu einem engagierten Untergrundkämpfer.

Corrie erzählte, dass man sie dreimal bat, ein politisches Attentat auszuführen. Jedes Mal betete sie anstelle des Todes für die Bekehrung des holländischen Verräters. Manchmal änderten die Menschen sich nicht, und Corrie fühlte sich schuldig für den Schaden, den sie anrichteten – weil sie nicht bereit war, zu töten oder einen Mord anzuordnen.

Corrie litt häufig unter der Geheimhaltung, den gefälschten Pässen, den ausgedachten Namen und den Lügen. Oft sprach sie mit ihrem Gott über dieses Dilemma. Sie las das Alte Testament, in dem Geschichten von Menschen standen, die in der gleichen Situation wie sie waren. Diese logen und wurden trotzdem von Gott gesegnet. Beispielsweise Rahab, die Hure von Jericho, die Spione versteckte. Die hebräischen Hebammen wurden gesegnet, weil sie logen und erzählten, die jüdischen Mütter hätten ihre Babys vor ihrer Ankunft geboren. »Aber, Betsie, im

Neuen Testament können wir keine Entschuldigung für eine Lüge finden.«

Jahre später sagten ihr Menschen – vielleicht etwas frömmlerisch: »Ich hätte nie so wie du lügen können.« Corrie erinnerte sich, dass sie log, als die Gestapo wissen wollte: »Wo ist ihr Versteck?« Sechs Menschen wären getötet worden, hätte sie die Wahrheit gesagt. Wenn sie von dem Richter nach ihren Untergrundaktivitäten gefragt wurde, betete sie: »Herr, setze eine Wache vor meinen Mund und hüte meine Lippen.« Corrie, die die Psalmen sehr gut kannte, waren diese Worte wohl vertraut. Sie gab auch zu, gebetet zu haben: »Herr, hilf mir lügen.«

Wie konnte Corrie diese Lügen mit ihrem Glauben vereinbaren? Sie sagte dazu: »Was tat ich? Ich brachte es vor Gott und bat ihn um Vergebung. Jesus liebt Sünder. Liebe deckt eine Menge Sünden zu, und Liebe war es, die uns dazu brachte, alles zu riskieren, um so viele Menschen zu retten, wie wir konnten.«

In dieser spannungsvollen Zeit lernte sie, nicht allzu viele Fragen zu stellen. Corries Neffe Kik war auch ein aktiver Untergrundkämpfer und ein Mitglied der Nationalen Bewegung. Er stand in engem Kontakt mit der englischen Armee und half Fallschirmspringern, indem er sie in einem Holzhaus versteckte, das er im Wald hinter seinem Haus gebaut hatte.

Einmal saßen Kik und Corrie auf einer steilen und engen Treppe der Beje. Weil alle Räume im Haus belegt waren, war dies der einzige Ort, an dem sie sprechen konnten. Es klingelte an der Tür, und Kik erstarrte. Corrie sah den Schock durch den Körper dieses jungen Mannes gehen und fragte: »Warum hast du Angst, Kik?«

Er sagte: »Tante Corrie, du bist in weit größerer Gefahr, als du weißt.« Viele junge Leute fanden, dass Corrie und Betsie sich zu wenig Sorgen um die eigene Sicherheit machten.

»Kik, glaubst du nicht, dass uns Gott durch seine Engel beschützt? Auch wenn man uns eines Tages finden wird, wir beschützen Menschen aus Gottes altem Volk, die Juden. Sag mal, Junge, bist du ein Kind Gottes?«

»Manchmal ja, manchmal nein«, antwortete Kik.

»Kik, das ist unmöglich. Wenn du der Sohn meines Bruders Willem bist, bist du immer sein Sohn, auch wenn du ungehorsam bist.«

»Das ist es, was ich bin, Tante, ein ungehorsames Kind Gottes.«

»Dann bereue deinen Ungehorsam, Kik, und bringe deine Sünden zu Jesus.«

Das war die letzte Unterhaltung, die Corrie mit Kik hatte. Er wurde von der Gestapo festgenommen, und sieben Jahre lang wusste niemand, was mit ihm geschehen war. Die Unsicherheit in der Zeit des Krieges und der Gefangenschaft war schlimmer als das Wissen um die Wahrheit. Die Familie hörte schließlich, dass das Konzentrationslager, in das man Kik gebracht hatte, von den Russen befreit wurde. Man hatte alle Gefangenen in ein Arbeitslager nach Russland gebracht, wo Kik an Misshandlung und Hunger gestorben war. Ein Junge, der aus Russland fliehen konnte, brachte der Familie diese traurige Nachricht.

Das Warten und die Unsicherheit waren eine der schlimmsten Folgen des Krieges und der Besatzung. Corrie erfuhr später die Auswirkungen dieser Ängste an Menschen in Deutschland, wo sie oft mit Leuten sprach, die zu Wahrsagern gegangen waren, um herauszufinden, was mit denen, die sie liebten, passiert war. In ihrer Seelsorgearbeit nach dem Krieg hörte sie von vielen, die ihr sagten, sie könnten nicht beten, würden an Selbstmord denken und andere dunkle Dinge erleben, weil sie mit Dämonen in Kontakt gekommen waren.

Corrie ten Boom konnte an der Frontlinie des Kampfes stehen, weil sie Gott aus seinem Wort und aus eigener Erfahrung kannte.

Von Menschen verraten

Holland kann im Februar unangenehm feucht und kalt sein. Der Wind weht dann von der Nordsee und bringt eine durchdringende Kälte mit sich, die sogar einen abgehärteten Holländer dazu bringt, den Schal fester um den Hals zu wickeln. Am Morgen des 28. Februar 1944 zog Corrie ihre Bettdecke enger um sich, um ihre schmerzende Brust zu schützen. Sie fühlte sich schwach, hatte Fieber, und ihr Hals war von dem häufigen Husten schon ganz rau geworden. Irgendwie brachte sie es fertig, sich anzuziehen und die Treppe runterzugehen, nur um die Arbeit, die für den Tag anlag, zu koordinieren. Sie würde sich später ausruhen, wenn sie sicher sein konnte, dass alle Details der Arbeit den richtigen Leuten zugeteilt worden waren.

An diesem trüben Morgen erschien ein Mann an der Tür und fragte nach Corrie. Dies kam nicht selten vor, aber dieser Mann war ein Unbekannter, er schien sich unwohl zu fühlen und war vorsichtig. Aber das war normal, da zu dieser Zeit jeder misstrauisch war. Man musste herausfinden, ob man es mit einem »guten« oder einem »schlechten« Holländer zu tun hatte. Vorsichtig sagte er: »Frau ten Boom, meine Frau ist in Alkmaar festgenommen worden. Sie hat vielen Juden geholfen. Wenn andere sie verraten, ist ihr Leben keinen Pfennig mehr wert.«

Corrie hörte sich die Geschichte wie durch einen Nebel und vom Fieber geschwächt an. »Wir kennen einen Polizisten, der ihr aus dem Gefängnis helfen kann, wenn wir ihm 600 Gulden bezahlen. Ich habe kein Geld, können Sie uns helfen?«

Geld war in dieser Zeit nicht sehr wichtig. Es gab sehr wenig zu kaufen, ausgenommen Zeit und Leben. Corrie rief ihr Team, aus jungen Leuten bestehend, zusammen: »Hört zu, in einer Stunde müsst ihr 600 Gulden organisieren. Tut, was ihr könnt.«

Corrie stolperte nach oben, zog ihr Kleid aus und ließ sich aufs Bett fallen. Sie betete, dass Gott das Geld segnen und das Leben dieser Frau retten möge. Danach sank sie in einen unruhigen Schlaf.

Monatelang hatten alle Gäste auf der Durchreise und die Dauergäste der Beje immer wieder die Flucht- und Vertuschungsroutinen geübt. Die Übungen verliefen so gut, dass sie schließlich nur noch 70 Sekunden benötigten, um die Räume unbewohnt erscheinen zu lassen. Als die Alarmglocke schrillte, war die Beje voller Leute. Es war Montagnachmittag. Willem hielt eine Bibelstunde; Nollie war gekommen, um ihren Vater zu besuchen; ihr Sohn Peter übte auf der Familienorgel. Betsie hatte gerade ihre Arbeit in der Küche beendet, bei der ihr einige der Untergetauchten geholfen hatten. Niemand hatte erwartet, dass der Holländer, der um Hilfe für seine Frau gebeten hatte, ein Überläufer war, der heimlich mit der deutschen Polizei arbeitete. Die Gestapo hatte ihn darum gebeten herauszufinden, ob Corrie ten Boom eine Untergrundkämpferin sei, und als er in die Beje zurückkehrte, um seine 600 Gulden abzuholen, hatte er den Beweis.

Fünf Minuten nachdem er das Geld in der Hosentasche hatte verschwinden lassen, stand die Gestapo vor der Tür. Der gefürchtete Moment war gekommen. Dieses war keine Übung, und es gab auch keine Windbeutel zur Belohnung, sondern Gefängnis und Tod.

Vier jüdische Flüchtlinge und zwei Untergrundkämpfer hielten sich in der Beje auf, als der Alarm ertönte. Sie rannten die Treppe hoch, an Corries Bett vorbei und verschwanden in dem Versteck. Corrie stolperte aus dem Bett und warf ihnen ihren Aktenkoffer mit belastenden Unterlagen nach und schloss die Schranktür. Sie fiel zurück in ihr Bett, zog die Bettdecke ans Kinn, als sie die schweren, unheilvollen Schritte auf der Treppe hörte. Ein griesgrämiger Mann stürmte in ihr Zimmer und rief: »Aufstehen, zeigen Sie mir Ihren Ausweis.«

Corrie schämte sich, und in ihrer altmodischen Art erlebte sie nun die erste Entwürdigung, als sie gezwungen wurde, vor dem spöttischen Soldaten in ihrer Unterwäsche nach ihrem Ausweis zu suchen.

»Wo ist euer geheimer Raum?«, wollte der Mann von der Gestapo wissen.

Als Corrie sich weigerte, ihm eine Antwort zu geben, sagte er bissig: »Ist auch egal. Ich weiß, dass hier Juden versteckt sind. Wir werden das Haus bewachen, bis sie sich in Mumien verwandelt haben.«

Die Beje wurde zu einer Falle für die Widerstandskämpfer. Jeder, der das Haus betrat, seien es Kunden oder Menschen, die im Untergrund arbeiteten und das Entwarnungsschild im Fenster gesehen hatten (eine Reklame für Alpia-Uhren), wurde von der Gestapo festgenommen.

Corrie wurde befohlen, nach unten zu gehen und ihre Brille von der Nase zu nehmen. Vater war sehr ruhig. Er saß in seinem Stuhl beim Feuer mit einem Ausdruck absoluten Friedens auf seinem Gesicht. Betsie kam ins Zimmer, Falten zeigten sich langsam auf ihrem weichen Gesicht, und sie wies auf ein einfaches Plakat über dem Kamin, auf dem stand: »Jesus ist Sieger.« Vater war ihrem Blick gefolgt und sagte: »Sehr richtig, das stimmt wirklich.«

Die anderen Gesichter schienen sich ein wenig zu entspannen. Plötzlich sagte ein Mann von der Gestapo zu Vater: »Ich sehe die Bibel dort drüben. Sag mir, was steht in ihr über die Regierung?«

Vater antwortete: »Fürchte Gott und ehre die Königin, eigentlich heißt es, ehre den König, aber in unserem Fall ist es die Königin.« In den oberen Stockwerken ging das Verhör durch die Gestapo weiter. Aber was passierte in der Engelskrippe, dem Versteck? Sechs Männer und Frauen lebten zusammengepfercht für fast drei Tage in dem Wandschrank.

Wie es den Flüchtlingen in dieser Zeit erging, fehlt in Corries Aufzeichnungen über diese Zeit. Ein wichtiges Glied in der Kette der Ereignisse dieser Zeit fand sich in der Entdeckung eines offiziellen Dokuments, das von einem der Überlebenden geschrieben worden war und darüber berichtet, was sich damals in der Beje abspielte. Hier haben wir eine Übersetzung der erschreckenden Auszüge aus diesem Dokument:

»In fast jeder Stadt gab es ein gutes Versteck um im Untergrund arbeitende Menschen vor der Verhaftung zu bewahren. Einer der wichtigsten Kontakte der LO (die nationale Organisation, die Menschen half unterzutauchen, genannt *onderduikers* – wörtlich: Leute, die unter Wasser gehen) war die so genannte Beje-Gruppe in Haarlem in der Barteljoristraat ... das Haus bekam den Namen ›Paradies der Versteckten‹. Oft trafen sich dort die Köpfe der ›Illegalen Besten‹. Die Familie war sehr risikofreudig, da sie der Meinung war, das Haus würde von Engeln geschützt.

Am 28. Februar 1944 war es dann soweit ... es gab drei Verstecke in dem Haus. Das beste Versteck (die so genannte obere Galerie) war in ein Schlafzimmer gebaut und ging über eine ganze Wand. Die Länge betrug ungefähr zwei Meter und die Breite siebzig Zentimeter, die Höhe etwa zweieinhalb bis drei Meter. Der Eingang war in einem Wandschrank und konnte durch eine Falltür geöffnet und verschlossen werden. Durch einen Luftschlitz wurde der Raum mit Sauerstoff versorgt. Kurz bevor die Gestapo das Haus betrat, verschwanden sechs Menschen in dem Versteck. Es waren: Tante Mary und Tante Martha (zwei Jüdinnen), Eusie und Ronni (ebenfalls Juden), Hans und Arnold. Die Tür war gerade geschlossen worden, als man laute Schritte und Stimmen hörte, die uns anzeigten, dass Männer in das Zimmer Corries, der Tochter der Familie, die sehr krank im Bett lag, eingedrungen waren. Die Männer behandelten sie in einer furchtbaren Weise und zogen sie einfach aus dem Bett. Nachdem sie den Raum kurz durchsucht hatten, gingen sie wieder und nahmen Corrie mit.«

Der Autor dieses Dokuments, offensichtlich einer derjenigen, die sich im Versteck aufhielten, beschrieb dann die Aktivitäten, die sich im unteren Teil des Hauses abspielten. Nachdem noch einige nichts ahnende Leute in die Beje gelockt worden waren, weil das Entwarnungsschild noch im Fenster stand, wurden schließlich alle zur Polizei in der Smedestraat gebracht.

Was passierte nun mit den Menschen in dem Versteck? Natürlich hörten sie alles, die Alarmglocke, die Durchsuchung des Hauses und schließlich die Abfahrt der ganzen Gruppe. Eine Wache blieb jedoch zurück, und so musste absolute Stille herrschen.

Das Tagebuch des Untergetauchten geht folgendermaßen weiter:

»Es gab Geräusche, die nicht zu vermeiden waren. Wir mussten uns ab und zu bewegen (wir haben uns abgewechselt, vier konnten sitzen, und zwei mussten stehen). Ronni hatte Probleme mit seinem Husten. Dieses Geräusch versuchten wir mit einer Decke zu ersticken ... oft machte es den Eindruck, als wenn die Wache gleich nach einem dieser unvermeidbaren Geräusche nach oben käme. In ängstlicher Anspannung warteten wir dann, unseren Rücken an die Wand gedrückt, sodass es nicht hohl klingen würde, wenn an die Wand geklopft würde.

Es wurde dunkel, und die Uhr auf dem Marktplatz schlug jede Stunde. Langsam wurden wir hungrig, aber es gab kaum etwas zu essen. An Schlafen war nicht zu denken. Um zwei Uhr brachte die Wachablösung etwas Erleichterung. Nachdem sie ihre Arbeit übernommen hatten, liefen sie gewöhnlich im Haus herum, um etwas zu finden, das ihnen gefiel. Eine unserer Bewegungen verursachte einmal ein lautes Geräusch, und gleich kamen zwei Männer nach oben in das Zimmer. Alle Wände klopften sie ab, und der Schrank – auch der Eingang zu unserem Versteck – wurde abgesucht. Sie begannen Dielenbretter vom Boden zu entfernen. Offensichtlich war das harte Arbeit, denn die Männer machten eine Pause und rauchten eine von Opas Zigarren. Danach hörte die Sucherei auf.

Dienstagmorgen wurde die Situation fast unerträglich. Der Hunger war nicht das Schlimmste. Es schien, als wenn der Magen weniger und weniger nach Nahrung verlangte. Aber das nervenaufreibende Warten ... das war wirklich schlimm. Auch wurde die Luft immer schlechter. In einer Ecke unseres Verstecks stand die Keksdose, und wenn es absolut nicht anders ging, konnte man sie als Toilette benutzen. In der gleichen Ecke lagen ein paar zerrissene Laken und Decken, auf die wir urinieren konnten.

Weil es nur so wenig Platz gab, wechselten wir uns mit der ›Stinkecke‹ ab.

Wenn dann auch noch aus Versehen die Keksdose umgestoßen wurde, war es kaum noch auszuhalten. In diesen Momenten waren alle Voraussetzungen dafür vorhanden, bald verrückt zu werden. Wir waren am Ende unserer Kraft und überlegten, wie wir uns befreien könnten. Die Juden kannten das Haus und die Umgebung gut und machten einen Plan. Er schloss einen Sprung aus zweieinhalb Metern Höhe ein. Arnold wollte von dem Plan nichts wissen, Hilfe würde auf dem Weg sein. Warum sollten wir dieses Risiko eingehen? Er schaffte es, alle zu beruhigen, und brachte sie dazu, noch etwas länger zu warten. Egal wie kritisch die Situation auch werden würde und welche Probleme noch auftreten würden, es gab etwas, was der Jude Eusie wusste: in welche Richtung Osten lag. Immer wenn er betete – und das machte er oft –, wusste er, in welche Richtung er sich drehen musste, um nach Osten zu beten.

Am Mittwoch um 16.30 Uhr war es dann soweit, jemand kam nach oben und in den Raum. Die Tür des Wandschranks wurde geöffnet, und man hörte ein Klopfen: ...–...–...–. Das V-Zeichen.

Verrat? Hilfe? Dann eine Stimme: ›Arnold, antworte.‹ Schnell überlegten wir. Wir konnten nun alles gewinnen oder alles verlieren. Arnold antwortete. Die Tür wurde geöffnet, und die Köpfe von zwei Polizisten zeigten sich am Eingang. Schnell zogen sie den Kopf zurück, denn der Gestank war unerträglich geworden. Ihre Gesichter waren uns jedoch bekannt, und ihnen konnten wir vertrauen. Die Freiheit war nahe. Wir einigten uns, dass erst Arnold und Hans in das Nachbarhaus gebracht werden sollten – durch das Fenster und über das Dach. In der Dunkelheit würden sie dann die Juden befreien. Alles musste sehr vorsichtig passieren, da immer noch feindliche Wachen im unteren Teil des Hauses warteten.

So ist es geschehen. Arnold und Hans konnten sicher durch das Nachbarhaus die Straße erreichen … und als es dunkel wurde, befreite man erfolgreich die vier Juden.«

Arnold, der Autor dieses anschaulichen Berichtes, konnte entkommen und die Geschichte aufschreiben.

Was passierte aber mit den ten Booms? Länger als 40 Jahre waren sie ehrbare Bürger Haarlems gewesen; nun brachte man sie unter Polizeibewachung auf die Polizeistation, als wären sie gefährliche Kriminelle. Im Ganzen hatte man in der Beje an diesem Tag 35 Menschen festgenommen, dazu gehörten auch alle Kinder Caspers und ein Enkel von ihm.

In der kommenden Nacht mussten alle auf Gymnastikmatten schlafen, sie hatten nichts bei sich, außer der Kleidung, die sie trugen. Nollies Sohn Peter van Woerden erinnerte sich später: »Wir saßen in dem großen Raum auf der Polizeistation und fühlten uns geschlagen, entmutigt und verraten. Ich erinnerte mich an Großvaters Gebete, in denen er bat, es mögen die Engel Gottes unser Haus bewachen, und die

Frage, die ich mir nun stellte, war: Was war mit den Engeln passiert?«

Ein Polizist blieb bei ihnen, um sie zu bewachen, und er schien Vater mit mitfühlenden Augen anzusehen. Später war er gezwungen zuzuhören, wie Vater seiner Familie wie jeden Abend aus der Bibel vorlas. Er wählte Psalm 91, in dem den Kindern Gottes Beistand versprochen wird: »... dass du nicht erschrecken musst vor dem Grauen der Nacht ...« (Psalm 91,5).

Corrie fragte den Polizisten: »Ist Vater der älteste Gefangene, den Sie je hatten?« Er versuchte ihrer Frage auszuweichen, indem er sagte: »Die Dinge sind schlimm genug.« Dann ließ er die Familie ten Boom allein, damit sie besprechen konnten, was sie vor Gericht aussagen würden.

Peter erinnerte sich an die lange, schlaflose Nacht, in der er alle Papiere, die die Familie belasten könnten, nahm – es waren die Adressen der Untergrundarbeiter und ihre Pässe – und versuchte, sie in der Toilette verschwinden zu lassen. Um sie herum herrschte Grausamkeit. Ein Jude, den man festgenommen hatte, wurde immer wieder geschlagen. Er hielt sein Portemonnaie fest umschlossen und rief: »Ihr könnt alles haben, aber nicht mein Geld.« Der Dienst habende Offizier spuckte ihn an und sagte: »Weißt du nicht, dass du getötet wirst? Geld kann dir jetzt auch nicht mehr helfen.« Die Wachen nahmen ihn mit und brachten ihn in einen anderen Raum. Die Gefangenen hörten, wie er weiter geschlagen wurde.

Er kam zurück, sein Gesicht war blutüberströmt, aber seine Hand umklammerte noch immer sein Portemonnaie.

Vater schien seine raue Umgebung nicht wahrzunehmen. Er schien geschützt unter dem zu leben, was der Psalm versprach: »Wenn auch tausend fallen zu deiner Seite und zehntausend zu deiner Rechten, so wird es doch dich nicht treffen« (Psalm 91,7).

Um 12.00 Uhr am nächsten Tag kam ein Bus zu der Polizeistation, in den alle einsteigen mussten. Draußen standen Menschen, ruhig, fast feierlich. Mit Tränen in den Augen sahen sie zu, wie dieser bedeutende alte Bürger ihrer Stadt gemeinsam mit seiner Familie grob die Stufen des Busses hinaufgedrängt wurde. Corrie versuchte ihren Vater zu beruhigen, indem sie sagte: »Denk dran, wenn wir das nächste Mal Haarlem sehen, werden wir frei sein.«

Betsie, die eine Vorahnung hatte, antwortete: »Nein, Corrie, du wirst es schon vorher sehen.«

Corrie sagte, als sie sich an diesen Tag erinnerte: »Ich fühlte einen tiefen Frieden in meinem Herzen. Lange hatte ich mit dieser Katastrophe gerechnet. Nun war es passiert. Ich konnte es als den Schlussstrich unter eine interessante Phase meines Lebens akzeptieren. Ich sagte mir selbst: Versinke jetzt nicht in Selbstmitleid.«

Wo brachte man sie hin? Die schlaflose Nacht und der Schock des Überfalls hinterließ bei der Familie und den anderen Untergrundkämpfern ein Gefühl von Dumpfheit, und so saßen sie teilnahmslos im

Bus, während dieser nach Süden in die Stadt Scheveningen fuhr. Scheveningen war früher ein wunderschöner Erholungsort am Meer gewesen. Obwohl keiner wusste, wohin sie gebracht wurden, fühlten sie sich, da sie zusammen waren, etwas sicherer.

Als sie im Büro der Gestapo ankamen, begannen die Verhöre. Endlose Befragungen, Anschuldigungen und Wiederholungen erstreckten sich über den ganzen Tag. Vater wurde langsam schwach und konfus. Schließlich sagte einer der Männer, von denen sie verhört wurden: »Sie können diesen Mann ebenso gut zu Hause sterben lassen.« Der Hauptmann, der sie in der Beje verhaftet hatte, schrie aber: »Dieser Mann ist der Schlimmste von allen. Er redet über nichts anderes als über Jesus und die Königin.«

Was für eine Verdrehung von Moral hatte in den Köpfen dieser jungen Deutschen stattgefunden. Sie waren dazu erzogen worden, die schwachen, die alten und nicht perfekten Menschen zu hassen – und Grausamkeit, wenn sie im Namen des Reichs ausgeführt wurde, war legitim! Corrie schrieb in einem Buch, das nach dem Krieg in großer Auflage verkauft wurde, dass sie begann zu verzweifeln, als sie in diesem Gestapo-Hauptquartier stand. Sie stand noch unter Schock und wurde außerdem von Fieber und einer Bronchitis gequält. Sie schrieb:

»Ich begann am ganzen Körper zu zittern. Plötzlich sah ich Peter, Nollies jüngsten Sohn. Auf seinem Gesicht konnte man einen Ausdruck absoluten Friedens sehen. Er schien in ein Gespräch mit Gott vertieft. Er war das dritte Mal im Gefängnis. Das erste Mal hatte Peter eine tiefe Erfahrung mit Gott gemacht, und er kam völlig verändert aus dem Gefängnis. Er war fest entschlossen, Evangelist und Musiker zu werden.

›Ich werde immer bei euch sein‹, sagte Jesus. Auf Peters Gesicht sah ich die Gegenwart Gottes – eine Sicherheit, die nichts zerstören kann.«

Von dem Hauptquartier der Gestapo wurde die Familie in ein altersschwaches Fahrzeug verfrachtet, dem die Federung und Sitze fehlten, und zu dem großen Scheveninger Gefängnis gebracht. Corrie fühlte sich an die Karren erinnert, die während der Französischen Revolution die Gefangenen zur Guillotine brachten. Oder erinnerte es sie an den alten Bauernkarren, den sie in ihrem Traum gesehen hatte, in der Nacht, in der Holland das erste Mal bombardiert wurde? Es war seltsam, denn diese furchtbare Reise war genau so, wie sie es sich vorgestellt hatte.

Im ersten Gefängnis, es sollten noch andere folgen, wurde Corrie von ihrer Familie getrennt. Als sie ihre Schwestern, ihren Bruder und Neffen in dunklen Korridoren verschwinden sah, begleitet von dem Gerassel der sich schließenden Stahltüren, da begann die Realität dieses düsteren Alptraums. Am schlimmsten war für sie, vom Vater getrennt zu sein, der noch immer Würde und Ruhe ausstrahlte. Er wurde in seine Zelle gebracht. Corrie küsste ihn und flüsterte: »Der Herr sei mit dir.« Worauf er leise antwortete: »Und mit dir, meine Tochter.«

Das war das letzte Mal, dass sie ihren Vater auf dieser Erde sah. Er lebte noch zehn Tage nach seiner Inhaftierung und starb dann im Flur eines Krankenhauses. Fast zwei Monate später erfuhr Corrie, was mit ihm passiert war.

Betsie schien den Tod dieses gesegneten alten Mannes vorausgesehen zu haben. Sie schrieb aus Zelle 314:

»So ist nun unser lieber Vater in die Ewigkeit befördert worden. Und wie geschah es? Unser Herr selbst hat ihn mit einer Märtyrerkrone gekrönt. Schon vor vielen Jahren habe ich es geahnt, aber ich habe es immer wieder verdrängt. Ich habe oft gedacht, dass in einer Person, in der sich Jesus so gründlich zeigte, der so nah bei seinem Gott lebte, dem die ewigen Dinge so real waren und der wunderbar betete – dass solch eine Person alle Voraussetzungen hat, um ein Märtyrer zu werden. Und dann dachte ich: ›Er wird nicht in seinem Bett sterben.‹ All dies wurde mir nach seinem Tod wieder bewusst ... Kurz vor seinem Tod nahm Gott ihn weg von seinen Lieben, um ihm eine Ehrenkrone zu geben. Nichts ist Gott zwischen den Fingern entglitten.«

Die ersten zehn Tage im Gefängnis teilte Corrie eine Zelle mit fünf anderen Gefangenen. Die Zelle war lang und schmal, sie war kaum breiter als die Metalltür. Ein Feldbett war an der Wand aufgestellt, den anderen Gefangenen blieben nur dreckige Strohmatratzen, die auf dem Boden lagen.

Als Corrie die Zelle betrat, bekam sie einen Hustenanfall. Die anderen Frauen drückten sich an die Wand, um ihr nicht zu nahe zu kommen. Man gab ihr das Feldbett, ob nun aus Freundlichkeit oder aus Angst, sich anzustecken. Corrie jedenfalls war dankbar und sank auf das Bett. Hier bekam sie einen ersten Eindruck davon, wie unmenschliches Leben aussehen kann. Gestank von Erbrochenem und Urin entstieg den Strohmatratzen und trug mit zu dem Elend bei.

Die ersten Tage verbrachte Corrie damit, ihren Mitgefangenen ein wenig Freundlichkeit zu zeigen, doch dann wurde sie zu krank, um noch irgendetwas anderes zu tun, als sich auf der dünnen Matratze hin und her zu wälzen, ihr Kopf schien platzen zu wollen, und ihre Arme schmerzten fürchterlich. In ihrem Fieber und ihrer Schwäche sorgte sie sich jedoch am meisten um ihren Vater. Betsie und sie hatten immer so liebevoll für ihn gesorgt. Sie erinnerte sich an ein Gebet, das sie sprach: »Gott, nimm ihn bitte zu dir in den Himmel. Es wird ihm dort so gut gehen!«

In der zweiten Woche ihrer Gefangenschaft wurde Corrie plötzlich befohlen, sich anzuziehen und dem Aufseher zu folgen. Man sagte ihr, dass sie in ein Beratungsbüro gebracht würde. Sie wurde in einem wunderschönen Auto durch die Straßen Den Haags gefahren und fragte sich, wie die Menschen nur so unbesorgt die Straßen entlanglaufen konnten. Es fuhren Straßenbahnen, und die Sonne schien. Die ganz normalen Aktivitäten wirkten befremdend.

In dem Beratungsbüro angekommen, fragte Corrie, ob sie die Toilette benutzen könne. Eine Krankenschwester begleitete sie, und als sie die Tür hinter sich schloss, legte sie den Arm um Corries Schulter und fragte sie, ob sie ihr in irgendeiner Weise helfen könne.

Im Zentrum der Hölle diese Freundlichkeit! Von dieser hilfsbereiten Krankenschwester erhielt Corrie die wichtigsten Toilettenartikel wie Zahnbürste, Seife und – als größten Schatz – die vier Evangelien! Der Doktor diagnostizierte eine Rippenfellentzündung und befürchtete, sie würde Tuberkulose bekommen. »Sie könnten andere Gefangene anstecken«, sagte er. »Darum werden wir Sie in eine Einzelzelle verlegen.«

Leer. Grau. Zelle 384. Corrie war noch nie in ihrem Leben für längere Zeit allein gewesen. Draußen tobte ein Sturm, und sie war ganz allein.

»Oh Herr, du bist bei mir. Hilf mir; halte mich fest und tröste mich«, betete sie.

In den ersten Wochen war sie furchtbar krank und einsam. Anfangs warf man ihr das Brot zu, wie man einem kranken Tier Essensreste hinwirft.

An einem Tag brachte ihr der Sanitäter Medizin. Sie sehnte sich nach Nachrichten über ihre Familie und fragte: »Lebt mein Vater noch?«

»Ich weiß es nicht«, antwortete er. »Und wenn ich es wüsste, wäre es mir nicht erlaubt, es Ihnen zu sagen.«

Einige Minuten später stürmte die Wachtmeisterin in die Zelle und brüllte: »Wenn Sie noch einmal wagen, den Sanitäter nach anderen Gefangenen zu fragen, werden Sie keine weitere medizinische Hilfe mehr bekommen.«

Corrie hatte die Wachtmeisterin mit einem freundlichen »Guten Morgen« begrüßt und erntete nichts als Hass. Gab es denn keine Liebe mehr auf dieser Welt?

Nachdem sich Corrie wieder etwas erholt hatte, begann sie sich Aktivitäten auszudenken und sie im Kopf auszuführen. Sie freundete sich mit Ameisen an, führte Unterhaltungen mit ihnen und fütterte sie mit Brotkrümeln. Als sie einmal damit beschäftigt war, den Zellenboden zu säubern, berührte sie unabsichtlich einige der Ameisen mit ihrem Wischtuch. Diese wuselten fort und versteckten sich in einem kleinen Loch.

Sie dachte an die Worte in Psalm 91, die Vater auf der Polizeistation gelesen hatte: »Der Herr ist unsere Zuflucht.« Dann fragte sie sich, wie Gott ihr in dieser ausweglosen Situation helfen könnte – im Gefängnis, dreckig und einsam, ohne zu wissen, was mit ihrer Familie und ihren Freunden passiert war. Ihr blieben nur noch Unterhaltungen mit Ameisen. Sie schrieb Folgendes:

»Ich sah der letzten Ameise nach. Ich bin mir sicher, dass sie keine Zeit damit verlor, sich dieses bedrohliche Tuch oder ihre kleinen Beine anzusehen. Diese Ameise wird nur Augen für das rettende Loch in der Wand gehabt haben. Da war sie sicher. Und so betete ich: ›Herr Jesus, du bist meine Rettung, ich möchte nur auf dich sehen.‹«

Wenn einem nichts bleibt als das nackte Leben, dann werden einige verrückt oder kennen nur noch Hass; andere können in ihrem Leiden einen Sinn erkennen. Viktor Frankl, Autor und Psychoanalytiker, überlebte drei Jahre in dem berüchtigten Konzentrationslager Auschwitz. Er schrieb: »Im Konzentrationslager ist alles darauf ausgerichtet, den Gefangenen dahin zu bringen, seine Kontrolle zu verlieren. Alle bekannten Ziele, die ein Mensch für sein Leben hat, werden ihm genommen. Das Einzige, was bleibt, ist die letzte Freiheit eines Menschen – die Fähigkeit über seine Haltung gegenüber den Gegebenheiten zu entscheiden.«

Corrie ten Boom schuf einen Dreizeiler, während sie in Einzelhaft war, den sie später auf der ganzen Welt Hunderte Male zitierte:

»Sieh dich um, dann siehst du Kummer.
Sieh dich an und du wirst stummer.
Sieh Jesus an, und du findest Ruh.«

Um psychisch gesund zu bleiben, muss die Langeweile durch Aktivität ersetzt werden. Corrie hatte aus ihrem Korsett einen Stab entfernt, ihn am Boden geschärft und benutzte ihn nun als Messer. In mühsamer Kleinarbeit grub sie ein kleines Loch zwischen zwei Ziegelsteinen. Schließlich erreichte sie ihr ersehntes Ziel! Sie hatte ein Loch gegraben, das groß genug war, um mit den fünf Frauen in der Nachbarzelle zu reden. Vor allem ein Mädchen redete viel mit ihr über ihren Gott, und so flüsterte ihr Corrie eines Abends zu: »Hör zu, sag mir eine Stelle aus der Bibel, die du auswendig kannst. Dann werden wir uns beide Gedanken zu dem Text machen und uns so etwas wie eine Predigt ausdenken. Heute Abend wirst du mir dann deine Predigt halten und ich dir meine.«

Sie erzählten sich ihre Kurzpredigten und redeten über ihre Hoffnung auf Befreiung. Später starb dieses Mädchen in Ravensbrück.

Während ihrer vier Monate in Einzelhaft durfte Corrie nur einmal in den Gefängnishof. Dort traf sie Annie, eines der Mädchen aus ihrem Club, und bekam neue Kraft durch diese Begegnung. Annie flüsterte ihr zu: »Tante Kees, bitte bete für mich. Ich werde auch für dich beten.« Corrie hörte später, dass man Annie entlassen hatte und dass sie ihren Zellengenossinnen eine große Ermutigung gewesen war.

»Jesus kann wirklich Wunder schaffen, auch in einem schwachen jungen Mädchen, das im Gebet um Kraft bittet. Er ist ein wunderbarer Führer, wenn wir unsere schwache Hand in seine starke Hand legen«, schrieb Corrie über Annie.

Eine Woche später feierte Corrie einen traurigen, einsamen Geburtstag, und es kam ein Brief von ihrer Schwester Nollie: »Meine Liebe, ich muss dir jetzt etwas sehr Trauriges erzählen. Am 10. März ist unser Vater in die Ewigkeit gegangen.«

Corrie wusste, dass sie ihn dort wieder sehen würde, und trotzdem schien ihr die Gegenwart nun so schrecklich leer – eine Welt voller Grausamkeit, in der jede Sicherheit fehlte. Er war ein Fels gewesen in all den Stürmen ihres Lebens.

Damals begann sie zu beten: »Vater, in Jesu Namen, hilf mir die Liebe, die ich nun nicht mehr ihm geben kann, an andere, die sie nötig haben, weiterzugeben.«

Der Brief von Nollie gab Corrie das Gefühl, von der Außenwelt noch abgeschnittener, noch einsamer als zuvor zu sein. Aber dann fiel ihr die Bibelstelle ein: »Das Leiden in dieser Zeit ist nichts im Vergleich zu der Herrlichkeit, die kommen wird.«

Es war ihr, als hätte Vater ihr diese Worte gesagt. Sie spürte einen Frieden und eine Ruhe im Herzen.

Die Wochen und Monate zogen sich endlos dahin. Eines Tages lag sie ausgestreckt auf ihrem Feldbett, eine schmutzige und stinkende Decke bedeckte sie bis zur Hüfte, ihre Arme waren dünn und fleckig durch die Unterernährung und Kälte. Ihre Fingernägel, die einst kurz und stets sauber waren, um die feine Arbeit an den Uhren auszuführen, waren nun lang und brüchig. Die einst gepflegte Frau ten Boom, mit ihrem viktorianischen Benehmen, muss für die korrekt gekleidete Wachtmeisterin der Gestapo wie eine arme Bettlersfrau ausgesehen haben, als sie zu ihr in die Zelle trat.

»Sind Sie gesund genug, um selbst in das Untersuchungszimmer gehen zu können?«, fragte sie.

Corrie wusste wie alle Gefangenen, dass ein Verhör der blanke Terror sein würde. Die Nachricht breitete sich in Windeseile in den Nachbarzellen aus: Was würde geschehen? Würde sie andere verraten?

Würde man sie schlagen oder ihr noch Schlimmeres antun?

Die Begegnung mit dem Sachbearbeiter und Richter Hans Rahms hinterließ einen bleibenden Eindruck auf Corrie und auf Herrn Rahms. Er war kein Christ, aber er war sehr offen für das Evangelium und ließ Corrie nach ihrem ersten Treffen immer wieder zu sich kommen, um mehr von ihr zu erfahren.

Zum ersten Mal nach vielen Monaten erfuhr sie Freundlichkeit durch einen Menschen aus dem feindlichen Lager. Das zweite Mal, als Corrie zum Verhör gerufen wurde, lehnte der gut aussehende Richter mit einem knochigen und gequälten Gesicht an der Wand und sagte: »Ich konnte die ganze Nacht nicht schlafen und musste ständig an das denken, was Sie mir von Jesus erzählt haben. Erzählen Sie mir mehr von ihm.«

Corrie entspannte sich, sie konnte auf sicherem Boden von ihrem Herrn erzählen: »Jesus Christus ist das Licht, er kam in die Welt, damit wir nicht mehr in der Dunkelheit weiterleben müssen. Gibt es Dunkelheit in Ihrem Leben?«

Auch Betsie wurde fünfmal von diesem Richter verhört und betete mit ihm. Hans Rahms wurde ihr Freund, blieb nicht länger ihr Feind; er setzte Willem auf freien Fuß und zerstörte Papiere, die die Familie, die anderen Untergrundarbeiter und Juden belasten würden. Alle Beweise verbrannte er.

In diesem Moment verstand Corrie den Vers in Kolosser 2,14: »Er hat den Schuldbrief getilgt, der mit seinen Forderungen gegen uns war, und hat ihn weggetan und ans Kreuz geheftet.«

Jahre später, nach dem Krieg, traf Corrie Hans Rahms in Deutschland, und er erzählte ihr: »Ich habe dich und die Gebete deiner Schwester nie vergessen.«

Die Saat war gepflanzt, und mit dem Richter sollte noch einiges passieren.

Im Sommer 1944 verbreiteten sich Gerüchte, die von einer Invasion und einer baldigen Befreiung sprachen. Sie gelangten sogar durch die dicken Wände des Scheveninger Gefängnisses. Die Welt um sie herum wurde von dem größten Krieg erschüttert, den es je in der Menschheitsgeschichte gegeben hatte. Die grausame Kriegsmaschine Deutschland, die Hitler aufgebaut hatte, nachdem er an die Macht gekommen war, begann zu zerfallen. Die britischen, amerikanischen und französischen Alliierten trugen erste Siege über die afrikanische Achse davon. Die italienische Armee und die Marine unter Mussolini hatten sich ergeben. Die deutschen Unterseeboote mussten im Atlantik große Verluste hinnehmen, und die mächtige deutsche Luftwaffe wurde am Boden und in der Luft bombardiert. Jeder wusste, dass eine große Invasion unter der Führung von General Dwight Eisenhower geplant war. Wann würde diese beginnen?

Am 6. Juni 1944 gab es Verwirrung und Unsicherheit – gemischt mit einer vagen Hoffnung – in dem Gefängnis in der kleinen holländischen Stadt am Meer. Es gab Befehle, sich anzuziehen, sein Eigentum zu nehmen und sich in den Korridoren aufzustellen.

Corrie stolperte aus ihrer Einzelzelle und wurde gemeinsam mit allen anderen Gefangenen in Kleinbusse verfrachtet, die sie zu einem Bahnhof außerhalb Den Haags brachten.

Dort entdeckte sie unter den anderen Gefangenen ihre geliebte Schwester Betsie. Sie schoben sich durch die Masse der verängstigten Frauen und hielten sich dabei fest an der Hand. Nichts schien untragbar, wenn sie nur zusammen sein könnten, so wie in den vergangenen mehr als 50 Jahren.

Als der dunkle Zug sich quietschend in Bewegung setzte und mit fest verschlossenen Fenstern seinen Weg durch Holland nahm, begann eine groß angelegte Invasion durch die Alliierten von Großbritannien aus über die Nordküste Frankreichs. Es war der Anfang vom Ende dieses furchtbaren Krieges – aber für Corrie und Betsie war es der Anfang der Hölle.

Die Höllenfabrik

Eine kurze, hoffnungsvolle Zeit lang glaubten Corrie und Betsie, dass sich ihr Leben nun verbessern würde. Was machte es schon, dass der Zug übervoll war und grässlich stank? Betsie schrieb in ihr Tagebuch: »Corrie und ich waren im gleichen Zugabteil. Alles wurde streng kontrolliert, wir waren aber froh, nicht mehr in einer Zelle eingesperrt zu sein.«

Der Zug hielt um 16.00 Uhr nachmittags an. Männer und Frauen wurden auf die Bahnsteige geschoben, und man befahl ihnen, die Nacht hindurch zu marschieren. Ihr Ziel war Vught: ein Konzentrationslager in Nord-Brabant, das man ursprünglich als Ausweichlager für Juden gebaut hatte und das gleichzeitig als Dauerlager für andere Gefangene diente.

Von Gewehren bewacht und von Flutlicht geblendet, wurden die geschwächten Holländer durch den Wald getrieben. Nachdem sie das Lager erreicht hatten, wurden sie in eine große Halle geschoben, nur um dort zwölf Stunden ohne Wasser und Nahrung zu warten. *Vught*: Der bloße Name machte Angst. Der Ort war im Jahre 1943 Schauplatz eines grausamen Verbrechens gewesen. Ein Kommandant hatte 74 Frauen über Nacht in eine Zelle gesteckt. Am nächsten Morgen fand man zehn Frauen, die erstickt waren, und andere waren verrückt geworden.

Auf Papierstückchen, auf Toilettenpapier und was immer ihr in die Hände fiel, schrieb Corrie die Erlebnisse dieses Alptraums auf. Sie hätte sicher nie geglaubt, dass diese Kritzeleien später gedruckt würden und man sie in viele Sprachen übersetzen würde. Konnte sie sich vorstellen, dass diese furchtbaren Erlebnisse die Vorbereitung auf ihre spätere Arbeit in aller Welt sein sollten?

Die Frauen aus Scheveningen wurden in verschiedenen Baracken außerhalb des eigentlichen Lagers untergebracht. Zehn Tage lang lebten 150 Frauen in einem einzigen Raum. Man befahl ihnen, nebeneinander an Tischen zu sitzen und nichts zu tun. Langeweile und ein allgemeines Murren und Kritisieren machte sich breit. Betsie entschied sich, eine Gemeinschaft zu organisieren. Denn das Zusammensein einer Gruppe Holländer war ohne Club oder Gemeinschaft nicht denkbar. Die Regeln waren sehr einfach: »Wer ein Mitglied werden wollte, musste alles in seiner Kraft Stehende tun, um nicht zu murren, zu klagen oder schlecht über andere zu reden, sondern sollte versuchen, andere mit seinen Worten aufzumuntern. Und zweitens wollten sie versuchen, allen Anweisungen der Aufseher zu gehorchen.«

Corrie leitete eine Gebetsgruppe, die täglich für die richtige Einstellung unter den Frauen betete.

Wenn einem Menschen die Freiheit genommen wird, hängt seine Haltung von der Stärke seiner Hoffnung ab. Corrie und Betsie waren sehr aufgeregt, als sie ein rosafarbenes Formular erhielten, auf dem stand, dass der General sie sehen wollte. Rosafarbene Formulare bedeuteten immer die bevorstehende Freilassung. Sie verabschiedeten sich von ihrem holländischen Club, verteilten das meiste ihres kleinen Besitzes an andere und trösteten die anderen mit der Aussicht auf ein nahes Ende des Krieges.

Man gab ihnen die Dinge wieder, die man ihnen bei ihrer Inhaftierung weggenommen hatte. Das war ein gutes Zeichen. Dann brachte man sie zu dem Hauptgebäude des Lagers; ihre Vorfreude stieg. Zurück in die Freiheit! Als sie in der Warteschlange standen, sagte der Mann neben Corrie: »Wenn es hier jemanden gibt, der beten kann, sollte er schnell damit beginnen.«

»Wir können beten«, sagte Betsie. »Dann lass uns anfangen: Aber werden wir nicht freigelassen?«

»Nein«, sagte der Mann. »Man wird euch in die Bunker bringen oder hat noch Schlimmeres mit euch vor.«

Die Bunker waren dunkle kleine Zellen mit vergitterten Fenstern. In solchen Zellen waren die Frauen erstickt oder verrückt geworden. »Offensichtlich hat Gott hier noch etwas für uns zu tun«, sagte Betsie und begann zu singen:

»Ich fürchte nicht den düsteren Morgen,
denn der Herr hält mich an der Hand.
Stark in ihm, trotz ich dem Kummer
und richte meinen Blick auf fremdes Land.«

Das »fremde Land« war nicht die Freiheit, sondern das Hauptlager Vughts. Den Gefangenen Hoffnung zu geben und diese dann brutal zu vernichten war eine effektive psychologische Masche der Nazis.

Das Leben in Vught war »erträglich«. Corrie organisierte (wie konnte es anders sein!) eine Diskussionsgruppe, vor allem um die Gedanken auf anderes als das Lagerleben zu lenken. Sie entwickelte eine Diskussionsgrundlage mit dem Titel »Unsere Verantwortung nach der Erfahrung eines Gefangenenlagers«. Es ging um Fragen wie »Wo nehmen wir die Kraft und den Mut her, um unsere Situation zu meistern?« oder »Ist es nötig, schon jetzt an unser Leben nach dem Gefangenenlager zu denken?« Einige Mitglieder dieses Gefangenenclubs beantworteten die Fragen auf einer theologischen Basis, andere kamen von der Philosophie her. Corrie gab zu, dass die Diskussion als solche ein Reinfall war, aber sie brachte die Leute dazu, über den Stacheldraht hinweg zu denken.

Vught war ein Ort voller Kontraste. Manchmal wurden Pakete an die Gefangenen weitergeleitet, und es folgte ein Festschmaus. Inmitten einer solchen Feier, bei der man die Kostbarkeiten von zu Hause genoss, trat plötzlich Stille ein, und man hörte Schüsse aus der Richtung der Bunker. Aus einer Laune heraus wurden Leute nach draußen beordert, aus ihren Zellen getrieben und ohne Vorwarnung erschossen.

An anderen Tagen, wenn die Sonne über Brabant

schien und die Gefangenen freundlich zueinander waren, dann schien Vught gar kein so schlechter Ort zu sein. Und trotzdem fehlte ein maßgebliches Element: Freiheit. Corrie sagte einmal: »Man wird nie verstehen, was Unfreiheit bedeutet, wenn man noch nie ein Gefangener war. Auf materielle Dinge zu verzichten ist nicht so schlimm, aber man hatte uns gezwungen, so zu leben, dass ein Gefühl absoluter Hilflosigkeit entsteht.«

Corrie erzählte eine Geschichte: »Es kommt nicht so sehr auf das an, was ich erlebe, sondern es kommt darauf an, wie ich reagiere. Ich hatte Miep, ein Mädchen in Vught, einige Zeit beobachtet. Wir mussten unser Bett auf eine bestimmte Weise machen, sodass die gefalteten Decken eine lange Linie durch den ganzen Schlafsaal bildeten. Manche Leute hatten Schwierigkeiten, es sorgfältig zu machen, und wenn wir die Betten nicht korrekt machten, wurde der ganze Saal grausam dafür bestraft.

Miep half, wo immer sie konnte. Wenn sie andere Gefangene sah, die sich mit ihren Decken abmühten, half sie ihnen und ging durch den ganzen Raum, sodass es bei der Inspektion nichts zu bemängeln gab. Sie war ohne Angst. Sie sprach mit der Aufseherin in einer Weise, die sogar diese Frau beeinflusste. Nur ein nettes Wort oder ein Lächeln von ihr entschärfte schon so manche kritische Situation. Miep musste leiden wie jede andere, aber es hatte den Anschein, als sei sie nicht unglücklich. Ich werde nie vergessen, was Miep später, in Ravensbrück, als viele von uns der

Verzweiflung nahe waren, einmal gesagt hatte: ›Wir haben schon viel durchgemacht. Wir werden auch mit dem Leben hier fertig.‹«

Als der Sommer zu Ende ging, wurde die Hoffnung auf Befreiung wieder stärker. Es gab Gerüchte, dass Hitler getötet worden sei (am 20. Juli 1944 war ein erfolgloses Attentat auf Hitler verübt worden); die Alliierten marschierten in einem Siegeszug durch Frankreich und Belgien; die holländische Regierung im Londoner Exil übertrug Nachrichten über das Radio, in denen sie bekannt gab: »Die Befreiung steht vor der Tür, macht euch bereit.«

»Es ist nur eine Frage von Tagen«, wurde immer wieder gesagt. Man war aufgeregt und hatte Hoffnung und flüsterte sich im Lager seine Pläne zu. Die Wachen jedoch waren nervöser als sonst und drohten Strafen an, was aber niemanden zu beeindrucken schien. Corrie und Betsie saßen auf ihren Bänken, gaben vor, die Arbeit, die man ihnen aufgetragen hatte, zu verrichten, aber in Wahrheit taten sie nichts als über zu Hause zu reden.

Plötzlich wurden alle Aktivitäten von einem Lautsprecher unterbrochen, der von der Männerseite des Lagers herüberschallte. Es war etwas passiert. Die Frauen stellten sich auf die Bänke, um aus den hochliegenden, vergitterten Fenstern zu schauen, die auf die durch Stacheldraht abgetrennte Männerseite des Lagers zeigten.

Es wurde ein Name nach dem anderen aufgerufen. Eine Frau sagte zu Corrie: »Ich kann meinen

Mann sehen und habe solche Angst, dass sie ihm etwas Furchtbares antun.«

Die Männer, die aufgerufen worden waren, traten nach vorne und gingen durch das Eingangstor. Entsetzen erfüllte die Frauen: Sie warteten. Dann hörten sie Schüsse. Sie zählten 180 Schüsse. Corrie schrieb: »Jeder Schuss bedeutete den Tod eines guten Holländers. Ich legte meinen Kopf auf Betsies Schulter. Konnte das Elend so groß werden, dass man unter ihm zusammenbrach?«

Auf Corrie machte Betsie einen gelassenen Eindruck. Was war mit ihr passiert? Hatte Gott einen Schutzwall um sie gebaut wie für Hiob? Wusste sie nicht, was gerade passiert war? Corrie betete: »Du hast alle unsere Trauer getragen, wirst du auch diese tragen?« Danach schien der Herr zu ihr zu sprechen: »Ja, mein Kind, du kannst das Elend dieser Welt nicht tragen. Wirf alle Sorgen auf mich.«

Vielleicht war das der Grund, warum Betsie diese Ausstrahlung hatte. Sie hatte verstanden, dass die Grausamkeiten, menschlich gesehen, nicht zu ertragen waren. Sie hatte ihre Last dem Herrn gegeben; sonst wäre sie verrückt geworden! Was konnte schlimmer sein als dieser systematische Mord an ihren Landsmännern? Keine der Frauen konnte sich etwas Schlimmeres vorstellen. Sie wussten nicht, dass dies nur der erste Akt des grausamen Dramas war, das noch folgen sollte.

In den Frauenbaracken Vughts trauerte man. Ehemänner, Söhne und Brüder waren in Hörweite ihrer

Lieben erschossen worden. Corrie betete: »Herr, gib mir deinen Heiligen Geist, sodass ich diese unendliche Traurigkeit dir bringen kann und sie auch bei dir lasse.« Dann erinnerte sie sich an einen ruhigen Abend vor vielen Jahren in Lunteren, als Sadhu Sundar Singh diese Frage gestellt wurde: »Warum lässt Gott es zu, dass so viele unschuldige Menschen in Kriegen sterben?« Der Sadhu antwortete: »Weil Gott es für nötig hielt.«

Corrie sah ein, dass Gott keine Fehler macht.

Vught wurde geräumt, bevor die Alliierten Holland erreichten. Die Idee der Deutschen war es, Kriegsgefangene nach Deutschland zu bringen, wo man sie arbeiten lassen wollte, denn die Zahl der Deutschen reichte nicht mehr aus, um die reichlich vorhandene Arbeit zu machen. Die Frauen wurden in Frachtwaggons gesteckt: 80 Frauen pro Waggon, die im Normalfall für 40 Personen zugelassen waren. Es gab keine Fenster, keine Möglichkeit, auf die Toilette zu gehen, und sehr wenig Luft. Man zwang so viele Frauen in einen Waggon, dass es keinen Platz zum Sitzen gab. Zusammen mit den politischen Gefangenen wurden die Mädchen aus dem Rotlichtmilieu verfrachtet. Ihre obszöne Sprache und ihre Flüche machten die Atmosphäre noch unerträglicher.

Eng neben Corrie stand eine »Ehrenbraut«, die festgenommen worden war, weil sie einen Soldaten mit einer Geschlechtskrankheit angesteckt hatte. Corrie erzählte ihr von Jesus und sagte: »Wenn du jemals meine Hilfe brauchen solltest, wirst du dann zu mir kommen? Ich wohne …« Aber sie wusste nicht, wo sie wohnen würde. Die Beje war jetzt bloße Erinnerung und würde vielleicht nie wieder ihr Zuhause sein.

Einmal meinten die unglücklichen und durstigen Frauen, sie würden Hagelkörner auf dem Dach des Waggons hören, bis sie feststellten, dass die Geräusche von Maschinengewehren stammten. Der Zug bremste, und Corrie und Betsie nahmen sich an der Hand. Sie waren beide ruhig. Später hörten sie, dass ein Befreiungsversuch stattgefunden hatte, aber der Einsatz war schlecht geplant und zerschlagen worden.

Der Zug der Grausamkeit brachte sie tiefer nach Deutschland hinein. Sie fuhren drei Tage und drei Nächte. Corrie fühlte sich so krank, dass sie in Apathie verfiel und das Leiden um sie herum nicht mehr wahrnahm. Betsie jedoch sah durch Löcher in den Seitenwänden des Waggons und berichtete von den Zerstörungen der ehemals wunderschönen deutschen Städte. Teile des Landes sahen jedoch so friedlich aus, dass es unfassbar schien, dass dieser wahnsinnige Diktator über dieses liebliche Land herrschen konnte und dass er Zerstörung und den Tod von Millionen brachte.

Als der Zug endlich anhielt, stolperten aus ihm kranke, dreckige und erschöpfte Frauen, die so schwach waren, dass nur wenige Soldaten benötigt wurden, sie zu bewachen. Corrie fiel auf, dass sie nicht viel älter als Jungen waren, einige von ihnen höchstens 15 oder 16. War der Krieg für Deutschland so schlimm, dass sie nun schon Kinder für die Armee brauchten?

Während die Holländer in Fünferreihen durch die Landschaft marschierten, sahen sie einen Kontrast, der so unwirklich erschien wie ein Gemälde in einem Slum. Sie sahen einen See und hinter ihm eine kleine weiße Kirche, deren Turm aus den Hügeln ragte. Corrie musste an den 23. Psalm denken: »... grüne Auen ... an stillen Wassern.« Und dann der wichtige Trost: »Und ob ich schon wanderte im finsteren Tal, fürchte ich kein Unglück ... dein Stecken und Stab trösten mich.«

Ravensbrück. Es war als das Konzentrationslager ohne Rückfahrkarte bekannt. Als die holländischen Frauen durch das eiserne Eingangstor schritten, begann eine Frau zu singen:

»Nie werden wir unseren Mut verlieren;
aufrecht bleibt der Körperbau;
niemals werden sie uns degradieren;
und sind sie noch so schlau.«

Sogar den Kommandanten hatte man sagen hören: »Ich verstehe diese Holländer nicht, man steckt sie für drei Tage in einen Lieferwaggon, und sie kommen singend im Lager an.«

Corrie sah sich Ravensbrück an, die Öde, alles war schwarz und grau, die ausgemergelten Frauen, die ihre dünnen Arme durch Gitterstäbe streckten und um Nahrung bettelten, und sie dachte: Es sieht nicht so aus, als wenn man hier am Leben bleiben kann. Viele schafften es nicht. Tausende starben an Unterernährung und Krankheiten, und andere wurden vergast oder auf andere Weise exekutiert.

Sie wurden zuerst in ein großes Zelt gebracht, in dem Corrie und Betsie einen Platz fanden, um nebeneinander auf dem von Ungeziefer übersäten Boden zu sitzen. Als sie all das Getier um sich herum sahen, flehte Betsie Corrie an, ihr die Haare kurz zu schneiden. Das erste Mal seit vielen Jahren wurden Betsies wunderschöne lockige Haare geschnitten. Corrie vergrub sie im Sand. Wieder ein Symbol verlorener Würde.

Man befahl ihnen, das Zelt zu verlassen und draußen auf dem Boden zu schlafen. In der Nacht wurden sie von kaltem Regen völlig durchnässt, doch dies war nur der Auftakt von dem, was sie in Ravensbrück noch erleben sollten. Eine schreckliche Geschichte, die für Corrie, Betsie und viele tausend andere zur Realität wurde.

Zwei Tage und zwei Nächte mussten sie draußen bleiben und warteten auf den nächsten Befehl. Als dieser kam, war er so bösartig, dass Corrie betete: »Herr, errette uns von dieser Abscheulichkeit. Betsie ist so zerbrechlich.«

Jeglicher Besitz wurde ihnen weggenommen, ebenso ihre Kleidung. Dann mussten sie nackt zu den Duschen laufen und anschließend gab man ihnen die Lagerkleidung.

»Betsie, bist du bereit, dieses Opfer auch noch zu bringen, wenn es von dir verlangt wird?«

»Corrie, ich kann nicht«, flüsterte sie.

Corrie wusste nicht, wie sie es selbst schaffen würde, aber sie flehte Gott an: »Oh Herr, wenn du wirklich dies alles von uns verlangst, dann gib uns die Kraft, es zu tun.«

Ein Offizier schrie sie an: »Haben Sie Einwände dagegen, Ihre Kleider abzugeben? Wir werden euch Holländern beibringen, was Ravensbrück für ein Ort ist!«

Ihre Namen wurden aufgerufen: »ten Boom, Elisabeth; ten Boom, Cornelia«. Sie beteten kurz, als Betsie leise sagte: »Corrie, ich bin soweit.« Arm in Arm gingen sie auf das Furcht erregende Gebäude zu. Erst gaben sie alles ab, was sie noch besaßen. Corrie fragte, ob sie die Toilette benutzen dürfe, und man zeigte Betsie und ihr die Duschräume, dort sollten sie die Abflüsse als Toiletten benutzen. Dort angelangt, sagte Corrie: »Schnell, zieh deine Unterwäsche aus.« Betsie und sie zogen ihre wollene Unterwäsche aus, wickelten die wertvolle kleine Bibel darin ein und legten sie in eine Ecke voller Kakerlaken.

Corrie war glücklich. Sie wusste, dass sie nicht ohne ihre Bibel leben konnte, für die Nazis war dies aber das Lügenbuch. Sie flüsterte: »Der Herr hört unsere Gebete, Betsie.«

Als sie zurück zu den anderen Frauen gingen, um mit ihnen vor den Duschen zu warten, spürte sie, wie ein großer Friede über sie kam. Sie gingen gemeinsam in die Duschräume, und anschließend gab man ihnen abgetragene Kleidung und Schuhe. Vorne und hinten war in die Kleidung ein kreuzförmiges Loch geschnitten und mit einem andersfarbigen Stoff abgesetzt. Wenn es eine von ihnen schaffen sollte auszubrechen, ihre Gefängniskleidung würde sie immer verraten.

Während sie in die Duschräume gingen, hatten viele der Frauen Angst vor der Ungewissheit. Würde nun Wasser oder Gas aus den Öffnungen über ihnen strömen?

Corrie versteckte die wollene Unterwäsche mit der Bibel unter ihrem Kleid. Unter dem dünnen Stoff zeichnete sich das Bündel jedoch deutlich ab. Jede Frau musste an den Aufsehern vorbeigehen und wurde von Kopf bis Fuß in Augenschein genommen und abgetastet. Corrie betete: »Herr, lass deine Engel um mich sein, sodass die Wachen mich nicht sehen können.«

Sie machte sich keine Sorgen mehr, als sie durch die Inspektion ging, es schien fast, als sei sie wirklich unsichtbar. Sogar Betsie, die direkt hinter ihr lief, wurde gründlich abgesucht. Als Corrie nach draußen in die Kälte des deutschen Herbstes trat, dankte sie Gott, dass er ihr Gebet erhört hatte und dachte: »Herr, wenn du dieses Gebet erhört hast, dann kann ich sogar in Ravensbrück ohne Angst leben.«

Die Holländerinnen wurde anfangs in Baracke acht untergebracht, der Quarantäne-Baracke. Dort begannen sie zu verstehen, was für ein Elend auf sie zukam. Es gab Dreistockbetten und immer fünf bis sieben Frauen mussten sich ein Bett teilen, das nicht mehr als 70 Zentimeter breit war. Wie konnten sie dort schlafen? Der Länge nach war unmöglich, da diejenigen am Rand aus dem Bett fallen würden. Corrie erzählte: »Wir versuchten quer zu liegen und lagen so eng beieinander, dass, wenn sich eine von uns umdrehen wollte, wir es alle gemeinsam machen mussten.«

Als ich dieses Buch schrieb, versuchte ich das ganze Ausmaß der Grausamkeit dieses Konzentrationslagers zu erfassen. Ich wollte nicht eine Biographie schreiben, die von den Nazi-Gräueltaten durchtränkt war. Aber mir wurde auch klar, dass ich durch das Verständnis dessen, was Corrie und viele andere mit ihr erlebt hatten, ihr späteres Leben in einem anderem Licht sah. Es hatte eine andere Bedeutung bekommen.

Corrie wurde einmal gefragt: »Warum erzählen Sie nicht mehr über das, was wirklich in Ravensbrück passiert ist?« Sie antwortete: »Das ist nicht so wichtig. Wichtig ist, dass die Menschen das Evangelium hören.«

Sie hat nie darüber geschrieben, wie schlimm es wirklich in dem Konzentrationslager war. Der Filmdirektor Jimmy Collier, einer ihrer engsten Freunde, sagte einmal, er glaube, dass Gott um Corrie und Betsie einen Schutzschild gebaut hatte, der die beiden vor den schlimmsten Erinnerungen an ihre Erlebnisse im Konzentrationslager schützte.

Während ich durch einige von Corries alten Papieren und Erinnerungen ging, entdeckte ich ein Tagebuch, das von einer Frau geschrieben wurde, die mit ihr in Ravensbrück gewesen war. Es war in Deutsch geschrieben. Was für einen schauerlichen Fund hatte ich da gemacht!

In diesem Tagebuch fand ich Beschreibungen der Umstände in Ravensbrück, die Corrie nicht hatte preisgeben wollen. Diese arme unbekannte Frau beschrieb das Leben im Quarantäneblock so:

»Das Einzige, was wir besaßen, war ein Zinnteller, ein Zinnbecher und ein Holzlöffel – sonst nichts, nicht einmal eine Haarnadel, ein Waschlappen, eine Nähnadel oder irgendetwas anderes ... In kürzester Zeit waren wir am ganzen Körper von großen, eitrigen Wunden bedeckt, die wir durch den Dreck, Hundebisse und durch Vitaminmangel bekamen. Meine Füße waren durch das Tragen der Holzschuhe aufgescheuert. Es war mir unmöglich, mich sauber zu halten.

Wir erhielten täglich einen viertel Liter Ersatzkaffee, der ungenießbar war, da man ihm Sodiumkarbonat beigemischt hatte, und eine Scheibe Brot. Wir litten ständig Hunger, während die SS-Aufseher reichlich zu essen bekamen. Sie hatten Schweine, Rinder, Gänse, Hühner und außerdem Gewächshäuser und Gemüsegärten. Sie mussten auf nichts verzichten; hatten sogar reichlich Zigaretten und Alkohol. Die weiblichen SS-Aufseherinnen aßen ihre Wurstbrote vor unseren Augen, tranken Bier und Kaffee, während es für uns unmöglich war, auch nur eine Tasse Tee für die ernsthaft Kranken unter uns zu bekommen.

Wir hatten in den Schlafsälen weder Laken noch Decken. Fenster gab es auch nur wenige, und trotzdem war es ständig zugig. Auf einer Seite sah man auf eine hohe Mauer und den Elektrozaun, der das Lager umgab, und auf der anderen Seite blickte man auf Baracken. Am schlimmsten war die Kälte; jeden Morgen, oft vor Tagesanbruch, mussten wir ohne Mantel oder eine Decke draußen in der Kälte stehen. Der körperliche Schmerz trieb einem die Tränen in die Augen. Alles war darauf angelegt, die Sensibleren und die Kranken unter uns zu zerstören.«

In den ersten Wochen war Corrie oft erstaunt über ihre Schwester, die sich in eine Ecke der Baracke zurückzog und dort friedlich saß. Sie besserte mit den Kostbarkeiten Nadel und Faden die Kleidung aus. Sie war eine Frau, die es schaffte, egal wo sie war, eine angenehme Atmosphäre zu schaffen. Zweimal am Tag las Corrie in ihrer kleinen Bibel und lud andere zum Zuhören ein. Wie kostbar jene Zeit für diese Frauen war! Corrie berichtete: »Es war eine Freude, die Worte Gottes zu lesen. Paulus schrieb aus dem Gefängnis, an eine Wache gekettet: ›Ja, ich erachte es noch alles für Schaden gegenüber der überschwänglichen Erkenntnis Christi Jesu, meines Herrn. Um seinetwillen ist mir das alles ein Schaden geworden, und ich erachte es für Dreck, damit ich Christus gewinne‹ (Philipper 3,8).«

Das Leiden der Gefangenen in Ravensbrück wurde langsam zur Qual. Betsie schien um sich einen Schutzschild zu bauen, der die Grausamkeit um sie herum abblockte. Corrie beschreibt Betsie in ihren Büchern und Memoiren als einen Menschen, der in fast allem Gutes sehen konnte. Sie dankte Gott für die Flöhe, die die Baracken bevölkerten, weil sie die Aufseher davon abhielten, diese zu betreten, sie betete für die Aufseher genauso oft wie für die Unterdrückten; sie ließ sich von dem Bösen um sie herum nicht beeinflussen. Obwohl Betsie älter war als Corrie, wurde sie wie ein Kind, das Corrie ständig an seiner Seite brauchte.

Eine der täglichen sinnlosen Quälereien des Lagers war der Appell. Die Tagebuchaufzeichnungen eines unbekannten Ravensbrücker Häftlings beschreiben es folgendermaßen:

»Jeden Morgen ertönte die Sirene. Ich habe nie herausgefunden, zu welcher Zeit ... Viele meinten, es wäre 2.30 Uhr am Morgen gewesen. Um 3.30 Uhr mussten wir zum Appell antreten. Wir mussten stehen und stehen, es war verboten, sich zu bewegen, bevor die Aufseher deiner Baracke dich aufriefen. Ich werde nie die ersten Monate in Ravensbrück vergessen. Jeden Morgen hörten wir während des Morgenappells einen Zug. Im Hintergrund standen große Nadelbäume und Birken; der Wald bildete eine Silhouette und du wusstest, dass die Gestapo dich in der Hand hatte, und wenn das Dritte Reich nicht zusammenbrechen würde, würdest du für den Rest deines

Lebens hier stehen. Man bekam Ruhr vom Stehen in der Kälte.

Jeden Tag brachen kranke, unterernährte Menschen zusammen, woraufhin man sie schlug. Konnten sie nicht aufstehen, wurden sie nach dem Appell ins Haupthaus auf die ›Krankenstation‹ gebracht, was bedeutete, dass man sie vergaste. Man benötigte eine Erlaubnis, um auf die Toilette gehen zu dürfen ... Bekamst du sie nicht, musstest du mit der verdreckten Unterwäsche herumlaufen, die man nicht waschen konnte. Wenn du es fertig gebracht hättest, deine Wäsche zu waschen, wäre sie auf der Wäscheleine verschwunden. Die Lagerpolizei würde sie finden, oder jemand würde sie stehlen. Dann musste man sein Brot gegen neue Unterwäsche eintauschen.«

Manchmal nahm Corrie ihre Bibel mit zu dem Appell, legte sie gegen den Rücken des vor ihr stehenden Gefangenen und las leise einen Psalm oder ein Kapitel aus den Briefen von Paulus. Viele Psalmen waren in einer Zeit der Not entstanden und bekamen durch die Erlebnisse der Gefangenen, die eng beieinander standen und dem zuhörten, was Corrie vorlas, einen tieferen Sinn.

Erschöpft von dem langen Stehen während des Appells kehrten Corrie und Betsie eines Morgens in ihre Baracke zurück und fielen auf ihr enges Bett, auf dem fünf Frauen dicht beieinander lagen, als sie einen neuen Befehl hörten: »Nach draußen, ab zum Appell.« Sie stolperten nach draußen, und Corrie wankte von einem Schlag, den man ihr in den Nacken versetzte: »Schneller, schneller«, riefen die Aufseher.

Den ganzen Tag wurden sie gezwungen zu stehen, ohne etwas zu trinken oder zu essen. Einer der geschwächten Gefangenen sagte: »Jemand muss zu dem Lagerführer gehen und ihm sagen, wie wir hier behandelt werden.«

»Nein«, stieß Betsie hervor, »das würde nicht helfen. Wir müssen es jemandem Höheren sagen, dem ›Weltführer‹. Nur Gott kann uns hier noch helfen.«

Diese Tortur hatte der Lagerführer bewusst geplant, um die Gefangenen innerlich zu brechen und ihre Moral zu schwächen. Ein anderer degradierender Akt war die Körperinspektion. Die Frauen mussten sich nackt ausziehen, sich in Reihen aufstellen, mit ihren Händen an ihrer Seite, zitternd und erbärmlich, während die Ärzte durch die Reihen gingen und sie inspizierten. Corrie erinnerte sich an die Gemälde, in denen Jesus am Kreuz hing; obwohl sensible Maler ihm ein Leintuch um die Hüften malten, war er doch in Wahrheit absolut nackt gewesen. Corrie konnte nachvollziehen, wir er gelitten haben musste. Wenn Gottes Sohn so gelitten hatte, damit sie, Corrie, einmal mit ihm im Himmel sein konnte, war es ihr möglich, so zu beten: »Mein Retter, wenn du auf Golgatha so gelitten hast, dann danke ich dir dafür. Hilf mir, dies zu ertragen, und gib mir Kraft.«

Als sie in Baracke 28 verlegt wurden, schöpften die Gefangenen neue Hoffnung, die dann doch nur wieder von der düsteren Realität zerschlagen wurde.

Ihr neues Zuhause beherbergte 1400 Frauen, ein dreckiges, kaltes Gebäude, das eigentlich für 700 Menschen gebaut worden war. Von dort marschierten sie jeden Tag in die Siemenswerke, wo sie erst Schrauben sortieren und dann Lastwagen zum Bahnhof schieben mussten, um dort Eisenplatten von den Waggons abzuladen. Danach mussten sie die Lastwagen zur Fabrik zurückschieben. Es war eine unerträglich harte Arbeit für Corrie und Betsie. Nach der morgendlichen Arbeit kehrten sie um die Mittagszeit zurück zu den Baracken. Corrie lehnte gegen einen Tisch und begann im Stehen zu schlafen. Sie träumte davon, zu Hause im Esszimmer zu sein. Nollie war auch dort. Zusammen gingen sie durch das Haus; Corrie sah den antiken Schrank, den Laden, das Schaufenster voller Uhren. Sie saß in dem Sessel ihres Vaters vor dem Kamin. Dann erwachte sie in den Essensälen von Siemens. Betsie stand neben ihr und Corrie legte ihren Kopf auf ihre Schulter und schluchzte. Es war zu Hause so wunderbar gewesen, aber sie hatte nur geträumt. »Es war einer der seltenen Momente, in denen mich das Heimweh übermannte«, sagte sie später.

Selbst in solchen Tiefen gab es Menschen, denen es schlechter ging. Eines Tages ging Corrie an einer Baracke vorbei. Sie sah durch ein Fenster in ein kleines Zimmer mit Betonwänden. Drinnen stand ein geistig behindertes Kind mit nichts außer einem kurzen Hemd bekleidet. Es sah wie ein Skelett aus und lehnte mit einem abwesenden Blick an der Wand.

Jemand erzählte Corrie, dass dieses Kind dort schon wochenlang lebte und nur die halbe Ration Essen bekam. Es schlief auf dem Steinboden ohne Matratze oder Decke und konnte immer noch stehen. Wie kann menschliches Leben nur so zäh sein?

Corrie betete, dass sie bald entlassen würde, um ein Heim für geistig Behinderte zu gründen, in dem sie geliebt und versorgt werden könnten. »Herr«, betete sie, »nimm dieses arme Kind bald zu dir und errette die Welt von diesem schrecklichen Regime.«

Corrie verstand das Warum des Leidens der anderen nicht, nur ihr eigenes. Sie wusste, dass Gott sie für eine besondere Aufgabe nach Ravensbrück gebracht hatte: die Leidenden und Verzweifelten zu ihm zu bringen, denen, die jederzeit sterben konnten, den Weg in den Himmel zu zeigen.

Corrie lernte, sich nicht auf ihre eigene Kraft zu verlassen, sondern ihren Kummer Jesus zu bringen und ihn dort zu lassen. Aber die Lektion über die Feindesliebe war sehr hart. Die Aufseher schienen Unmenschen zu sein; sie benahmen sich wie Tiere in Gestalt von Männern und Frauen.

Jeder wusste, wo die Bunker für die Bestrafungen waren; die ständigen Schreie und das Stöhnen konnte man weit hören. In einem Tagebuch, das in Ravensbrück verfasst wurde, liest man:

»Das Schlimmste waren die von der Gestapo angeordneten Prügelstrafen. Ein SS-Arzt nahm den Puls des Gefangenen. Dann wurde der Gefangene mit Lederbändern auf den nackten Körper geschlagen, bis sein Puls nicht mehr fühlbar war. Ich habe die Körper vieler Mitgefangener gesehen. Normalerweise brachen sie zusammen, und man nahm sie sich zwei, drei Tage später wieder vor, bis die Zahl der angeordneten Schläge voll war.«

Es gab unendlich viel und auch sehr harte Arbeit. Eines Morgens wurde Corrie bei dem Appell aus ihrer Reihe gerufen. Sie marschierten durch das Eingangstor in den Wald hinein. Auf beiden Seiten des Ausgangs standen Offiziere und einige Aufseherinnen. Die Männer sahen aus wie wilde Tiere, die auf ihre Beute lauerten.

»Ich behüte deinen Ausgang und Eingang«, sagt die Bibel. Corrie erinnerte sich an das Versprechen und fühlte sich innerlich gestärkt. Es fiel ihr aber schwer zu laufen. Ihre Füße und ihre Beine waren durch Hungerödeme angeschwollen, eine ernsthafte Erkrankung, die durch Mangelernährung entsteht. Bald darauf wurde ihr befohlen, Wagen voller Kartoffeln zu schieben, und sie stolperte mühsam voran unter der großen körperlichen Anstrengung.

Ein Aufseher sah sie und schrie: »Na, sind die Ehrenwerten vielleicht nicht stark genug für diese Arbeit?«

Corrie sah an sich herunter: ein verdreckter und ausgefranster Mantel, an den Beinen vollkommen durchlöcherte Damenstrümpfe, die Zehen guckten aus den Schuhen hervor. Sie war ärmer als der ärmste Bettler, der ihr in den Niederlanden je begegnet war. Hass machte sich in ihr breit. Corrie sah die Aufseher mit wachsender Wut an. Einige waren noch sehr jung, im Alter der Mädchen, die damals ihre Clubs besucht hatten. Wie könnten sie je wieder zu anständigen menschlichen Wesen werden?

Betsie schien nie durch Hass oder Bitterkeit beeinflusst zu werden. Ihr Humor verließ sie selbst dann nicht, wenn es nichts zu lachen gab. Sie gab Corrie Kraft in Zeiten, in denen Gott sehr weit entfernt zu sein schien.

In glücklicheren Zeiten hatte Corrie ihre Familie mit Geschichten aus den Mündern der geistig Behinderten, die sie betreute und liebte, aufgeheitert. Einmal erklärte sie diesen den Unterschied zwischen erschaffen und machen, indem sie erzählte, dass wir Sachen aus Holz oder Stein machen können, aber dass Gott die Welt aus dem Nichts erschaffen hat. Das holländische Wort für erschaffen ist *scheppen*, das gleiche Wort bedeutet im Holländischen schaufeln. Als Corrie ihre Zuhörer fragte, ob jemand noch wüsste, was erschaffen sei, antwortete ein Mädchen, das die verschiedenen Erklärungen durcheinander gebracht hatte: »Das ist ganz einfach, Tante Kees, wenn wir schaufeln, brauchen wir eine Schaufel; wenn Gott schaufelt, kann er das auch ohne Schaufel.« Die Antwort enthielt eine nicht beabsichtigte Weisheit.

Als Corrie und Betsie einmal befohlen wurde, Sand zu schaufeln, kamen sie an den Rand ihrer Kraft. Betsie konnte die leere Schaufel kaum noch hochheben, ganz zu schweigen von einer mit Sand gefüllten Schaufel. Drei der Gestapo-Sklaventreiber stellten sich um sie herum und beleidigten sie aufs Übelste. Sie hatten ihre Peitschen schon zum Schlag erhoben, als Betsie sich plötzlich zu Corrie umdrehte und mit einem Zwinkern in den Augen sagte: »Gott kann auch ohne Schaufel schaufeln.«

Für Corrie wurde das unbeabsichtigte Wortspiel des geistig behinderten Mädchens ein immer wiederkehrender Refrain in ihrem Gebetsleben, inmitten all des Bösen, das sie umgab.

»Herr, du kannst alles. Ich weiß nicht, was ich tun soll, aber ich weiß, dass du alles weißt. Du kannst es uns gut gehen lassen, auch wenn uns äußerlich so viel fehlt.«

Einmal wurde Betsie von dem Elend um sie herum zermürbt, die Umstände waren dazu geschaffen, selbst den stärksten Geist zu brechen. Um 3.30 Uhr wurden sie aus ihren Betten getrieben, um beim Appell in der Lagerstraße stramm zu stehen. In Ravensbrück lebten zu der Zeit 35 000 Personen, eine traurige Menge gespenstischer Menschen. Nachdem alle halb erfroren von der Kälte des deutschen Winters wieder zurück in ihre Baracken wollten, fanden sie die Türen der Baracken verschlossen, und weitere 45 Minuten wurden sie in der Kälte stehen gelassen. Die Türen wurden von Peitschen schwingenden Aufseherinnen bewacht. Eine Frau versuchte, durch ein Fenster zu klettern, und wurde gnadenlos geschlagen, während die anderen zusehen mussten, erstarrt vor Angst.

Ein geistig behindertes Mädchen, das vor Corrie und Betsie stand, machte in die Hose und wurde brutal zusammengeschlagen und endete als blutüberströmter Haufen auf dem Boden. Eine ältere Frau brach zusammen und starb. Corrie sah sich die Gesichter um sie herum an und las Horror und Hass, aber auch dumpfe Resignation und Verzweiflung in ihnen.

Betsie lehnte sich an ihre geliebte Schwester und flüsterte: »Oh Corrie, das ist die Hölle.«

Mut wird oft in einer Situation der Not geboren, aber Corrie sagte von sich, dass sie kein tapferer Mensch war, oft die dreckige Decke über ihren Kopf zog und betete: »Herr, ich bin schwach und feige und habe nur einen kleinen Glauben; halt mich fest. Du bist der Sieger. Gib mir Mut.« Durch diese Abhängigkeit und Unterwerfung unter ihren Herrn hat Corrie Heldentaten vollbracht, die ganz erstaunlich waren für eine 50-jährige Frau, die noch dazu geschwächt war von Unterernährung und Misshandlung.

In einer Nacht hörte sie, dass 250 jüngere und kräftigere holländische Gefangene in eine weiter entfernte Fabrik transportiert wurden; unbekanntes Ziel, unsichere Rückkehr. Mitten in der Nacht ging Corrie in den Waschraum, kletterte durch das Fenster und stellte sich an eine stockdunkle Stelle, an der die Gefangenen vorbeikommen würden. Sie betete: »Herr, gib mir die richtigen Worte für sie.« Während einer nach dem anderen an ihr vorüberlief, flüsterte sie ihnen zu:

»Jesus ist Sieger.«

»Oh, Corrie, wie konntest du das nur tun? Geh zurück zu den Baracken.«

»Fürchte dich nicht, glaube nur.«

»Danke, Corrie. Gott segne dich.«

»Er wird uns in allem tragen.«

Corrie erzählte später ihrer Schwester: »Der Heilige Geist gab mir für jeden, der durch das Tor ging, eine kurze Botschaft.«

Sie riskierte es, brutal bestraft oder getötet zu werden, wurde aber nach dem Krieg belohnt, als sie erfuhr, dass nur einer der 250 nicht nach Holland zurückgekehrt war. Ein Überlebender erzählte ihr später: »Kurz nachdem wir ankamen, begann die Gegend bombardiert zu werden. Ich saß in der Ecke eines Raumes und konnte an nichts anderes denken als an das, was du gesagt hattest: Jesus ist Sieger. Wir waren ohne Schutz, aber unser Gebäude blieb verschont.«

Mut ist nicht von den Umständen abhängig, aber von den Beziehungen, die uns durch die Umstände tragen.

Corrie und Betsie hatten ihre Bibelstunden; Frauen fanden Frieden mit Gott durch Jesus. Als sich die Umstände verschlechterten, wurde Corries Beziehung zu dem Gott, den sie ihr ganzes Leben kannte, tiefer und stärker, aber Betsie war es, die begann, die Zukunft zu planen. Corrie war zu sehr mit dem Hier und Jetzt beschäftigt, um an ein Leben nach Ravensbrück zu denken.

»Corrie, diese Baracken dienen jetzt dazu Leben zu zerstören. Nach dem Krieg wird es für Konzentrationslager keine Verwendung mehr geben. Wir müssen Gott bitten, uns in der kommenden Zeit eines von ihnen zu geben, wenn viele, viele Menschen Hilfe und Pflege brauchen werden. Dann werden wir es benutzen, um Leben retten.«

Betsie sah die Dinge aus Gottes Perspektive. Er gab ihr geistliches Verständnis und eine besondere Weitsicht.

Betsie wurde schwächer und schließlich ernsthaft krank. Ihre Beine waren gelähmt, und Corrie und ihre Freundin Miep mussten sie zum Appell tragen und sie während der Prozedur aufrecht halten. Schließlich brachte man sie auf die Krankenstation.

Betsie hatte keine Angst: »Denk dran, Corrie, wir werden beide nach Holland zurückkehren; wir werden vor Neujahr noch frei sein.«

Betsie hatte einen Traum (oder war es eine Vision?) von ihrer Arbeit in Holland nach dem Krieg. Es war ein Haus für Holländer, die in Konzentrationslagern gewesen waren und nun ihr Leben wieder neu aufbauen mussten. Das Haus würde groß und wunderschön sein, mit Parkett ausgelegt und einem Garten voller Blumen. Nachdem sie das Werk aufgebaut hätten, würden sie durch die ganze Welt reisen und den Menschen erzählen, was sie in Ravensbrück von Gott gelernt hatten. »Wir wissen es aus Erfahrung, Corrie, das Licht Jesu ist stärker als die tiefste Finsternis. Wo Hilfe gebraucht wird, müssen wir helfen, und wo er uns hinschickt, da wollen wir hingehen. Ich habe keine Ahnung, wie Gott uns finanzieren wird, aber ich weiß, er wird es tun.«

Aber Betsies Pläne, ihre Träume von einem Rehabilitationszentrum in Holland, von ihren Reisen durch die ganze Welt und einem umgebauten Konzentrationslager in Deutschland schienen mit ihr zu sterben.

Man trug sie auf einer Bahre zur Krankenstation, aber sie war voller Hoffnung auf die Zukunft. Betsies letzte Worte an Corrie waren: »Vergiss es nicht, wir beide.«

Betsie lebte nur noch zwei Tage. Als Corrie schließlich ihren Körper fand, den man mit anderen bis zu Skeletten ausgemergelten Körpern in einem Waschraum abgelegt hatte, sah sie ein Wunder Gottes vor ihren Augen, inmitten dieses unbeschreiblichen Drecks. Betsies Gesicht sah im Tod erstaunlich jung aus, voller Frieden und glücklich wie ein Kind. Es war wie ein Stück Himmel inmitten der Hölle.

Eine andere Frau, unsere unbekannte Autorin des Ravensbrücker Tagebuchs, war zur gleichen Zeit auf der Krankenstation. Ihre Beschreibung der so genannten Krankenstation zeichnet ein furchtbares Bild:

»Ich bekam Typhus und musste auf die Krankenstation, mit einem Gefühl von etwas Erleichterung, da ich nun nicht mehr zum Appell antreten musste. Meine Wunden heilten so etwas besser. Zweimal die Woche erhielten wir Papierverbände, die keine fünf

Minuten überdauerten. Oft lag man mit Menschen in einem Bett, die ansteckende Krankheiten oder offene Wunden und keine Verbände hatten. Vier oder fünf Leute auf zwei Strohsäcken. Nach einiger Zeit wurde einem nicht mehr übel, man wurde dumpf.

Schlimm war es vor allem für die Blinden – sie durften ihr Bett nicht verlassen, erhielten keine Pflege, und fast alle von ihnen starben. Anfangs sahen wir einige Krüppel mit Krücken und Stöcken ... später wurden sie auf die übliche Art beseitigt, das heißt vergast.«

Corrie überlebte. Vier Tage, nachdem Betsie gestorben war, wurde ihre Nummer aufgerufen. Sie wusste nicht, ob das nun ihr Todesurteil bedeutete, die Verlegung in ein anderes Lager oder die Freiheit. Sie sagte: »Ich hatte keine Angst zu sterben. Ich hatte lange in der Nähe des Todes gelebt. Jesus hatte mich durch diese Gefängnisse gebracht. Er würde bis zum Ende bei mir bleiben und besser noch, bis zu einem neuen Anfang.«

Es war das Ende des Jahres 1944. Um sie herum tobte der Krieg. Der südliche Teil Hollands war in den Händen der Alliierten, auch die Gegend um Vught, dem ersten Konzentrationslager, das Corrie durchlaufen hatte. Prinz Bernhard, Kronprinzessin Julianas Ehemann, hatte die Regierung des Südens übernommen, der Norden blieb besetzt. Holland war zweigeteilt.

Wir wissen nicht, warum Corrie freigelassen wurde, außer dass Gerüchte durch das Lager gingen, dass alle Holländer, die als politische Häftlinge gefangen gehalten wurden, nach dem Eintritt Amerikas in den Krieg zu Ehrenbürgern der Vereinigten Staaten gemacht worden waren.

Vielleicht dachten sich die verdrehten Köpfe der Nazis, dass es ihnen im Fall einer Niederlage besser gehen würde, wenn sie damit anfingen, Gefangene freizulassen.

Nach einem kurzen Aufenthalt in der gefürchteten Krankenstation, in der man versuchte, die Ödeme an Corries Beinen zu behandeln, wurde sie am Neujahrstag 1945 freigelassen. Ihr wurde ein Paket überreicht, in dem einige ihrer Kleidungsstücke waren, die alle an ihr herabhingen, als sei sie eine Vogelscheuche.

Betsie hatte Recht gehabt; sie waren beide frei im neuen Jahr. Aber ihre Vision, in der sie beide gemeinsam nach Holland zurückkehren konnten, musste wohl die Illusion einer kranken, verwirrten Frau gewesen sein. Oder war es die Vision von jemandem, der die direkten göttlichen Anweisungen hörte?

Als das große eiserne Tor von Ravensbrück aufschwang und Corrie nach draußen stolperte, musste sie an Betsies letzte Worte denken: »Vergiss es nicht, wir beide.«

Dem Tod entronnen, auf in die Freiheit

Während Corrie ein geschwollenes Bein vor das andere setzte und sich mühsam auf dem gefrorenen Boden zwischen Ravensbrück und der Bahnstation Fürstenberg fortbewegte, musste sie an Betsies Vision denken. »Ein Heim für die Gebrochenen, Corrie … und unsere Botschaft von Gottes Liebe in dieser Dunkelheit.«

Wie würde Gott sie gebrauchen können, eine sehr geschwächte und unterernährte Holländerin? Als sie die Landstraße entlangschlurfte, ging sie an einem Arbeitslager voller Gefangener vorüber. Wenn sie den Tag überleben würden, müssten sie abends in die gefürchteten Baracken von Ravensbrück zurückkehren. Corrie sah sie an und schämte sich für ihre Freiheit.

Man hatte ihr ihren Goldring und ihre Uhr zurückgegeben sowie etwas Geld. Nun werde ich nicht mehr hungern müssen, hatte sie gedacht. Sie wusste nicht, wie wichtig Lebensmittelmarken waren; freigelassenen Gefangenen wurden diese nicht mitgegeben, und Nahrungsmittel konnte man ohne sie nicht bekommen.

Drei Tage lang reiste Corrie in einem Güterwagen durch Deutschland. Der Zug schien durch die Landschaft zu schleichen. Einmal musste sie Stunden auf einen Anschlusszug warten. Im Bahnhof sah sie ein Stück Weißbrot auf dem Tisch des Restaurants liegen. Sie war halb verhungert und wollte es nehmen, als die Kellnerin sie entdeckte, sie nach Essensmarken fragte und schließlich hinauswarf.

Auf ihrer Weiterreise sprach Corrie mit Gott: »Herr, du hast mir mein Leben zurückgegeben. Ich danke dir. Wirst du mir sagen, wie es jetzt weitergehen soll? Hilf mir zu verstehen. Ja, Herr, meine Arbeit soll es sein, Seelen für die Ewigkeit zu retten, ich will ihnen von dir erzählen.«

Corrie sah aus dem Fenster und blickte auf Bremen. Überall lagen Schuttberge, wo früher gemütliche, saubere Häuser gestanden hatten. Wo gab es in dieser zerstörten Welt noch Sicherheiten? Sie musste an eine Vision denken, die George Fox, der Begründer der Quäker, einmal beschrieben hatte: »Ich sah ein Meer von Dunkelheit und Sünde …« Corrie sah die zerstörten Städte, die Konzentrationslager und die Schlachtfelder. »… Dann sah ich ein Meer aus Licht und Liebe die Sünde zudecken. Es war der Moment, in dem Jesus am Kreuz für uns starb.«

Vom Hunger gequält und voller Sehnsucht nach menschlicher Liebe und Freundlichkeit, reiste Corrie in die Freiheit, zurück nach Holland, mit dem Versprechen an Gott, egal wo er sie haben wollte, sie würde gehen und von ihm erzählen. Betsies Vision würde sie begleiten.

Endlich erreichte sie Groningen. Es war der Winter 1944, in dem in Holland eine Hungersnot herrschte. Der Süden Hollands war frei und wurde von Prinz Bernhard regiert, aber im Norden und im dicht besiedelten Westen herrschten schreckliche Verhältnisse. Die holländischen Züge fuhren nicht mehr, und die Deutschen weigerten sich, Güterzüge bereitzustellen, um Nahrungsmittel aus den ländlichen Gegenden in die Städte zu bringen. In Groningen ging Corrie in ein christliches Diakonissenkrankenhaus. Das erste Mal seit Monaten erlebte sie Freundlichkeit statt Hass von den Verantwortlichen. Als Erstes bekam sie Tee und Zwieback: Für sie schmeckte es wie Manna. Sie blickte sich um und sah saubere Betten, weiße Laken, einen glänzenden Boden und fühlte sich wie in einem Traum. Sie bemerkte aber auch, dass die Krankenschwestern und Patienten sie anstarrten, und musste feststellen, dass sie einen ekeligen Kontrast abgab in ihren dreckigen, stinkenden Kleidern und mit ihrem ungepflegten Körper. Corrie war nicht mehr an Freundlichkeit gewöhnt und machte alles, was man ihr sagte.

Die erste Überraschung erlebte sie mit der Krankenschwester, die sie in den Essenssaal begleitete, wo sie ihre erste Mahlzeit bekommen sollte. »Wo kommen Sie her?«, fragte sie.

»Aus Haarlem«, antwortete Corrie.

»Kennen Sie Corrie ten Boom?«

Die Krankenschwester war Truus Benes, eine von Corries CVJM-Leiterinnen. Sie hatte die ausgemergelte, hohläugige, verdreckte Frau nicht wieder erkannt, die einst eine robuste, fröhliche Leiterin der Mädchenclub-Bewegung Hollands gewesen war.

»Ich bin Corrie ten Boom.«

Von da an wurde Corrie liebevoll von Leuten betreut, die sich wirklich um sie sorgten. Das Essen war einfach: Rosenkohl, Kartoffeln, Soße, Pudding und ein Apfel, für sie war es ein Festmahl. Sie nahm ein Bad, bekam saubere Kleidung und ein farbenfrohes Schlafzimmer. Auf einem Regal standen Bücher, und man versorgte sie mit einem Radio. Im Radio wurde ein Trio von Bach gesendet, gespielt von Günther Ramin. Die Erinnerung an diesen Tag verblasste nie, und als Corrie ihr Buch *A Prisoner And Yet* schrieb, erinnerte sie sich an das kleinste Detail.

Nachdem sie zehn Tage dort gewesen war, kamen ein paar Männer, um Nahrungsmittel von den Bauern in Groningen zu holen. Diese netten Männer waren freigiebig und luden den Lastwagen voller Kartoffeln, Mais und Fleisch, um es in den Westen Hollands zu bringen, wo die Menschen sich von Zuckerrüben und Tulpenzwiebeln ernährten. Als es dunkel wurde, verließ Corrie das Diakonissenhaus, quetschte sich im Führerhäuschen zwischen die zwei Fahrer, und es begann eine wilde Fahrt durch Holland. Sie fuhren ohne Licht in absoluter Dunkelheit, um nicht von den Flugzeugen der Alliierten oder der Gestapo entdeckt zu werden. Die Alliierten bombardierten jeden Lastwagen, und die Gestapo beschlagnahmte die Nahrungsmittel. Manchmal waren die

Flugzeuge so nah, dass sie aus dem Lastwagen sprangen und sich im Schatten der Deiche versteckten.

Corrie kam schließlich bei ihrem Bruder Willem in Hilversum an, wackelig auf den Beinen, aber in Sicherheit. Von dort brachte man sie nach Haarlem und schließlich in die Beje.

Viele Dinge waren gestohlen worden: einige Perserteppiche, ihre Schreibmaschine, die Wecker und Uhren, die man zur Reparatur gebracht hatte; aber das Porträt ihres Vaters war noch da, er wachte über den dunklen Räumen wie ein Prophet aus dem Alten Testament. Corrie lehnte sich an das Bett ihres Vaters und dachte an die Freude, die er und Betsie wohl jetzt im Himmel erlebten. Sie waren eigentlich mehr zu Hause als sie jetzt.

Corrie hatte sich verändert. Sie liebte all die Dinge, die sie vermisst hatte, ihre Bücher, die Musik, die Bequemlichkeiten, aber sie wusste auch, dass menschliche Sicherheiten keine wirkliche Sicherheit bedeutete. Die einzige Sicherheit blieb die Bibel und die Liebe zu Jesus. In Ravensbrück hatte sich Corrie nicht der Schläfrigkeit oder der Gleichgültigkeit hingeben können, weil sie wusste, wie wichtig es war, den Menschen von Jesus zu erzählen, weil sie vielleicht schon bald sterben würden. Immer wieder betete sie: »Rede zu mir, Herr, gib mir die richtigen Worte.«

Betsie würde sagen: »Corrie, du hast nie besser und klarer als hier gesprochen.« Jetzt war sie frei, und weil sie sich selbst gegeben hatte, hatte sie ihren Verstand gerettet. Ihr Körper war sehr schwach, und sie konnte nicht einmal geradeaus gehen, aber ihr Verstand war wach, und sie wollte von dem erzählen, was sie erlebt und was ihr Herr sie gelehrt hatte.

Die Türen standen Corries Geschichten offen, aber es waren sehr wachsame Türen. Die Deutschen hatten verboten, über das zu berichten, was in den Gefängnissen passierte, so mussten die Treffen geheim bleiben. In vielen Gemeinden hatte man für Familie ten Boom gebetet, und nun bat man Corrie, ihnen zu erzählen, wie Gott ihre Gebete erhört hatte.

Wenn sie vor einer Gemeinde oder einer kleinen Gruppe von Gläubigen stand, hatte sie ein Manuskript über die Pflege von geistig Behinderten vor sich. Falls sich die Tür öffnete und eine unbekannte Person den Raum betrat, würde sie anfangen, über die Lehrmethoden für Kinder mit niedrigem IQ zu reden.

Die Legenden, die sich um Corrie ten Boom rankten, wurden von ihren Bewunderern aufgebaut, die in ihr eine Frau sahen, die unbeugsam und ohne Angst unfehlbare Botschaften Gottes für jede Gelegenheit erhielt. Dieses Bild von ihr wird nicht der Kraft Gottes gerecht, die in einem schwachen Menschen Großes bewirken kann. Eine eigensinnige Entscheidung, die sie kurz nach ihrer Freilassung traf, hätte sie schnell wieder ins Gefängnis bringen können.

Eines Tages öffnete Corrie die Tür der Beje, genauso wie sie es Hunderte Male vor dem schicksalhaften Tag im Februar gemacht hatte, und sah sich einem Mann gegenüber, der ihr eine bekannte Frage stellte.

»Frau ten Boom, ich habe einen Freund im Gefängnis. Sie kennen den Gefängnisdirektor; er ist ein guter Holländer und auf unserer Seite. Werden Sie mich begleiten, mich dem Direktor vorstellen und ihn bitten, meinen Freund freizulassen?«

Corrie versprach ihm mitzukommen, sie stiegen auf ihre Fahrräder und fuhren zum Gefängnis. Als Corrie den Gefängnisdirektor sah, wusste sie, dass sie ihn nie zuvor gesehen hatte. Hatte man sie in eine neue Falle gelockt, so wie damals, als man sie um Geld für die inhaftierte Ehefrau bat? Mühsam brachte sie das Begnadigungsgesuch für den Gefangenen vor und wurde von Panik erfasst, als der Direktor sagte: »Einen Moment, ich werde die Gestapo anrufen und nachfragen, ob eine Begnadigung möglich ist.«

Es roch nach Gefängnis, ein Geruch, den sie sehr gut kannte, und sie hörte einen Gefangenen gegen die Tür seiner Zelle trommeln. Eine furchtbare Angst überfiel sie, schlimmer als sie sie je in Ravensbrück erlebt hatte.

Der Gefängnisdirektor nahm sie mit in sein Büro und schloss die Tür. Dann gab er ihr die schärfste und heilsamste Ermahnung, die sie je erhalten hatte:

»Sind Sie Untergrundarbeiterin? Was für eine dumme Arbeit machen Sie da! Sie bringen uns alle in Gefahr. Wenn ich tun würde, was Sie von mir verlangen, müssten ich und meine Mitarbeiter sofort untertauchen. Ich werde Ihnen sagen, wie Sie dem jungen Mann helfen können, aber kommen Sie bitte nie wieder hierher.«

Als Corrie wieder sicher nach Hause zurückgekehrt war, sagte der Mann, der sie um Hilfe gebeten hatte: »Sie sind im Gefängnis totenblass geworden, und mir hatte man erzählt, dass Corrie ten Boom keine Angst kennt.«

Corrie wusste, dass sie dieselbe Frau war, die im Konzentrationslager aus dem Fenster geklettert war und zu ihren Freunden, die man wegschickte, gesprochen hatte und ihr Leben riskierte, indem sie Bibelstunden gab, aber sie hatte auch gewusst, dass Gott sie dazu berufen hatte, im Konzentrationslager von ihm zu erzählen. Er war ihre Stärke. Diesen Ausflug hatte sie aus Freude am Abenteuer übernommen und war vorangestürmt, ohne um Führung zu beten.

Von da ab verboten ihr ihre Freunde, weiter Untergrundarbeit zu tun. Was passierte mit dem Gefängnisdirektor? Corrie berichtete, dass er am letzten Kriegstag 18 Gefangene freiließ, die erschossen werden sollten, und dann selbst in letzter Minute fliehen konnte.

Wie erkannte Corrie Gottes Führung? Als sie alt war, schrieb sie ein Andachtsbuch. Darin beantwortet sie die Frage nach Gottes Willen folgendermaßen:

»Eine Weise, auf die uns Gott seinen Willen deutlich macht, ist, indem er Türen schließt, wenn unsere Entscheidungen nicht die richtigen waren. Oder er lässt uns einen Fehler machen, damit wir selbst erkennen, dass wir in die falsche Richtung gelaufen sind, weil wir nicht auf ihn gehört haben. Er sagt uns in seinem Wort, dass wir seine Stimme hören können: ›Deine Ohren werden hinter dir das Wort hören: Dies ist der Weg; den geht! …‹ (Jesaja 30,21)«

Gott führte Corrie ganz eindeutig dahin, von ihren Erlebnissen in Ravensbrück zu erzählen und von der Stärke und Kraft zu reden, die er seinen Kindern in Zeiten des furchtbarsten Elends gibt. Sie wurde erst von Freunden in Haarlem darum gebeten. Wenn sie sprach, erzählte sie auch immer von Betsies Visionen: als Erstes von dem Heim mit schönen polierten Treppengeländern aus Holz und einem Blumengarten, einem Zuhause für Menschen, die im Krieg schwer gelitten hatten. Die wichtigste Aufgabe Corries war es, allen zu sagen, dass die einzige Antwort auf alle Probleme, die Menschen persönlich und als Nationen erleben, in Jesus zu finden sei.

Ein Brief eines prominenten Holländers gibt uns einen Einblick in den Anfang der jahrzehntelangen Reise, auf die sich Corrie begeben sollte, auf der sie 64 Länder besuchen und vor Millionen von Menschen sprechen würde. Jan van der Hoeven, der sich selbst als »Anwalt des Haarlemer Gerichts« bezeichnet und ein Aristokrat war, erzählte von Corries erstem Besuch in seinem Haus im März 1945. Es fand ein kleines Treffen statt, auf dem Corrie von ihren Erlebnissen berichtete. Er schrieb:

»Da stand nun sie vor uns, Corrie, die erst vor kurzer Zeit aus diesem entsetzlichen Elend befreit worden war – aus einer Hölle, aus der es scheinbar kein Entrinnen gab – und die nun über ihre Erfahrungen und gleichzeitig von der Liebe und Nähe ihres Gottes sprach. Sie erzählte auch von dem Traum, den ihre Schwester Betsie und sie hatten, ein Heim zu gründen, in dem Opfer dieses Terrors rehabilitiert werden konnten.«

Als sie in diesem vornehmen Haushalt sprach, hörte auch ein kleiner fünfjähriger Junge zu. Es war Jan Willem van der Hoeven, ein im Krieg geborenes Kind, das sich daran erinnerte, dass er in einem Raum mit geschlossenen Vorhängen saß, damit die Deutschen nicht merkten, dass in dem Haus ein Treffen stattfand, wo man Tante Corrie zuhörte.

Jan Willem erinnerte sich an die Begebenheit und begann, als er 15 Jahre alt war, Corries Briefe zu lesen, die in einer holländischen christlichen Zeitschrift mit Namen *Kracht van Omhoog* (Kraft von oben) abgedruckt wurden. Schon als Kind begann er, für Corrie zu beten. Dieser junge Mann leitete später eine eigene weltweite Arbeit und wurde der Verwalter des Grabgartens in Jerusalem, der jährlich von Tausenden Christen besucht wird.

Wie die Wellen weiter wandern, wenn man einen Stein in einen See wirft, und sich in endlosen Kreisen ausbreiten, so begann sich auch Corries Arbeit in der ganzen Welt auszubreiten. Wie durch den kleinen Jungen, der bei dem Erwachsenentreffen in Haarlem dabeisaß, diese Tante Corrie mochte, wie es alle Kinder taten, und später die Liebe der ten Booms zu den

Juden in seiner eigenen Arbeit weitergab. Jan Willem eröffnete im Jahr 1980 die erste Internationale Christliche Botschaft in Jerusalem, die als Hauptziel hatte, Interesse an den Juden und dem Staat Israel zu zeigen, wozu er sich durch Jesaja 40,1 aufgefordert fühlte: »Tröstet, tröstet mein Volk!, spricht euer Gott.«

Nach dem Krieg gab es überall in Europa Wohnungsmangel, aber dies war nur eine der Herausforderungen, denen sich Corrie gegenübersah, während sie versuchte, den ersten Teil von Betsies Vision zu erfüllen. Mit der Hilfe einiger Freunde fand sie ein Heim in Schapenduingen, inmitten des parkähnlichen Grundstückes von Bloemendaal, das sie für ihre Flüchtlingsarbeit mieten konnte. Es war das Haus aus der Vision: mit wunderschönen polierten Holzböden, einem Garten und ruhigen Räumen für die gebrochenen und verstörten Menschen, die Gott in dieses Haus bringen würde.

Corrie stürzte sich in die neue Arbeit, gründete Komitees, um Menschen dazu zu bringen, ihnen Kleidung und Möbel zu geben. Sie erhielt viele Einladungen aus ganz Holland, um Vorträge zu halten und von ihren Erfahrungen mit Jesus in der furchtbaren Realität der Konzentrationslager zu berichten. Immer erzählte sie von Betsies Vision, von dem Heim für verwirrte Menschen und Ex-Gefangene aus den Lagern. Es wurde der Klingelbeutel durch die Reihen gereicht, und sie bat die Menschen, reichlich zu geben.

Später wurde Corrie klar, dass sie nie um Geld

bitten sollte, aber über damals sagte sie: »Der Herr hatte mir noch nichts dazu gesagt.«

Mies Poley, die Ehefrau von Hans, dem ersten Mann, der während des Krieges in der Beje untergetaucht war, besuchte Corrie in der Beje und meinte, sie würde dort ganz verloren wirken. Sie hatte ein behindertes Kind zu sich genommen, das Corrie wie ein Schatten folgte. Mies hatte Recht: Das Haus mit den winkeligen Treppen wirkte leer. Das meiste Mobiliar brachte Corrie nach Schapenduingen. Dann verkaufte sie die Uhrmacherwerkstatt, vermietete die Beje und machte das Rehabilitationszentrum zu ihrem Zuhause.

Corrie hatte einige tüchtige Helfer bei ihrer Arbeit. Sie schien die Gabe zu haben, Menschen mit einer Vielzahl von Talenten anzuziehen: Henk van de Bunt half ihr, das passende Haus zu finden; Aad Geels war ein fähiger Organisator, der die allgemeine Verwaltung leitete; ein Psychologe gab seine Zeit und Hilfe, ohne dafür Geld zu verlangen. Ein Mann, der etwas Seltenes in der damaligen Zeit besaß, ein Auto, kam mit einer ungewöhnlichen Bitte zu Corrie. Er sagte: »Würden Sie bitte mein Auto nehmen? Könnte ich Ihr Fahrer sein? Ich werde das Benzin bezahlen. Nur ab und zu werde ich es für mich und meine Frau benötigen.«

Ihre Arbeit begann zu wachsen. Als Erstes in Schapenduingen, wo ihre Art der Leitung den freiwilligen Psychologen wütend machte. Einmal sprach er mit ihr über einen zutiefst verstörten Ex-Gefangenen, und Corrie sagte: »Oh, ihm geht es besser. Letzte Nacht sah er den Mond scheinen und kletterte aus dem Fenster, um einen langen Spaziergang durch die Dünen zu machen. Er blieb bis 5.00 Uhr morgens weg! Ich sagte zu ihm: ›War das nicht herrlich, Jan, nicht mehr im Gefängnis zu sein und hingehen zu können, wohin du willst und das sogar in der Nacht?‹«

»Aber Frau ten Boom, wie konnten Sie nur? Wir müssen unseren Patienten helfen, wieder ein geregeltes, diszipliniertes Leben zu führen. Wie können Sie solch ein Haus leiten, wenn Sie keine Regeln einhalten wollen?«

Der Psychologe war nie in einem Gefängnis gewesen! Corrie wusste, wie es dort zuging. Als sie die Untergrundarbeit leitete, war sie energisch und erwartete Disziplin, aber nach Ravensbrück konnte sie die Ex-Gefangenen nicht mehr disziplinieren.

Am 5. Mai 1945 wurden die Niederlande befreit. Holländische Fahnen flatterten wieder im Wind, man hörte die Nationalhymne, und die Menschen weinten vor Glück. Abends sah man wieder Licht in den Häusern, und es waren wieder Leute auf der Straße. Die königliche Familie kehrte aus dem Exil zurück, und »Lang lebe Wilhelmina« konnte man im ganzen Land hören.

Königin Wilhelmina war gut darin, ihr Volk zu stärken, und schrieb: »Ich wusste, dass ich euch zu Hause immer nah geblieben war, durch die unsichtbare und manchmal kaum zu erkennende Führung dessen, der das Schicksal von Nationen in der Hand hat, unantastbar selbst für den skrupellosesten Herrscher.«

In jedem Krieg gibt es aber auch diejenigen, die nie zurückkehren. Mehr als 140 000 Holländer starben im Widerstand, in Konzentrationslagern, durch Luftangriffe oder verhungerten.

Nach der Siegeserklärung begann man sich sofort über die Behandlung von Verrätern Gedanken zu machen. Gegen einige wurden an speziellen Gerichten Prozesse geführt, und sie wurden zu Gefängnisstrafen verurteilt. Andere wurden wegen Landesverrats erschossen. Unter den Holländern wurde nun viel über die Einstellung derer geredet, die andere verraten hatten.

Einige Wochen nach der Siegesfeier wurde Corrie der Name des Mannes mitgeteilt, der sie und ihre Familie der Gestapo ausgeliefert hatte. Wie sollte sie reagieren? Die Kopie des Briefes, den sie am 19. Juni 1945 schrieb, macht ihre Haltung deutlich, mit der sie Gottes Liebe und Vergebung in viele Ecken dieser Erde brachte.

Sie schrieb:

»Sehr geehrter Herr,
heute wurde mir mitgeteilt, dass mit allergrößter Wahrscheinlichkeit Sie es waren, der uns verriet. Ich ging durch zehn Monate Konzentrationslager. Mein Vater starb nach zehn Tagen, meine Schwester nach zehn Monaten Inhaftierung.

Womit Sie uns schaden wollten, hat Gott zum

Guten gewendet. Ich bin ihm näher gekommen. Ihnen steht eine harte Strafe bevor. Ich habe den Herrn darum gebeten, Sie anzunehmen, wenn Sie sich ihm zuwenden. Denken Sie daran, dass Jesus auch Ihre Sünden mit an das Kreuz genommen hat. Wenn Sie das annehmen, werden Sie gerettet.

Ich habe Ihnen alles vergeben. Gott wird Ihnen auch alles vergeben, wenn Sie ihn darum bitten. Er liebt Sie und hat seinen Sohn auch für Sie auf diese Welt geschickt, um das Gericht für Sie und mich auf sich zu nehmen. Es muss eine Antwort von Ihnen kommen. Wenn er sagt: ›Komm zu mir, gib mir dein Herz‹, dann muss Ihre Antwort sein: ›Ja, Herr, ich will. Mach mich zu deinem Kind.‹

Wenn es für Sie schwierig ist zu beten, bitten Sie Gott um seinen Heiligen Geist; er bringt den Glauben in Ihr Herz. Zweifeln Sie nie an der Liebe Jesu. Er steht da, mit offenen Armen, um Sie zu empfangen.

Ich hoffe, dass der schwere Weg, den Sie nun vor sich haben, Sie zu Ihrem Retter bringt.«

Corrie gab zu, dass sich, bevor sie diesen Brief schrieb, Hass und Bitterkeit in ihr breitmachen wollten. Dann erinnerte sie sich an die Worte Jesu: »Denn wenn ihr den Menschen ihre Verfehlungen vergebt, so wird euch euer Vater auch vergeben. Wenn ihr aber den Menschen nicht vergebt, so wird euch euer Vater eure Verfehlungen auch nicht vergeben« (Matthäus 6,14–15).

Gott begann die Musik für Corries Symphonie zusammenzustellen. Sie brachte die Bestandteile ihres

Orchesters nach und nach zusammen, als eine Person nach der anderen sie in ihrer Arbeit begleitete. Vierzehn Jahre diente Schapenduingen dazu, Leben wieder zusammenzusetzen und Gottes Wort zu verkündigen.

Referent Spencer De Jong, der Pastor des *Melodyland Christian Center* in Kalifornien, erinnert sich daran, wie das Jugend-für-Christus-Team 1946 nach Holland kam, um in einem Volk zu dienen, das von Bomben zerstört war und noch an den Folgen der Naziherrschaft litt. Kurz nach ihrer Ankunft nannte man ihnen den Namen Corrie ten Boom, sie würde ihnen helfen können. Das Team hatte nicht genug Leute, um die Nachbetreuung der neu Bekehrten zu übernehmen. Referent De Jong erzählte, dass allein bei den Veranstaltungen in Rotterdam tausend Menschen nach vorne kamen, um ihr Leben Jesus zu geben.

Corries großes Haus in Schapenduingen wurde zu einem Ort für Wochenendkonferenzen, um die Jugend-für-Christus-Mitarbeiter auszubilden. Corrie erzählte ihre ergreifende Geschichte, und die jungen Leute saßen auf dem Boden in dem großen Wohnzimmer und hörten zu.

De Jong predigte in 29 Städten in den Niederlanden und sagte: »Obwohl Corrie nicht immer dabei sein konnte, konnten wir uns immer auf ihre Unterstützung und ihr Gebet verlassen. Sie hat mich immer inspiriert. Sie strebte nicht danach, berühmt zu sein. Ihre Demut war das Größte an ihr. Die Menschenmengen, die kamen, um sie zu hören, spürten ihre

Demut und genossen ihren Humor. Was sie sagte, war immer geradeheraus, weil Jesus durch sie sprach.«

1947 begann eine junge Holländerin, Lotte Reimeringer, für Corrie zu arbeiten. Sie erinnerte sich an die Bibelwochenenden, an denen junge Leute, die sich auf den Jugend-für-Christus-Evangelisationen für Jesus entschieden hatten, in das große Haus kamen, um von dieser liebenswerten holländischen Dame zu lernen. Corries Erfahrung mit den Mädchenclubs vor dem Krieg kam ihr hier zugute.

Die Hilfsbedürftigkeit in Europa war riesig. Das amerikanische Eingreifen in den Krieg hatte die Wende gebracht, und nun sah Europa nach Amerika, um Hilfe für einen Neuanfang zu bekommen.

Nachdem die Arbeit in Bloemendaal gut angelaufen war, erkannte Corrie, dass der zweite Teil von Betsies Vision nun beginnen sollte: der Welt von Gottes Liebe und seiner Vergebung zu erzählen. Wo sollte sie zuerst hingehen? Gott sagte ihr deutlich: nach Amerika.

Menschen hatten ihr gesagt: »Das ist Quatsch. Es gibt keine direkte Führung von Gott. Du hast doch deinen Verstand mitbekommen.« Wenn Corrie auf diese Skepsis stieß, musste sie an den Vers denken, den ihre Eltern zu ihrer Hochzeit erhalten hatten: »Ich will dich unterweisen und dir den Weg zeigen, den du gehen sollst; ich will dich mit meinen Augen leiten.« (Psalm 32,8)

Ein Jahr nach ihrer Freilassung aus dem Gefängnis verließ Gottes »fröhliche Heilige«, wie sie später von

Billy Graham genannt wurde, Holland auf einem Frachter – mit nur 50 Dollar in der Tasche, um als Missionarin in dieses riesige Land, das man Amerika nannte, zu gehen.

Von ihren Erlebnissen dort konnte Corrie viel erzählen. Ein Amerikaner, der Haarlem besucht hatte, sagte ihr: »Es ist nicht gerade einfach, seinen Weg in Amerika zu machen.«

»Ich glaube dir«, antwortete Corrie, »aber Gott hat mich beauftragt, dorthin zu gehen, und jetzt muss ich gehorchen.«

TEIL III

Visionen und Führungen

Man nennt sie Überlebende – diese tapferen Seelen, die aus furchtbaren Situationen zurückkehren und für uns zu einer Quelle des Staunens oder der Entmutigung werden. Was haben sie, das anderen fehlt? Was ist das Wesentliche ihres Mutes und ihrer Ausdauer, die den Menschen fehlen, die sich ihr ganzes Leben abplagen und von einer Krise in die nächste geraten?

Die Bibel sagt: »... Dies widerfuhr ihnen als ein Vorbild. Es ist aber geschrieben uns zur Warnung ...« (1. Korinther 10,11). Kein Romanschriftsteller könnte Geschichten erfinden, die mit Corries Geschichten zu vergleichen wären. Sie zeugen von den Wegen, die Gott mit ihr gehen wollte und denen sie folgte. Dass Corries und Betsies Visionen Realität wurden, hat nichts mit Zufällen zu tun.

Aus einem der dunkelsten Kapitel der Geschichte kommt eine Botschaft zu uns: »Seid getrost und unverzagt alle, die ihr des Herrn harret!« (Psalm 31,25)

Mission: USA

Die erste Station ihrer drei Jahrzehnte dauernden Weltreise war New York City. Corrie kam dort mit einer dünnen Geldbörse an, ohne zu wissen, wo sie übernachten würde, und mit einem starken holländischen Akzent. Kein sehr viel versprechender Anfang für eine Frau, die predigen wollte. Der CVJM setzte sich glücklicherweise über Sprachbarrieren hinweg, und sie konnte dort eine Woche lang wohnen.

In den ersten Tagen sprach sie zu einigen Gruppen jüdischer Immigranten, die aus Deutschland gekommen waren. Als die ersten sieben Tage um waren, fragte der CVJM-Sekretär, wo Corrie ihre Koffer hingeschickt haben wolle. Sie antwortete vertrauensvoll: »Der Herr hat einen Platz zum Wohnen für mich, ich weiß nur noch nicht die Adresse.«

Corrie wusste, dass der Gott, der sie durch Ravensbrück gebracht hatte, sie auch in Amerika bewahren würde.

Der erstaunte Sekretär, dem schon einige eigenartige Menschen begegnet waren, sah sie skeptisch an, nahm einen Brief aus dem Briefkasten und sagte: »Oh, hier ist übrigens ein Brief für Sie.«

Niemand wusste, wo sie wohnte, und so war auch Corrie erstaunt. Der Brief kam von einer Jüdin, die Corrie auf einem Treffen sprechen gehört hatte und wusste, dass es kaum möglich war, in New York ein Zimmer zu finden. Also bot sie Corrie an, bei ihr zu wohnen, solange sie wollte.

»Oh ja, hier ist die Adresse, die der Herr für mich vorbereitet hat«, erzählte Corrie dem überraschten Sekretär, der nicht so an »Wunder« gewöhnt war wie diese holländische Dame.

Fünf Wochen lang wohnte Corrie bei ihrer gastfreundlichen Bekannten. In dieser Zeit suchte sie die Adressen auf, die man ihr in Holland gegeben hatte, und berichtete von ihren Erfahrungen. Sie traf höfliche, ignorante und geradezu feindliche Menschen. Man sagte ihr, dass zu viele Europäer nach Amerika kämen und dass die Einwanderungsbehörde dem endlich einen Riegel vorschieben sollte. Auch einige Kirchenmitglieder glaubten ihrer direkten Führung durch Gott nicht.

Sie bekam Zweifel. Man schien sie hier nicht hören zu wollen. War es wirklich Gottes Führung gewesen, in die Vereinigten Staaten zu kommen? Sie hatte ein langes Gespräch mit ihrem himmlischen Vater, indem sie ihm alle ihre Fragen und Zweifel ausbreitete – ein Gespräch, das sie später in ihrem Buch *Not Good If Detached* beschreibt.

»Vater, ich muss mir Geld leihen, um nach Holland zurückkehren zu können. Dort werden die Menschen sagen: ›Da sieht man es, die Verheißungen der Bibel sind nicht so gemeint. Klare Führung gibt es nicht.‹ Vater, um deine eigene Ehre zu retten, musst du mir hier heraushelfen.«

Am folgenden Sonntag ging Corrie in eine Kirche, in der sie einen freundlichen Pastor antraf, und er gab ihr die Adresse von Irving Harris, dem Herausgeber der christlichen Monatszeitschrift: *The Evangel.* Sie besuchte Harris und erzählte ihm ihre Geschichte. Der Verleger war beeindruckt und fragte: »Haben Sie irgendetwas, was ich in meiner Zeitschrift drucken könnte?«

Corrie gab ihm die einzige Rede, die sie besaß, und Harris wollte sie verlegen. Aber er sagte auch: »Es tut mir furchtbar Leid, ich kann Ihnen leider kein Geld geben. Alles was wir für diese Zeitschrift tun, tun wir ohne Bezahlung.«

Corrie antwortete: »Wie schön ist es, einen Amerikaner zu treffen, dem es nicht nur um Dollars geht!«

Später erzählte Harris Corrie, dass er dachte, sie würde sehr traurig sein, als er ihr sagen musste: »Kein Geld.« Aber im Gegenteil, ihr Gesicht begann zu strahlen. Er gab ihr jedoch Informationen und Beratung, die mehr wert waren als jedes Geld. Als sie ihm von ihren Zweifeln und Schwierigkeiten erzählte, sagte Harris: »Achten Sie nicht auf die, die nicht an Führung glauben. In der Bibel finden wir viele Versprechen, dass Gott uns führen wird, wenn wir ihm gehorchen. Haben Sie jemals von einem guten Hirten gehört, der seine Schafe nicht führt?«

Harris gab Corrie einen Brief mit, mit dem sie sich bei einem Mann in Washington D.C. vorstellen sollte. Sein Name war Abraham Vereide, der Gründer der Internationalen Christlichen Leiterschaft, einer Arbeit, die für viele das Sprungbrett in Organisationen und Missionen auf der ganzen Welt war, eingeschlossen das *International Prayer Breakfast*, zu dem sich Politiker aus aller Welt zusammenfinden.

Dr. Vereide war Methodistenpastor gewesen, der sich Sorgen um die Korruptionen in der Regierung machte. 1942 zog er nach Washington, um eine Christliche Botschaft zu gründen, die er *Fellowship House* (Gesellschaftshaus) nannte. Er war ein gut aussehender Mann, ein Mann des Gebets und jemand, der leicht Kontakt zu Menschen in einflussreichen Positionen fand, eingeschlossen der Spitzenpolitiker.

Dieser Mann lud Corrie zum Essen ein. Da saß sie nun, hatte kaum Geld, sprach gebrochen Englisch und aß mit drei Universitätsprofessoren an einem Tisch. Sie sagte: »Ich fühlte mich wie ein Schulmädchen, das von der Schuldirektorin eingeladen worden war.« Aber Corrie hörte zu und lernte. Als Vereide über die Beziehung zu Jesus sprach, illustrierte er, was er ausdrücken wollte, mit einem Zugticket, auf dem stand: »Ungültig, wenn unvollständig.« Corrie gebrauchte diese Worte als einen Slogan und schrieb zehn Jahre später sogar ein Buch mit dem Titel.

Nachdem Vereide die hochstudierten Personen an seinem Tisch vorgestellt und ihre Titel genannt hatte, kam er zu Corrie und stellte sie ohne zu zögern vor: »Das ist Corrie ten Boom, Absolventin der Universität von Ravensbrück.«

Durch diesen Mann, der auch Präsidenten beriet, lernte diese kleine Frau aus Holland mit ihrer eindringlichen Botschaft viele andere Frauen kennen, die ihr halfen, ihre Geschichte bekannt zu machen. Erst sprach sie zu einer kleinen Gruppe, die sich zu einer wöchentlichen Bibel- und Gebetsgruppe zusammengefunden hatte. Eine der Frauen gab Corrie einen Scheck, der es ihr ermöglichte, das Geld zurückzuzahlen, das sie sich in New York ausgeliehen hatte, und es blieb ihr immer noch etwas übrig. Sie traf Menschen, zu denen sie lebenslange Freundschaften aufbaute und durch die ihr in den kommenden 30 Jahren Türen in ganz Amerika geöffnet wurden.

Eine dieser Frauen, Marian Johnson, die Nichte des Präsidenten Franklin Delano Roosevelt, war eine einflussreiche, wohlhabende Christin, die Corrie in dem *Fellowship House* begegnete. Frau Johnson war zu dieser Zeit krank und sagte: »Corrie besuchte mich in meinem Schlafzimmer, und ich spürte ihre Kraft, als sie für mich betete.« Kurze Zeit später war Frau Johnson diejenige, die Corrie mit den Mitteln versorgte, die es ihr erlaubten, durch die Staaten zu reisen und überall dort, wo man sie einlud, sprechen zu können.

Abraham Vereides Tochter Alicia half Corrie von Anfang an und brachte sie mit einer anderen einflussreichen Frau zusammen: Frau McSherry, die Gattin des Generals McSherry, die Corrie bei ihren stetig zunehmenden Vortragsveranstaltungen als Fahrerin begleitete.

Knapp dem Verhungern entronnen zu sein und nun, nur einige Monate später, in der Washingtoner

Gesellschaft zu leben, fand Corrie sehr schwierig. Sie sagte Frau McSherry, dass sie gerne drei Vorträge täglich halten wollte, um nicht Gottes Zeit zu vergeuden. Ein Vortrag, den Frau McSherry organisierte, war an der *National Cathedral School*, einer renommierten Mädchenschule.

Der Saal war mit mehreren hundert Mädchen gefüllt, als Corrie durch den Mittelgang nach vorne schritt, eine stämmige kleine Frau mit einer formlosen schwarzen Tasche. Die Mädchen fingen an zu flüstern: »Oh nein – schon wieder eine von diesen Missionarinnen.« Aber es dauerte nicht lange! Von dem Moment an, als Corrie zu sprechen anfing, gehörte ihr die volle Aufmerksamkeit. Sie berichtete von ihrer Zeit in Ravensbrück, von Betsie und ihrer Vision des wunderschönen Heims für Ex-Gefangene, über Gottes Liebe mitten in der Verzweiflung – eine Botschaft, die sie schon Hunderte Male wiederholt hatte. Als sie fertig war, schallte der Applaus durch das Gewölbe des Saals. Frau McSherry erinnert sich: »Die Atmosphäre in dem Saal war wie elektrisiert durch ihre geistliche Kraft.«

Vor dem Vortrag bat Corrie die Frauen der Washingtoner Gesellschaft zu beten, dass die Zuhörer nicht sie sehen würden, wenn sie sprach, sondern Jesus. Nachdem sie zu den Mädchen der *National Cathedral School* gesprochen hatte, erhielt sie einen Brief der Gastgeberin: »Ihre Gebete sind erhört worden. Die Mädchen waren anfangs nicht an Ihnen interessiert, aber als Sie zu sprechen begannen, wussten sie, dass jemand Größeres durch Sie zu ihnen sprach.«

Wenn man jemanden nach Corrie fragt, wird man eine Geschichte zu hören bekommen. Selten hört man eine subjektive Meinung wie: »Sie ist entzückend«, oder: »Sie ist eine interessante Frau«. Sie erinnern sich an Ereignisse und Umstände, die sich für Jahre in ihre Erinnerung eingegraben haben. Corrie bat einmal eine der Damen der Washingtoner Gesellschaft, sie zu einem Rhetorikkurs begleiten zu dürfen, eine populäre Sache unter den Senatoren, Diplomaten und anderen Einwohnern Washingtons, die ihre Ideen und Erfahrungen verständlich präsentieren wollten. Die Lehrerin der Klasse hatte beispielsweise Eleonor Roosevelt als Schülerin gehabt. Die Schüler durften Gäste mit in den Unterricht bringen, die dann gebeten wurden, etwas über den Grund ihres Aufenthalts in Washington zu erzählen.

Die Rede durfte drei Minuten lang sein, und danach wurde sie von den Teilnehmern schriftlich beurteilt. Diese Beurteilung wurde dann der Lehrerin gegeben. Sie kommentierte die Rede und half dem Redner oder der Rednerin, die eigene Technik zu verbessern. Die Klasse variierte, und Corries Gastgeberin war besorgt bei dem Gedanken, ob man sie akzeptieren würde.

Corrie ging mit ihrer Bibel zum Rednerpult, öffnete diese und begann zu lesen. Die Zuhörer waren gefesselt und saßen noch, nachdem sie fertig war, in absoluter Stille auf ihren Plätzen. Kein Papier wurde der Lehrerin gereicht, die eine strikte Unitarierin war. Die Lehrerin sagte: »Sie haben eine erstaunliche geistliche Ausstrahlung. Wir spürten es alle, während Sie vor uns standen.« Dann fügte sie hinzu: »Ich möchte nur einen Vorschlag machen. Sehen Sie weniger in Ihre Bibel und blicken Sie mehr Ihre Zuhörer an. Sie kennen die Worte, die Sie lesen, auswendig, werfen Sie also nur flüchtige Blicke auf den Text, sodass Sie den Blickkontakt zu Ihrem Publikum nicht verlieren.«

Corrie lernte bereitwillig. Sie hörte nie auf, Fragen zu stellen und sich zu verbessern.

Ihre erste Reise nach Amerika begann mit Enttäuschung und Verzweiflung, und dann begann sie viele, viele Vorträge zu halten. In den ersten zehn Monaten sprach sie in Kirchen, Gefängnissen, Universitäten, Schulen und Clubs. Sie traf Menschen, die sie wieder mit anderen Menschen bekannt machten und ihr dazu verhalfen, ihre kleine Arbeit stetig wachsen zu lassen. Abraham Vereide machte sie mit Leuten bekannt, die in den folgenden Jahren einflussreich werden sollten: Freunde wie Katie Cheney, die Frau, die später evangelistische Einsätze in Bermuda ins Leben rief, Pastoren wie Dr. Edwin Orr, der Mann, den Corrie später auf seinen Einsätzen nach Australien und Neuseeland begleitete.

Die Saat war ausgesät, und die Ernte war unbeschreiblich groß, aber nicht frei von Unkraut. Die Finanzierung ihrer Arbeit war immer unsicher. Wenn Corrie sprach, begann sie immer von den Bedürfnissen in Holland zu sprechen und bat die Menschen, ihre Arbeit finanziell zu unterstützen. Im Allgemeinen waren die Amerikaner sehr tolerant. Sie fanden es nicht seltsam, wenn eine Rednerin aus Europa um eine Kollekte bat, aber Corrie selbst begann zu überlegen, ob es vielleicht falsch wäre, um Geld zu bitten.

Einmal sprach sie wieder über die finanziellen Bedürfnisse ihrer Arbeit mit Menschen, die psychisch und physisch unter dem Krieg gelitten hatten. Nach der Versammlung gab ihr eine sehr würdevolle, gut angezogene Dame eine beträchtliche Summe Geld.

»Es war so interessant von Ihrer Arbeit zu hören«, sagte sie.

Corrie antwortete: »Was denken Sie über die anderen Dinge, über die ich gesprochen habe? Ich habe auch über Bekehrung gesprochen. Gott möchte nicht nur einen kleinen Teil unseres Geldes, er möchte unser Herz.«

Die Frau reagierte sehr distanziert auf das Evangelium und verließ den Raum ohne einen weiteren Kommentar.

Als Corrie in ihr Zimmer zurückkehrte, sah sie traurig auf das Geld, das die Frau ihr gegeben hatte. Sie dachte: Ist es falsch gleichzeitig über die eigene Arbeit und die Notwendigkeit einer Bekehrung zu sprechen? Als sie betete, wurde ihr die Antwort klar: »Von jetzt an sollst du nie wieder um Geld bitten.«

Nach dieser Entscheidung wurden ihre persönlichen Ausgaben und die ihrer Arbeit, die später unter der Schirmherrschaft der *Ten Boom Foundation* stand, ohne große Bitten um Geld gedeckt. Sie glaubte, dass Gott sie versorgen würde.

Am nächsten Tag erhielt Corrie zwei Briefe, einen von einer Frau aus der Schweiz und einen von Nollie aus Holland. Beide schrieben sie: »Als ich heute Morgen für deine Arbeit betete, wurde mir klar, dass du nicht mehr um finanzielle Hilfe bitten sollst. Gott wird dich mit allem versorgen.«

Corries erste zehn Monate in Amerika waren voller Erlebnisse, die sie Neues lehrten. Dann begann sich der Eindruck in ihr zu festigen, dass sie in eine neue Richtung gehen sollte. Als sie Ravensbrück verlassen hatte, hatte sie gesagt: »Ich werde hingehen, egal wohin Gott mich auch sendet, aber ich hoffe, es wird nie Deutschland sein.«

Nachdem sie nun das Gefühl bekam, in Amerika ginge es nicht weiter, betete sie: »Herr, bin ich dir ungehorsam?«

Die eindeutige Antwort war: »Geh nach Deutschland.«

Von der Wärme und dem komfortablen Leben, das sie hier durch ihre neuen Freunde führen konnte, in ein Land, das kaputt war und voller negativer Erinnerungen? Wie würde sie das aushalten?

»Ja, Herr, dann soll es wohl Deutschland sein.«

Herr, warum Deutschland?

Selbstbewusst, gut trainiert und siegessicher geht der Berufsboxer in den Ring. Blutverschmiert und entstellt beendet er den Kampf, sein Kopf ist benebelt von den vielen Schlägen. So ging es Deutschland nach seiner Niederlage. Der Krieg hatte äußere und innere Wunden und Narben hinterlassen. Corrie kam in diese Atmosphäre, direkt aus dem bequemen Amerika.

Zauberei und Hexerei florierten im Nachkriegsdeutschland. In Zeiten der Unsicherheit, in denen man oft nicht wusste, was mit den geliebten Menschen passiert war, versuchten sich viele Mütter und Ehefrauen durch Wahrsagerei Klarheit zu verschaffen. Als Corrie in das Land kam, das noch vor nicht langer Zeit das Zuhause ihrer Feinde gewesen war, brachte sie die Botschaft der Vergebung mit, warnte aber auch vor Satan und seinem Einfluss, den er durch die okkulten Praktiken auf das Leben vieler Leute hatte.

Deutsche Christen machten sie bekannt, und so wurde sie zu vielen Versammlungen eingeladen, um zu sprechen. Immer wenn sie eine Woche lang an einem Ort Vorträge hielt, reservierte sie einen Abend, um von der Bibel her zu belegen, dass Kristallkugeln, Handlinien lesen und Ähnliches Sünde sind. Dazu zitierte sie den Text aus 5. Mose 18,10–12:

»... dass nicht jemand unter dir gefunden werde, der seinen Sohn oder seine Tochter durchs Feuer gehen lässt oder Wahrsagerei, Hellseherei, geheime Künste oder Zauberei treibt oder Bannungen oder Geisterbeschwörungen oder Zeichendeuterei vornimmt oder die Toten befragt. Denn wer das tut, der ist dem Herrn ein Gräuel, und um solcher Gräuel willen vertreibt der Herr, dein Gott, die Völker vor dir.«

Corrie schloss an ihre Warnungen immer die Mitteilung an, dass man nicht länger in der Dunkelheit leben müsse, sondern dass Jesus das Licht der Welt sei. Sie erlebte eine eigenartige Reaktion an sich, wenn sie von diesen Dingen sprach: Sie wurde so müde, dass sie kaum noch stehen konnte, und ihr Herz begann wie verrückt zu schlagen. Eines Abends betete sie: »Ich kann so nicht weitermachen, mein Herr. Warum muss ich ausgerechnet von dieser Sünde reden? So viele deiner treuen Diener erwähnen sie nie. Ich kann es nicht mehr lange aushalten. Vielleicht ein oder zwei Monate, dann macht mein Herz nicht mehr mit.«

Corries Gebete waren immer direkt und präzise. Sie hatte ein konkretes Anliegen. Kurze Zeit später las sie in einem deutschen Andachtsbuch: »Wenn auch alle Kräfte der Hölle angreifen, fürchte dich nicht, Jesus ist Sieger.« Sie stellte fest, dass die Angst vor Dämonen von den Dämonen selbst kam. »Jesus ist Sieger« wurde zum Motto ihres Lebens und der Titel einer Buchreihe, die sie später schrieb.

Dämonenaustreibung ist ein Thema, das in vielen Gemeinden unter den Tisch gekehrt wird, vor allem in Amerika. Corrie wurde auf ihren Reisen in viele Länder mit den Praktiken konfrontiert. Das erste Mal erwähnte sie ein Erlebnis, das sie im Nachkriegsdeutschland hatte.

Spencer De Jong erinnert sich an eine Begebenheit in Indonesien, als er dabei war, wie Corrie Dämonen austrieb. Er sagte: »In einem Fall war der Geruch so scheußlich, dass jedes Fenster in der Kirche geöffnet werden musste.«

Corrie erzählte von einem anderen Erlebnis, in einer kleinen deutschen Stadt, als sie mit einer Gruppe Studenten zusammen war. Jeder Christ brachte einen Nichtchristen mit auf die Freizeit; einer von ihnen war die Medizinstudentin Trudy. Diese folgte Corrie nach einem der Treffen, um allein in ihrem Raum weiter mit ihr zu reden. Nachdem sie Trudy eine Weile zugehört hatte, drehte sich Corrie plötzlich zu ihr um und befahl den Dämonen, sie im Namen Jesu zu verlassen. Die Studentin spürte gleich eine Befreiung und Erleichterung und gab zu, dass sie bis zu diesem Zeitpunkt ernsthaft über Selbstmord nachgedacht hatte.

Als Corrie nach unten ging, um den anderen zu erzählen, dass Trudy frei von dem Einfluss der Dämonen sei, fand sie die jungen Leute vor, die für sie beide gebetet hatten, als sie Trudy mit Corrie hatten weggehen sehen. Corrie sagte: »Betet weiter, sie ist noch nicht ganz frei.«

Ist dies eine besondere Kraft, die Gott nur einigen Menschen gibt? Wie wichtig ist es? Corrie sagte: »Ich weiß genau, dass ich nicht eine besondere Gabe habe, Dämonen auszutreiben, aber in Notfällen müssen wir uns auf das berufen, was wir versprochen bekommen haben: ›. . . in meinem Namen werden sie böse Geister austreiben . . .‹«

Corrie schrieb in *Jeder Neue Tag*: »Wir müssen keine Angst vor Dämonen haben, obwohl sie oft versuchen, Angst in unsere Herzen zu bringen. Vergesst nie, dass die mit uns stärker sind, als die gegen uns sind. Die Waffe unseres geistlichen Kampfes ist das Blut Christi und sein wunderbarer Name.«

Die Gefühle im Nachkriegsdeutschland waren sehr angespannt. Corrie traf viele, die unter ihrer Schuld litten. Beispielsweise gab sie auf einem Bahnhof einmal ihren Koffer einem Jungen zu tragen, da kam ein Mann auf sie zu und sagte: »Wir Deutschen sind alle Diebe, trauen Sie dem Jungen nicht.« Bevor sie ihren Zug erreicht hatte, wurde sie von fünf Deutschen gewarnt. Gott schien zu bestätigen, dass sie seine Botschaft der Vergebung in dieses verwundete Land bringen sollte.

Bevor Betsie starb, hatte sie gesagt: »Konzentrationslager dienen jetzt dazu, Menschenleben zu zerstören. Nach dem Krieg wird es keine Verwendung mehr für sie geben. Wir müssen den Herrn bitten, dass er uns eines gibt, und wir werden es dann gebrauchen, um Leben aufzubauen.« Die Erinnerung an ihre Schwester wurde durch die Visionen und

Führungen aufrechterhalten, die sie Corrie im Gefängnis weitergab.

Deutsche Freunde halfen Corrie, ein ehemaliges Konzentrationslager in Darmstadt zu mieten, in dem Platz für 160 Flüchtlinge war. Bald waren sie ausgebucht, und es gab sogar eine Warteliste.

In den ersten Jahren nach dem Krieg schienen viele Deutsche völlig ausgelaugt zu sein. Sie hatten ihr Gesicht vor den Völkern um sie herum verloren; ihre Häuser waren zerstört worden, und sie waren verzweifelt, als sie von dem Ausmaß der Grausamkeiten Hitlers erfuhren. Viele Deutsche hatten keine Ahnung vom Ausmaß der Massenmorde und Säuberungsaktionen gehabt.

Corrie arbeitete mit dem Flüchtlingsprogramm der Lutherischen Kirche zusammen, um das ehemalige Konzentrationslager nach ihren Bedürfnissen umzugestalten. Der Stacheldraht verschwand, Blumen wurden in Blumenkästen gepflanzt, und die traurigen grauen Gebäude wurden in froheren Farben gestrichen. Pastoren und Kirchenmitglieder aus der Umgebung beteiligten sich an den Arbeiten. Corries Aufgabe war es, das Geld zusammenzubekommen und die Menschen zu besuchen.

Sie hatte gelobt, nie wieder um Geld zu bitten, egal wie dringend die Projekte, die sie leitete, auch Geld brauchten. Sie dachte jedoch, dass sie die Bedürfnisse in einflussreichen Positionen deutlich machen durfte, oder nicht? In dem Notizbuch, in dem Corrie die Beschreibungen der 7000 Dias aufbewahrte, die sie in der ganzen Welt zeigte, finden wir unter einem Bild von Darmstadt die Notiz: »Ich fuhr nach England und stellte das Lager vor. Ich habe den Menschen dort von unseren Bedürfnissen erzählt.«

Das nötige Geld kam offensichtlich zusammen, denn Corrie arbeitete in dem ehemaligen Konzentrationslager 14 Jahre lang. Sie reiste durch die ganze Welt und kam etwa alle zwei Jahre nach Holland und Deutschland zurück.

Ihr Anliegen in Darmstadt war es, dass Menschen geholfen würde, indem sie Sicherheit durch eine Beziehung zu Jesus Christus finden könnten, mitten in der ganzen Unsicherheit ihres vom Krieg zertrümmerten Lebens. Diese Flüchtlinge kennen zu lernen bedeutete, mit dem verwundeten Deutschland in Kontakt zu kommen: Einige Menschen waren verbittert, die meisten waren niedergeschlagen und unglücklich. Corrie erzählte von einer Frau, die Musikprofessorin am Dresdner Konservatorium war. Während sie miteinander sprachen, fand diese Frau heraus, dass Corrie Bach liebte. Die Musikerin erzählte ihr, dass der Pastor ein Klavier besaß, auf dem sie spielen könne. Es war verstimmt, hatte aber die Bombenangriffe überlebt und stand nun draußen im Regen. Sie fragte: »Was würden Sie gerne hören?«

Corrie sagte: »Die chromatischen Fantasien von Bach.«

Auf dem feuchten, beschädigten Klavier begann diese Frau zu spielen, wie es nur eine Meisterin ihres Faches konnte. Corrie fühlte den Schmerz dieser begabten Pianistin, als sie sagte: »Ich hatte ein wunderschönes Zuhause, aber es wurde zerstört. Ich musste aus Dresden fliehen und konnte nichts mitnehmen.«

Ohne ihre Erfahrungen in Ravensbrück wäre Corrie kein Zeugnis möglich gewesen, aber nun konnte sie der Professorin von dem erzählen, was sie in der grauenvollen Zeit im Gefängnis gelernt hatte: dass Gottes Liebe als Einziges Bestand hat, auch wenn um uns herum alles zusammenbricht. Sie sagte: »Paulus verlor alles, als er ins Gefängnis kam, und schrieb seinen Freunden, ›... ich erachte es noch alles für Schaden gegenüber der überschwänglichen Erkenntnis Christi Jesu, meines Herrn ...‹« (Philipper 3,8).

Hass und Selbstmitleid waren ebenfalls Gefühle, die die Flüchtlinge erlebten. Sie traf einen Richter, der im Krieg beide Beine verloren hatte. Früher war er ein treuer Kirchgänger gewesen, jetzt meinte er, ihm sei große Ungerechtigkeit widerfahren, und war verbittert über Gott und die Menschen. Corrie kannte Verbitterung. Sie erzählte dem Richter: »Ich half einmal einem Mann, der mich bat, ihm bei der Befreiung seiner Frau zu helfen. Ich gab ihm Geld. Der Mann war ein Verräter. Er verriet unsere Familie, und wir kamen alle ins Gefängnis, wo drei von uns starben. Als ich in einem Konzentrationslager war, kam ein anderer Gefangener aus meiner Heimatstadt zu mir und erzählte, dass dieser Mann uns verraten hatte. Ein tiefer Hass auf diesen Mann kam in mein Herz. Darum kann ich Sie so gut verstehen.«

Corrie las ihm aus Matthäus 6,14–15 vor: »Denn wenn ihr den Menschen ihre Verfehlungen vergebt, so wird euch euer himmlischer Vater auch vergeben. Wenn ihr aber den Menschen nicht vergebt, wird euch euer Vater eure Verfehlungen auch nicht vergeben.«

Sie sagte: »Ich habe gemacht, was jeder Christ tun kann, wenn er versucht wird, denn durch die Versuchung erhalten wir einen Fluchtweg. Wenn wir aber bereuen, vergibt uns Gott, und wir werden gereinigt. Ich erlebte nicht nur eine Reinigung von diesen Gefühlen, sondern Jesus füllte mich auch noch mit dem Heiligen Geist, und die Frucht des Geistes ist Liebe, sogar Liebe für unsere Feinde. Als der Mann nach dem Krieg zum Tode verurteilt wurde, schrieb ich ihm einen Brief und konnte ihm von der Errettung durch Jesus erzählen.«

Ohne ihre eigene Erfahrung von Verrat hätte sie anderen Menschen nicht helfen können, ihren Hass loszuwerden. Ein Jahr nach diesem Gespräch war sie wieder in Darmstadt und wurde diesmal von dem beinlosen Herrn, der nun ein speziell für ihn umgerüstetes Auto besaß, vom Bahnhof abgeholt, um sie zu dem Lager zu bringen. Corrie sah ihren Chauffeur skeptisch an, worauf er sie zitierte: »Sie haben mir gesagt, Jesus ist Sieger. Sie müssen jetzt keine Angst haben.«

Dieser Mann war seine Verbitterung losgeworden, und der Herr hatte sein Herz mit Liebe gefüllt. Er arbeitete jetzt in dem Flüchtlingslager und sagte: »Gott kann auch einen beinlosen Mann gebrauchen, wenn er sich ihm unterstellt.« Corrie wusste, dass ihre anfängliche Abwehr, nach Deutschland zu gehen, nichts mit Liebe, sondern mit einfachem Gehorsam zu tun hatte. Als sie die Folgen ihres Gehorsams sah, begann ihre Arbeit in Deutschland sie mit Freude zu füllen. Sie arbeitete gerne mit den Pastoren der verschiedenen Kirchen zusammen. Obwohl sie dogmatische Unterschiede feststellte, sagte sie: »Unser gemeinsames Ziel vereint uns ... es geht darum, Seelen für die Ewigkeit zu gewinnen und den Kindern Gottes zu zeigen, dass Jesus der Sieger ist.«

Wenn Corrie jedoch auf Versammlungen sprach, die nur von Pastoren besucht wurden, erlebte sie oft größte Widerstände. Einmal wurde sie von einer großen Gruppe deutscher Pastoren eingeladen, um zu sprechen. Ihre schelmische Weisheit brachte sie dazu, folgendermaßen zu beginnen: »Meine Herren, ich bin eine Laienrednerin, eine Frau, eine Holländerin. Gibt es unter Ihnen jemanden, der jetzt lieber gehen möchte? Ich habe vor, über Bekehrung zu sprechen. Vielleicht möchten Sie mich in die Schublade Pietistin stecken? Ich möchte über die Wiederkunft Jesu sprechen: Das könnte mich zu einer Sektiererin machen. Vielleicht werde ich sogar über die Entrückung reden, was mich zu einer Fanatikerin macht; oder über den Heiligen Geist: eine Charismatikerin. Halten Sie Ihre Schubladen offen, meine Herren. Wenn meine Worte Ihr Gewissen treffen, dann müssen Sie mich nur in eine Schublade stecken, und Sie haben nichts zu fürchten.«

Jeder, der Corrie je in Aktion erlebt hat, kann sich vorstellen, wie ihre zwinkernden blauen Augen auch ein kritisches Gesicht zur Entspannung bringen konnten. Corrie fand eine ihrer größten Herausforderungen in Berlin. Viele Termine waren für sie geplant, und nach dem Ende jeden Vortrags redete sie unter vier Augen mit vielen ihrer Zuhörer. An einem Abend war sie sehr müde und wollte eigentlich nach Hause. Ein Mann stand in der Ecke des Raums, in dem sie die Gespräche führte, und wartete, bis alle gegangen waren. Als Corrie ihn ansah, dachte sie: Ihm würde ich nicht gern allein im Dunkeln auf der Straße begegnen. Schließlich drehte sie sich zu ihm um in der Hoffnung, bald ihre Seelsorge beenden und endlich nach Hause gehen zu können.

»Wie kann ich Ihnen helfen?«, fragte sie.

Er sah auf den Boden und antwortete nicht. Corries Ton wurde etwas schärfer. »Hören Sie zu, mein Herr. Es warten noch einige Leute draußen. Wenn Sie nicht sagen, was Sie wollen, kann ich Ihnen nicht helfen.«

Als sie die Verzweiflung auf seinem Gesicht sah, bereute sie ihre Haltung und begann im Stillen, für Weisheit in diesem Gespräch zu beten.

Als er zu sprechen anfing, wusste Corrie, warum er gezögert hatte. Ihr Körper erstarrte, als er sagte: »Ich bin einer der Aufseher aus Ravensbrück. Ich war dort, als Sie dort eine Gefangene waren. Zu Weihnachten nahm ich Jesus als meinen Retter an. Ich bereue meine Sünden, aber dann bat ich: ›Herr, gib mir die Möglichkeit, einen der Gefangenen von damals um Vergebung zu bitten.‹ Darum bin ich hier. Werden Sie mir vergeben?«

Corrie sagte, sie fühlte Hass in sich hochsteigen und erinnerte sich dann an das, was der Herr ihr gesagt hatte: »Ich werde dir alles vergeben.« Im Gehorsam gegen ihren Gott nahm sie die Hand des Aufsehers; es war, als wenn Gottes Liebe durch sie strömte. »Ich vergebe Ihnen«, sagte sie und öffnete ihre Bibel. Sie las aus 1. Johannes 1,7.9: »In diesen Versen steht, dass Ihnen vergeben wurde. Ist es nicht eine Freude, daran zu glauben?«

Der frühere Aufseher bedeckte sein Gesicht mit den Händen und schluchzte: »Ich kann mir aber selbst nicht vergeben.«

Corries einfache, aber biblische Antwort war: »Jesus wird Ihre Sünden auslöschen wie eine Wolke. Eine Wolke kehrt nicht wieder. Er wird Ihre Sünden so weit wegbringen, wie der Osten vom Westen ist. Wenn Sie bereuen, wird er Ihre Sünden in die Tiefen des Meeres werfen, vergeben und vergessen. Dann stellt er ein Schild auf, auf dem steht: Fischen verboten.«

Hätte sie selbst ihren Feinden nicht vergeben, hätte Corries Botschaft leer geklungen. Vergebung ist allerdings kein Gefühl, das man einmal und dann für immer erhält. Corrie erlebte Schwierigkeiten in anderen Begegnungen, vor allem, als sie die Krankenschwester traf, die einst auf der Krankenstation so grausam zu ihrer Schwester gewesen war.

Es war im Jahr 1954, zehn Jahre nachdem diese Frau so schroff mit der sterbenden Betsie gesprochen hatte. Corrie traf die Krankenschwester im Haus von Freunden, und als sie sie wieder erkannte, fühlte sie nur Hass für diese Frau. Beschämt darüber, dass sie so fühlte, bekannte Corrie ihre Schuld und betete: »Vergib mir meinen Hass, oh Herr, lehre mich, meine Feinde zu lieben.«

Corrie wurde erzählt, dass eine Gruppe junger Mädchen schon einige Monate für diese Krankenschwester betete. Das war die Nachricht, die Corrie in dieser Situation half. Sie sagte: »Wenn Leute für die Rettung von jemandem beten, zeigt es, dass Gott dabei ist, etwas zu tun. Er legt es uns aufs Herz, für jemanden zu beten, und was Gott anfängt, das führt er auch zu Ende.«

Gott benutzte Corrie dazu, dem Aufseher und der Krankenschwester die rettende Gnade von Jesus Christus zu bezeugen.

Da Corrie oft sagte: »Der Herr hat keine Probleme, sondern Pläne«, wartete eine nächste Überraschung auf Corrie. Sie traf den Sachbearbeiter, der damals so gut zu ihnen gewesen war, den Mann, der die belastenden Papiere, die man in der Beje fand, genommen und sie verbrannt hatte. Er hatte ebenfalls Jesus als seinen Retter angenommen. Corrie schrieb Freunden, die in der gleichen Stadt wie er wohnten, und bat sie, ihn zu besuchen und mit in die Kirche zu nehmen. Sie versuchten es einige Male, konnten ihn aber nicht ausfindig machen. Einige Monate später fand Corrie heraus, dass er in tiefe Depressionen gefallen war und Selbstmord begangen hatte. Nach dieser Erfahrung betonte sie die Wichtigkeit der Nacharbeit mit einem Menschen, der frisch im Glauben stand.

Ein anderer Aufseher, Carl, war zu 16 Jahren Haft verurteilt worden. Er saß im Gefängnis von Vught, dem Ort, an dem er seine Grausamkeiten verübt hatte. Corrie wurde, als sie in Deutschland war, ein Brief von Carl gezeigt, in dem er schrieb, er sei Christ geworden. Nachdem sie den Brief gelesen hatte, entschied Corrie, sich für die Begnadigung dieses Mannes bei Königin Juliane einzusetzen. Bevor sie ihrer Königin schreiben würde, beschloss sie, Carl in Vught zu besuchen.

Sie trat in den Innenhof, in dem sie und Betsie gestanden hatten, und zitterte bei den Erinnerungen an die Holländer, die vor ihren Augen erschossen worden waren. Als sie Carl traf, sagte er zu ihr: »Ich bin so glücklich, dass mir meine Sünden weggenommen wurden.«

In dem Moment hatte Corrie Zweifel, die so viele von uns teilen. Ist Vergebung so einfach? Hier saß ein Mann vor ihr, der Teil dieser Barbarei gewesen war, die vielen Menschen den Tod brachte. War er wirklich nicht mehr schuldig?

Corrie schrieb: »Es ist ein unveränderliches Gesetz Gottes, dass der Mensch nur dann Frieden finden kann, wenn er immer wieder dazu bereit ist zu vergeben. Plötzlich wird mir klar, was ich mache. Carls

Sünden waren von Jesus in die tiefsten Meere versenkt worden. Sie waren vergeben und vergessen – und ich versuchte, sie wieder hochzuangeln!«

Corrie lernte eine Lektion in Carls Zelle. Wenn Jesus von uns erwartet, dass wir unsere Feinde lieben sollen, dann gibt er selbst uns die Liebe, die er von uns verlangt. Seine Liebe fließt durch uns wie durch einen Kanal, wir haben kein Reservoir, aus dem die Liebe kommt. So ein Reservoir kann ein Leck haben, und die ganze Liebe würde austrocknen. Aber ein Kanal dient dazu, Liebe weiterzuleiten, und wird vom Meer der Liebe Gottes gespeist.

Der Steppenläufer

In den 50er-Jahren versuchte sich die Welt von ihren Verletzungen zu erholen; Nationen kämpften für einen Neuanfang. Der Zweite Weltkrieg hatte zerstörerische Auswirkungen auf das Christentum gehabt, physisch und auch moralisch; die Allianz der westlichen Demokratien mit der totalitären Sowjetunion bedeutete eine große Sorge für viele Christen.

In den täglichen Sprachgebrauch hielt ein neues Wort Einzug: der *Kalte Krieg,* der die Feindschaft zwischen den Kommunisten und den Antikommunisten beschrieb. Die Sowjets predigten den Atheismus und arbeiteten weiter an einer weltweiten Ausbreitung des Kommunismus.

In China wurde eine neue Form des Kommunismus von dem Führer Mao Tse-tung eingeführt. Nachdem sich die Chinesische Republik etabliert hatte, schickte die Regierung Maos alle Missionare aus dem Land, liquidierte Eigentum von Kirchenorganisationen und begann Gläubige zu verfolgen.

In Afrika, Asien und Lateinamerika war es die Befreiungstheologie, die so genannte christliche Form des Marxismus, die starken Einfluss gewann.

In Amerika herrschte mehr und mehr ein antikommunistisches Denken, und dieses erreichte seinen Höhepunkt in den 60er-Jahren.

Als jedoch die Verfolgung von Christen in europäischen kommunistischen Ländern und in China zunahm, wurde die Saat für eine weltweite Bewegung gelegt. Im Jahr 1950 brachte Billy Graham ein Team voller begabter Gläubiger zusammen, um die *Billy Graham Evangelistic Foundation* zu gründen. Einer aus diesem Team war Cliff Barrows, der Corrie auf einem Jugend-für-Christus-Treffen 1948 in der Schweiz kennen gelernt hatte. Mehr als 20 Jahre später bekam Corrie einen Einfluss auf das Leben von Graham und das der Mitglieder seiner Vereinigung, wie sie es sich im Traum nicht hätte vorstellen können.

In Holland wurde ein junger draufgängerischer Mann in eine gefährliche Arbeit geführt, die ihn mit Bibeln und einer Hoffnungsbotschaft hinter den Eisernen Vorhang brachte. Er war ein Pioniermissionar in seiner Arbeit und wurde als »Bruder Andrew, der Schmuggler Gottes« bekannt. In den folgenden Jahren arbeitete Corrie auf verschiedene Weise mit ihm zusammen.

In diesen Jahren reiste auch ein Evangelist durch die Welt, der einen Schwerpunkt auf Erweckung legte und Tausende mit der Botschaft von Jesus Christus erreichte. Dr. J. Edwin Orrs Einfluss auf Corries Leben öffnete ihr viele Türen in den unterschiedlichsten Bereichen seines Wirkungskreises.

In diese Zeit des Suchens und der Orientierungslosigkeit kam diese stämmige Holländerin gestapft und suchte nach Orten, an denen sie ihre Geschichte erzählen konnte. Sie war in keiner Weise eine Besiegte, sie hatte sich aber Gott ausgeliefert. Sie schrieb:

»Als ich eine Gefangene Adolf Hitlers und seiner Anhänger war, musste ich mich ganz gegen meinen Willen unterordnen. In dieser Zeit war ich eine Gefangene und konnte nichts für mich selbst entscheiden. Ich musste gehorchen. Wir müssen einem anderen gehorchen – Gott. Er ist kein Diktator, sondern ein liebender Vater. Es gibt keine Beschränkung in dem, was er für uns tun will, und sein Segen ist unbegrenzt, wenn wir uns ihm unterordnen. Sich ihm unterordnen bedeutet, ihm zu vertrauen.«

Unter ihren vielen Fotografien kann man ein Bild finden, auf dem ein Steppenläufer abgebildet ist. Es ist nicht unbedingt ein Kunstwerk, das der Nachwelt erhalten bleiben muss, aber ihre Bildunterschrift lautet: »Dies ist ein Steppenläufer. Der Wind trägt ihn durch die Welt und lässt seine Samen fallen, wo es ihm passt. Ich wurde Steppenläufer genannt, weil ich auch durch die ganze Welt reise und die Samen der Guten Nachricht überall hinterlasse.«

Wie der Steppenläufer durch die Welt getragen wird, wurden auch ihr die Türen an vielen Orten geöffnet, und man hieß sie willkommen. Manchmal wurde es gut geplant, und zu anderen Zeiten geschah es unbeabsichtigt.

Phillis Wildeson, die Frau eines kalifornischen Pastors, erinnerte sich an das Jahr 1950. Corrie war eingeladen, auf einem Gebetstreffen in Oakland, Kalifornien, zu sprechen. Als der Hauptredner nicht erschien, sprang Corrie für ihn ein. Damals erzählte sie zum ersten Mal von ihren langfristigen Plänen. Sie sagte, sie würde um die Welt reisen, um ihre Geschichte zu erzählen und alle vier Jahre in die Staaten zurückkehren.

Immer noch in Kalifornien wurde sie einer Gruppe von Hollywood-Berühmtheiten vorgestellt, die ein Teil der *Hollywood Christian Group* waren. Als sie in Kalifornien ankam, besaß sie nur zwei Kleider. Aber als sie zu ihrer Freundin Katie Cheney in den Osten zurückkehrte, hatte sie es auf sechs Kleider gebracht. Eine der Filmberühmtheiten war mit ihr einkaufen gewesen und hatte ihr neue Kleider geschenkt. Corrie sagte: »Ich hatte nie Probleme, als ich nur zwei Kleider besaß, jetzt besitze ich sechs Kleider und habe sechs Probleme, denn nun muss ich Entscheidungen fällen.«

Ein anderes Mal begleitete ihre Nichte Nolly ten Boom sie nach Amerika und berichtete von einem Autoausflug, den sie in die Berge unternahmen. Ein noch etwas junger Fahrer fuhr waghalsig über die kurvenreiche Straße, auf einer Seite Granitfelsen, auf der anderen Seite der Abhang. Corrie schlief wie üblich zwischen ihren Vorträgen auf dem Rücksitz, als der Wagen plötzlich ins Schleudern kam, dann abrupt bremste und dabei auf der Gegenfahrbahn zum Stehen kam. Corrie öffnete ihre Augen und sagte zu dem Fahrer: »Sie machen den Engeln aber wirklich viel Arbeit, John.«

Wenn Corrie glaubte, dass Gott sie in eine bestimmte Richtung führte, konnte sie sehr hartnäckig werden. Während sie bei Katie Cheney wohnte, erfuhr sie, dass diese einen Urlaub auf den Bermudas gemacht hatte. Nachdem sie nach Hause zurückgekehrt war, hatte Katie begonnen, für die Menschen auf dieser wundervollen Insel zu beten. Corrie sagte: »Katie, ich möchte, dass du mir hilfst. Gott möchte, dass ich auf die Bermudas gehe.«

Katie Cheney wurde eine Art »Dosenöffner« für Corrie. Sie öffnete Türen für ihre Freundin. Obwohl Corrie kein Geld hatte, um ein Flugzeug zu nehmen, bat sie Gott um Führung, und ihr wurde klar, dass er sie dort gebrauchen wollte. Zwei oder drei Tage später schrieb sie den Christen auf den Bermudas, dass sie kommen würde, und Schecks begannen einzutreffen von Leuten, die nichts von der geplanten Reise wussten.

Auf den Bermudas hatte Corrie in einer Woche mehr als 20 Vorträge zu halten. Sie redete vor dem Rotary Club, sprach im Radio und in Gefängnissen. An Dr. Orr schrieb sie: »Nie zuvor habe ich den Heiligen Geist so am Werk gesehen. Menschen fragten nach dem Evangelium. In einem Gefängnis fand eine Art Erweckung statt und ging dann über die Mauern des Gefängnisses hinaus.«

Ein schwarzer Mann von der Insel sagte: »Ich hatte nicht gewusst, dass es unter den Weißen richtige Kinder Gottes gibt, aber seit unserem Gebetstreffen weiß ich es besser. Gott hat dich gut vorbereitet durch deine Arbeit mit geistig Behinderten in Holland. Jetzt sprichst du so einfach, dass es jeder verstehen kann.«

Die Bermudas sind voller Schönheit und freundlicher Menschen. Einmal wurde Corrie in ein Geschäft geführt und gebeten, etwas für sich auszusuchen. In ihrer Erinnerung tauchte Scheveningen auf, ein graues, farbloses Gefängnis, wo ihr noch nicht einmal erlaubt war, auf den Läufern in den Korridoren zu gehen.

Gestärkt durch den geistlichen Triumph, den sie auf den Bermudas erlebt hatte, kehrte Corrie in die Staaten zurück und ging nun nach Cleveland und Chicago. Die Versammlungen wurden nur wenig besucht; ihr Terminplan kam durcheinander. Sie verpasste Anschlüsse und schien ständig das Falsche zu tun.

Viele von uns würden andere für die Fehlplanungen verantwortlich machen. Corrie hatte einmal gesagt: »Ist da ein Schatten in deiner Vergangenheit, an den du nicht gern erinnert wirst, halte inne und bringe es im Gebet zu Gott. Bitte ihn, dich Schritt für Schritt zu dem dunklen Punkt zurückzubringen.«

Von Holland nach Deutschland, nach Amerika und dann um die ganze Welt flogen die Samen dieses Steppenläufers und wuchsen. Sie schrieb Erlebnisse und Gedanken auf, schrieb Briefe an ihre Freunde und begann die kleinen Bücher zu schreiben, die die Vorreiter ihrer Bestseller wurden.

In ihrer ausgedehnten Korrespondenz mit Dr. Edwin Orr können wir viel über ihre Reisen und geistlichen Erfahrungen nachlesen. Bevor sie Amerika verließ, um nach Deutschland zurückzukehren, schrieb sie:

»Ich hoffe, dass ich bald nach Amerika zurückkehren werde, um dann unter deiner Leitung zu arbeiten. Die erste Hälfte des Jahres 1951 werde ich in Westdeutschland arbeiten. Ich bin so glücklich über das, was du über das geistliche Erwachen in Amerika schreibst. Wenn Gott das nur Deutschland geben würde! Es gibt hier so viel Kälte in den Kirchen. Die Theologie ist oft so negativ. ... Wie wunderbar, dass die Hollywood-Leute eine christliche Arbeit beginnen! Ich wusste, dass Gott dort in einer erstaunlichen Weise wirkt.«

Zwischen einzelnen Reisen kehrte Corrie nach Holland zurück und arrangierte den Kauf eines neuen Hauses, eine Erweiterung der Arbeit mit verletzten Menschen. Dieses Haus, genannt *Zonneduin,* stand in der schönen Gegend Bloemendaal und wurde Corries Zuhause zwischen ihren Reisen. Es war außerdem der Ort, an dem sie ihre größte Enttäuschung erlebte, die in einer weiteren Lektion über Vergebung resultierte.

An ihrem 60. Geburtstag war Corrie in Japan, einem Land, das ihr sehr am Herzen lag und mit ihm vor allem die Missionare dort. In Tokyo schrieb sie: »Ich sehe, hier gibt es viel Arbeit für mich. Wir brauchen ein Haus, in dem Missionare leben können und gut versorgt werden. Bete dafür, dass Gott mir die Vision, die Kraft und das Geld gibt, um zu tun, was hier nötig ist.«

Veranstaltungen, um Geld zu sammeln, waren nicht ihr Stil. In Japan nun wurde Corrie einmal zu einem Essen eingeladen, an dessen Ende die Anwesenden gebeten wurden, eine Summe zu nennen, die sie im nächsten Jahr spenden wollten. Corrie machte sehr deutlich, dass, wenn diese Leute auch viele Dollars spendeten, sie ihr Herz aber nicht dem Heiligen Geist öffneten, ihre Gaben dann wie Heu und Stroh wären. Ich hätte gern das Gesicht des Ministers gesehen, der dieses Essen leitete!

In Japan schrieb sie:

»Japan ist ein sehr heidnisches Volk. Viele der so genannten Christen verbinden den Buddhismus mit dem Christentum. Die liberale Theologie ruinierte die Kirchen. Nachdem die amerikanischen Unterdrücker das Land verließen, verschwand mit ihnen auch ein großer Teil des christlichen Einflusses. Die Japaner sind stolz auf die Weisheit ihrer Weisen. Jesus Christus, der Herr über alles, das Warten auf seine Rückkehr, der Heilige Geist, dies alles sind dem Japaner sehr fremde Wahrheiten. Gott gebraucht mich, um die Missionare zu ermutigen. Sie sind wunderbare Leute, aber viele von ihnen sind entmutigt.«

Sie wurde von vielen Menschen aus der ganzen Welt unterstützt, die für sie beteten. Aber mit 60 Jahren – jede Nacht in einem anderen Bett, jeden Tag ungewohntes Essen, ständig unterwegs – sagte sie:

»Gott schafft ein Wunder, denn obwohl ich sehr hart arbeite, bin ich doch nicht müde.«

Immer noch in Japan bekam sie einen Brief von einem anderen Weltreisenden, Dr. Edwin Orr, der sie drängte, nach Südafrika zu kommen. Er sagte, dass ihre Botschaft von der Vergebung dort dringend benötigt würde.

Der Terminplan von Corries Reisen hatte Ähnlichkeiten mit denen eines Langstreckenpiloten. Sie hätte Dr. Orr sehr gern in Südafrika begleitet, aber musste ihm schreiben: »Januar und Februar werde ich in Formosa erwartet, März und April in Australien und Neuseeland, Ende April und Mai in Südafrika, und in Palästina und Spanien werde ich im Juni sein. Natürlich nur, wenn es der Herr will.«

Corrie erzählte, dass sie sich nach einer richtigen Erweckung sehnte, und Dr. Orr warnte sie: »Terminpläne sind die Feinde der Erweckung. Ich kann mir nicht vorstellen, wie ein Erweckungsprediger eine Erweckung in einem bestimmten Zeitraum planen kann, genauso wenig wie ein Arzt einen Genesungsprozess zeitlich festlegen kann. Aber wenn eine Erweckung ausbricht …«

Was ist eine Erweckung? Wenn Zahlen aussagekräftig sind, dann gab es ganz sicher 1952 eine Erweckung in Südafrika. Unter den Schülern und Studenten gab es mehr als 10 000, die an Schulen und Universitäten ihre Entscheidung für Jesus bekundeten.

Auf Flughäfen, in Zügen, in ein Notizbuch in ihrer fast unleserlichen Schrift gekritzelt, blieb Corrie bei der Schreiberei. Ihre Bücher waren wie ihre Predigten, einfach, aber von einem tiefen Verständnis erfüllt. Vor allem in Deutschland öffnete man sich ihr durch ihr kleines Buch *Amazing Love*. Sie erzählte, dass sie mehr Einladungen bekam, als sie annehmen konnte. Deutschland nahm sie voll in Beschlag, geistlich und körperlich. Sie sah, dass modernes Heidentum und Okkultismus weit verbreitet waren und dass Sekten, die ihren Ursprung im Mittelalter hatten, in den Dörfern Einzug hielten. Sie kritisierte die Theologen, die mit Bibelkritik beschäftigt waren, aber die tiefen geistlichen Bedürfnisse ihrer Leute übersahen. Laut Corrie lehrten die deutschen Pastoren oft mit »einem düsteren Blick und erhobenem Zeigefinger«. Mit ihrem nicht zu unterdrückenden Augenzwinkern und ihrem Humor muss sie eine erfrischende Abwechslung gewesen sein. »Ich bin froh, dass Gott mich mit einer frohen Botschaft zu euch gesendet hat«, sagte sie.

Corrie, die unabhängige Frau – Corrie, der Steppenläufer, von Gottes Wind geführt –, stand kurz davor, Mitglied eines Teams zu werden. Das *Revival Fellowship Team* unter der Leitung von Dr. Orr, das mit dem Internationalen Rat der *Christian Leadership* in Washington zusammenarbeitete, dessen Präsidentin Prinzessin Wilhelmina war, bereitete sich auf eine große Kampagne in Australien und Neuseeland vor. Dr. Orr, der sich 28 Jahre später an die damalige Zeit erinnert, sagte, dass Corrie ein wunderbares Teammitglied war, und umgekehrt hatte sie, obwohl er

20 Jahre jünger war als sie, Respekt davor, wie er die Organisation leitete. Er erzählte eine Geschichte aus dieser Zeit:

»Die Brüder lassen keine Frauen in ihren Versammlungen sprechen, da ihnen die Bibel deutlich macht, dass Frauen in der Kirche zu schweigen haben. Um diese Regel zu umgehen, gaben sie vor Corries Ansprachen folgende Ankündigung: ›Wie Sie wissen, wird unsere liebe Schwester Corrie ten Boom die ganze nächste Woche zu unseren Schwestern sprechen. Wenn unsere Brüder wissen wollen, was sie ihnen zu sagen hat, sind sie herzlich eingeladen.‹«

In Corries Leben gab es Männer mit großen geistlichen Gaben, die sie geprägt und beeinflusst haben. Einige Monate lang arbeiteten Corrie und Dr. Orr zusammen, manchmal auch jeder für sich, und sprachen an vielen Orten Australiens und Neuseelands. Nach dieser aufreibenden Zeit hätte wohl jeder andere einen Urlaub gebraucht, aber Corrie reiste nach Indien. In dem Land der Tempel und der Armut sah Corrie ihre Arbeit als großes Abenteuer. Obwohl sie das Klima träge machte, fand sie Indien sehr faszinierend. Sie schrieb an Dr. Orr: »Ich weiß, dass es hier Arbeit für dich gibt. Indien braucht deine Botschaft dringend ... Ich hoffe, dass ich dich irgendwo in Indien treffe, Chef.«

Corrie erlebte die bestbesuchten Veranstaltungen ihrer bisherigen Rednerkarriere. Tausende kamen, um sie zu hören, und sie erwarteten nicht kurze Predigten. Corrie konnte so lange reden, wie sie wollte.

Sie sagte, dass Indien die schönste Zeit ihres Lebens gewesen sei, soweit sie sich erinnern konnte.

Für eine Frau, die Jesus mit fünf Jahren als ihren Herrn annahm, ist es seltsam, dass sie erst mit 66 Jahren in einer indischen Kirche getauft wurde. Sie schrieb: »Es war der ungewöhnlichste Taufgottesdienst, den sie je erlebt hatten. Ich hielt selbst die Predigt.«

Corrie reiste weiter um die Welt: von Indien nach Borneo, Korea, Japan, Hongkong, Vietnam, Israel, Europa – und ihre Entschlossenheit schien immer weiter zuzunehmen. Sie sagte: »Ich habe Gott darum gebeten, mir zehn neue evangelistische Predigten zu geben und außerdem zehn Erweckungspredigten. Ich weiß, dass er es tun wird. Ich habe das Gefühl, erst am Anfang zu sein und mich noch in der Lernphase für eine größere Arbeit zu befinden.«

Dies schrieb sie 1958. In dieser Phase kehrte Corrie in ihr Zuhause nach Zonneduin zurück und nahm sich Zeit zum Schreiben und für Besuche. Während ihrer Arbeit mit dem *Revival Fellowship Team* in Australien und Neuseeland hatte sie so viel Geld, wie sie konnte, nach Holland geschickt, um ihr Zuhause dort zu erhalten. Dr. Orr sagte ihr, dass es ihm unwohl bei dem Gedanken war, dass Corrie ihr Geld nach Holland schickte. Auf einer Heimreise wurde Corrie auf eine unfeine Art unerwartet enteignet. Es war einer der schwersten Schläge, die sie je in ihrem Leben durchmachte. Sie redete nicht oft darüber, ausgenommen in späteren Jahren, wenn sie über Vergebung sprach. Sie berichtete einem Freund von der unschönen Art, in der man ihr sagte, dass ihr Zimmer nicht länger für sie verfügbar wäre. Er fragte: »Hast du ihnen vergeben?«

»Natürlich habe ich das. Aber ich habe alle Briefe aufbewahrt, in denen steht, was sie mir antaten. Ich habe es schwarz auf weiß.«

»Corrie, der Herr hat uns gesagt, dass wir vergeben und vergessen sollen. Du musst alle diese Schwarz-auf-Weiß-Beweise verbrennen.«

Ein anderer Schlag war es, als ihr Verleger sich weigerte, ihr Buch *Not Good If Detached* zu drucken. Er sagte ihr, dass sie zu sehr von den Angelsachsen beeinflusst sei (ein seltsames Argument). Obwohl Corrie gelegentlich betonte, dass sie durch und durch Holländerin sei, stellte sie auch fest, dass sie sich Holland entfremdete und eher zur Weltenbürgerin wurde.

Die meisten Schriftsteller haben eine kleine private Ecke, in der sie ihre unsterbliche Prosa oder Poesie komponieren. Sie haben ihre bevorzugte Schreibmaschine, ihre besonderen Stifte oder farbiges Schreibpapier. Ihre »Inspiration« benötigt eine bestimmte Atmosphäre, und die Umgebung muss stimmen. Corrie berichtete über ihre Schreibmethode, als sie 1959 England besuchte. »Der Herr zeigte mir, dass ich ein neues Buch über meine Erfahrungen in der Evangelisation schreiben sollte. Der zweite Teil sollte sich mit dem siegreichen Leben eines Christen befassen. Ich schrieb es in Verkehrsstaus, an Bushaltestellen, aber auch während ich reiste, in Zügen, Bussen oder Flugzeugen. Ich habe nie verstanden, wie es möglich ist, von Gott für ein Buch inspiriert zu werden, ohne die nötige Ruhe zum Schreiben zu haben. Werden Sie für das Buch beten? Erst hatte ich überlegt, es *Operation Paratroopers* (Operation Fallschirmjäger) zu nennen, aber ich glaube, der Titel wäre zu militärisch.«

Als ihr Bekanntheitsgrad wuchs, sah sich Corrie der alten Gefahr, dem Stolz, gegenüber. Viele Christen, die in wichtigen Positionen sitzen, verlieren schnell das Verständnis von Gottes Kraft und entwickeln selbst eine Haltung der Allmacht. Corrie schrieb an Dr. Orr:

»Wirst du immer dafür beten, dass die Menschen nicht Corrie ten Boom sehen, wenn ich rede, sondern Jesus? Ich habe in Deutschland eine Arbeit voller Segen geführt. Nie habe ich so intensiv gearbeitet, und es hat mich fast meine Gesundheit gekostet. Überfluss zu haben und durch ein hungriges Volk zu reisen ist eine Freude, die man mit der Freude der Jünger bei der Speisung der Fünftausend vergleichen kann. Ich habe alles von Gott geschenkt bekommen und kann es nun weiterreichen. Ich konnte einfach nicht aufhören, selbst als ich eine Grippe bekam. Ich muss einfach lernen, dass ich nicht länger sechzehn Jahre alt bin.«

Im gleichen Atemzug erzählte sie dann aber von ihren Plänen für den nächsten Monat: Schweiz, Dänemark, eine Woche in Holland mit der alten Königin, Israel, Indien und Afrika.

Auf den Reisen ihres ersten Jahrzehntes als Weltenbummlerin Gottes litt Corrie ständig unter dem Abschiedsschmerz von Familie und Freunden. Wenn sie nach Holland zurückkehrte, verbrachte sie so viel Zeit wie möglich mit ihrer »großen« Schwester, Nollie. Als Nollie 1953 starb, war Corrie gerade mit ihrem Neffen, Nollies jüngstem Sohn Peter, in der Schweiz. Sie kam rechtzeitig zur Beerdigung nach Holland, reiste aber kurz darauf weiter. Sie war sich sicher, dass sie die Trauer überwunden hatte und voller Kraft in ihre Arbeit für den Herrn zurückkehren könne. Das entsprach aber nicht der Realität; die folgenden Monate erschienen trocken und fruchtlos. Corrie war schnell entmutigt.

Ein Jahr später kehrte Corrie nach Haarlem zurück und rutschte vor einem Telefonhäuschen aus, wobei sie ihre Hüfte ernsthaft verletzte. Ihr wurde befohlen, so lange im Bett zu bleiben, bis ihre Hüfte verheilt wäre. Weil man sie in Deutschland zu einer Studentenkonferenz erwartete, wurde sie sehr ungeduldig.

Eines Morgens fragte sie einen ihrer Freunde: »Gibt es denn keinen Christen hier, der die Gabe der Krankenheilung hat?«

Sie riefen einen Mann an, der nach Corrie sehen sollte, und die erste Frage, die er stellte, kannte sie gut, da sie diese Frage schon vielen anderen gestellt hatte: »Corrie, gibt es Sünde in deinem Leben, die du noch nicht vor Gott gebracht hast?«

Corrie wusste, dass sie ungeduldig gewesen war und zu viel von ihrer Krankenschwester und ihren

Freunden erwartet hatte. Sie bereute ihre Sünden und bat um Vergebung für ihre falsche Haltung. Der Mann betete mit ihr und legte ihr die Hände im Namen Jesu auf. In diesem Moment passierte etwas, das Corrie nie vergaß.

Seit Nollies Tod war ein Jahr vergangen. Obwohl sie dachte, sie hätte ihren Schmerz Jesus gegeben, trauerte sie noch tief in ihrem Herzen. Nollies Tod hatte bei Corrie ein Gefühl tiefer Unsicherheit und Traurigkeit hinterlassen, und dies hatte sie daran gehindert, ihre Arbeit gut zu machen. Aber als dieser Mann für sie betete, spürte sie, wie ein Strom von Kraft durch sie hindurchfloss. Ihre Trauer war überwunden und kam nie wieder. Auch spürte sie die Gegenwart Gottes, und großer Friede und Freude überkamen sie mit einer solchen Stärke, dass sie betete: »Herr, es reicht, nicht noch mehr, sonst bricht mein Herz vor lauter Freude.«

Zehn Tage später brach sie nach Deutschland auf, gestützt auf einen Stock, aber mit mehr Kraft, als die Ärzte es für möglich gehalten hatten.

Corrie wusste, dass Jesus gesagt hatte: »Du wirst Kraft durch den Heiligen Geist bekommen.« Das war mit ihr passiert. Gott wusste, dass sie in Deutschland Angesicht in Angesicht mit dämonischen Kräften stehen würde, aber sie hatte mehr Kraft als je zuvor. Nach dieser Zeit explodierte ihre Arbeit in Deutschland.

Corrie, die in einer holländischen reformierten Kirche groß geworden war und stark von ihrem calvinistischen Vater beeinflusst war, neigte nicht zu überschwänglichen Gefühlen. Ihre Lebensweise und ihre Arbeit passen allerdings in keine Schublade, und diejenigen, die sie in eine Kategorie einordnen wollen, werden bald merken, dass ihre dogmatischen Unterschiede durch ihre Arbeit selbst in den Hintergrund treten.

Corrie hatte nie das Gefühl, die ganze geistliche Erkenntnis erlangt zu haben. Sie blieb eine Lernende und suchte immer weiter nach Gottes Willen für sich. Es war dieses kindliche Staunen, das sie jung zu halten schien und sie in Zeiten der Schwäche stärkte.

Wandeln im Licht

»Wie dunkel die Wolken in dieser Welt sind! Es ist gut, das Geheimnis von Gottes Plan zu kennen. Er hat keine Probleme, nur Pläne.«

Corrie wiederholte diese Worte auf der ganzen Welt und musste sich auch selbst ständig an diese Wahrheit erinnern. In den turbulenten sechziger Jahren herrschte eine große Unruhe unter den Studenten, es gab Krawalle an den Universitäten, der Vietnamkrieg brach aus und in den evangelikalen Kirchen nahm der Extremismus zu. Jetzt verstärkte auch Corrie trotz zunehmendem Alter den Schwung in ihrer Arbeit.

Sie war in England und sprach an einer Bibelschule für Mädchen, als Gott ihr Gebet um eine Begleitung auf ihren vielen Reisen erhörte. Conny van Hoogstraten wurde die Erste von drei jungen Frauen, die genau zur richtigen Zeit in Corries Leben traten. Conny war drei Jahre in einem japanischen Gefangenenlager gewesen, studierte Geschichte an der Universität von Amsterdam und war eine lustige junge Holländerin.

Für Conny mit ihren 31 Jahren waren die ersten Monate mit der 68-jährigen Corrie ein Leben, das mit einer Schwindel erregenden Geschwindigkeit gelebt wurde. Corrie sagte, dass ihr Gott vier Länder ans

Herz gelegt hatte, die sie besuchen sollte: Dänemark, Österreich, Israel und Indien. »Kauf uns Flugtickets für Tel Aviv, Conny. Bis dahin reicht mein Geld.«

Als Conny in dem Reisebüro herausfand, dass sie nur ein Ticket bekommen konnte, wenn sie gleichzeitig auch das Rückflugticket kaufte, um Israel wieder zu verlassen, sagte Corrie ihr: »Dann bestell die Tickets nach Kalkutta.«

»Haben wir das Geld dafür?«, fragte Conny, die noch nicht an den Glauben ihrer Arbeitgeberin gewohnt war.

»Nein, noch nicht, aber vergiss nicht, Conny, Gott ist unser Schatzmeister. Er hat seine Kuhherden auf tausend Hügeln und wird vielleicht einige der Kühe verkaufen und uns das Geld geben. Unsere Arbeit ist sein Geschäft, und er versorgt uns immer zur rechten Zeit mit dem Geld.«

Als die Tickets ankamen, war auch das Geld da.

Wenn man Corrie traf, vergaß man sie nie wieder. Einige Menschen fühlten sich ihr nicht gewachsen. Conny stellte jedoch schnell fest, dass es eine Herausforderung war, eng mit einer anderen Person zusammenzuarbeiten, vor allem wenn diese gewohnt war, ihre eigenen Entscheidungen zu fällen! Conny stellte sich dieser Aufgabe.

Anfangs war das Tempo der Reisen, der Versammlungen und Arrangements etwas zu hektisch für die junge Frau, die gerade aus einer beschaulichen Bibelschule gekommen war. Jemand sagte zu Conny: »Wenn du mit Corrie ten Boom arbeitest, wirst du vielleicht nur wenige Kilometer von dem Taj Mahal entfernt sein, ohne die Zeit zu haben, dieses Wunderwerk zu besichtigen.« Genau das traf die Realität. Sie war in Neu-Delhi nicht weit entfernt von diesem Weltwunder und bekam es nie zu Gesicht.

Conny wusste, dass der Herr sie berufen hatte, Corries Begleitung zu sein, aber sie dachte auch, dass Corrie auf einer anderen geistlichen Ebene lebte. Sie war trotzdem zufrieden mit ihrer Rolle, solange es ihr gelang, höflich zu Corrie zu sein. In Afrika änderte sich ihre Haltung und damit auch ihre Beziehung.

Sie reisten nach Uganda und ein afrikanischer Bruder, William Nagenda, stellte eine mutige und forschende Frage: »Wandelt ihr gemeinsam im Licht?« Conny und Corrie antworteten beide mit Nachdruck: »Ja, das machen wir!«

Es ist eine demütigende Erfahrung zuzugeben, dass man ärgerlich auf einen geistlichen Leiter ist. Conny erinnerte sich an die Episode mit dem Koffer. Sie hatten auf einer ihrer Reisen zu viel Gepäck bei sich, und Corrie entschied sich, etwas dagegen zu tun. Sie sah ihr Gepäck durch, gab einige Dinge weg und sandte anderes zurück nach Holland. Dann machte sie mit Connys persönlichem Gepäck weiter und sortierte es genauso wie ihr eigenes. Conny ging ins Badezimmer, um allein sein zu können, und begann zu beten: »Herr, vergib mir meinen Ärger; nimm ihn weg.«

Ein anderes Mal waren sie in Indien; Corrie hatte die Termine im Winter in die kältesten Länder gelegt und die Termine im Sommer in die heißesten Gegenden dieser Erde. Conny ärgerte sich über diese schlechte Planung.

Diese und andere versteckte Unterschiede schwelten in Conny, als sie mit der Frage nach »im Licht wandeln« konfrontiert wurde. Die Bibel sagt: »Wenn wir aber im Licht wandeln, wie er im Licht ist, so haben wir Gemeinschaft untereinander, und das Blut Jesu, seines Sohnes, macht uns rein von aller Sünde.« (1. Johannes 1,7)

Conny ging zu William Nagenda und erzählte ihm von ihrer Sünde und sagte ihm, dass sie ihren Ärger Corrie nicht bekennen könne; es würde sie zu stark demütigen. Er gab ihr einen Rat, der künftig Corries Verhältnis zu ihren Begleiterinnen grundlegend verändern sollte. Er sagte: »Du kannst es, Conny, geh in der Kraft Gottes.«

Conny bekannte Corrie ihre Sünden und bat um Vergebung. Corrie schrieb in ihr Tagebuch: »Als ich sie ansah, wurde mir klar, wie sehr ich versagt hatte. Ich bin wie ein alter Soldat, der durch eine raue Schule gegangen ist. Ich hatte erwartet, sie würde auf Schwierigkeiten genauso reagieren wie ich.«

Sie bat auch Conny um Vergebung – Vergebung dafür, dass sie diesen Ärger in ihr ausgelöst und weil sie zu viel von ihr verlangt hatte.

Die alte Dame, die oft Weltenbummler Gottes genannt wurde, und die junge Studentin wandelten nun im Licht und ließen nicht wieder Ärger ihre Beziehung ins Wanken bringen.

Mit Corrie zu leben war ein Abenteuer voller Gelächter, Härte und Überraschungen. Auf einer Reise nach New York mussten Corrie und Conny zwischen zwei Versammlungen einen Hubschrauber nehmen. Sie ließen ihr Gepäck zurück, was sich als schlechte Entscheidung entpuppte, da Conny sehr luftkrank wurde. Corrie half ihr aus ihrer beschmutzten Kleidung und gab ihr einen ihrer Mäntel. Als sie ohne ihr Gepäck in der kleinen Stadt ankamen, in der Corrie sprechen sollte, hatte die arme Conny nur einen schweren Mantel anzuziehen, und Corrie sagte in ihrer direkten Art: »Wir werden ein Nachthemd für mich und ein Kleid für dich finden.« Es gab nur fünf Geschäfte in der kleinen Stadt, und die ersten vier hatten keine Nachthemden, die groß genug für Corrie waren. Im fünften Geschäft sagte sie zu dem erstaunten Verkäufer: »Ich habe um ein Nachthemd gebetet, und der Herr sagte mir, bei Ihnen würde ich eines finden.« Man zeigte ihr ein Nachthemd, das ihr ganz genau passte. Conny fand ein Kleid im Sonderangebot und erstand es für zwei Dollar. Conny sagte der Verkäuferin, sie würde das Kleid gleich anziehen, und man fragte sie, ob das alte Kleid eingepackt werden solle. »Nein, danke, denn ich hatte kein Kleid an, als ich Ihren Laden betrat.« Die Verkäuferin erwiderte: »Ich arbeite seit 18 Jahren in diesem Geschäft, aber ich hatte noch nie Kunden, die kein Kleid trugen, als sie in das Geschäft kamen, oder die für die Größe eines Nachthemdes beteten.«

Corries Leben bestand aus Gebet. Es war egal, ob

es sich um ein Flugticket, um einen Parkplatz oder ein Nachthemd handelte, sie besprach alles mit ihrem Herrn und vertraute auf seine Antworten.

Als Betsie in ihrer Vision eine Arbeit sah, die sie um die ganze Welt bringen sollte, um von Gottes Liebe und Vergebung zu reden, hätte sie nie daran gedacht, dass es vielleicht auch in Form eines Filmes sein könnte. Die ten Booms wuchsen in einer Atmosphäre auf, die Filme nicht für wichtig hielt. In den 60er-Jahren begann Corrie jedoch die Möglichkeit, die ein Film bieten würde, nicht mehr aus dem Kopf zu gehen. Eine Frau aus Westpakistan, die Lektorin einer Zeitschrift war, die sich mit den Ansichten der Christlichen Studentenbewegung ihres Landes befasste, teilte Corrie mit, dass sie den Verleger ihres Buches *A Prisoner And Yet,* einem kleinen Buch, das 1954 von dem *Christian Literature Crusade* veröffentlicht worden war, um die Rechte für einen Film zu diesem Buch gebeten habe. Sie schrieb Corrie: »Ich bin der Überzeugung, dass die Erfahrungen und die Experimente Ihres Glaubens, die in diesem Buch beschrieben werden, viel mehr Menschen erreichen sollten, und ein Film ist das beste Medium für so ein Unternehmen.«

Ein Film? Corrie war sehr versucht und zögerte trotzdem, in dieses Unternehmen einzuwilligen. Vielleicht war es der Gedanke, auf diese Weise Tausende zu erreichen und nicht nur ein paar hundert, wie sie gewöhnlich zu ihren Vorträgen kamen. Sie schrieb: »In der Schweiz traf ich Billy Graham. Er sah gut aus.

Er ist bereit, das Vorwort zu meinem nächsten Buch zu schreiben.« (Fast 20 Jahre später schrieb er das Vorwort, aber es war ein Buch über Corrie, nicht ein Buch, das sie selbst geschrieben hatte.)

Corrie und Conny waren ein reisendes, betendes und redendes Team. Es war in den brodelnden 60er-Jahren, in denen der Staat Israel für Corrie zu einem großen Anliegen wurde. Sie fand es schwer, in dem Land zu arbeiten, für das sie ihr ganzes Leben gebetet hatte. Es betrübte sie zu sehen, dass viele Juden das Christentum mit den Ideologien Hitlers in einen Topf warfen. Es verwundete sie auf zweifache Weise. Sie schrieb: »Es ist schwer für einen hebräischen Christen, seinen Glauben zu bekennen. Betet dafür, dass Conny und ich den Christen hier eine neue Sicht von dem siegreichen Leben eines Christen geben können. Schließlich hat Jesus gesagt: ›In der Welt habt ihr Angst, aber siehe, ich habe die Welt überwunden.‹«

Die Israelis erstellten eine Liste von »gerechten Christen«, einen Namen, den sie Nichtjuden gaben, die ihr Leben und ihre Zeit dafür eingesetzt hatten, Juden zu retten. Corrie fand heraus, dass ihr Name auf der Liste war, und Türen begannen sich in diesem Land zu öffnen, das christlichen Missionaren alles andere als freundlich gesinnt war. In einer Versammlung wurde sie von einem Rabbi mit den Worten vorgestellt: »Jetzt wird uns Corrie ten Boom von ihrem besten Freund erzählen, nämlich dem Juden Jesus.«

Dann sprach sie von Jesus; der menschliche Jesus sei der Messias von Israel, geboren von der Jungfrau

Maria; der göttliche Jesus sei der Sohn Gottes. Einige Juden standen auf und waren dabei, die Versammlung zu verlassen, als andere sie zurechtwiesen und ihnen sagten, sie sollten sich setzen und dem zuhören, was Corrie zu sagen hätte.

Ein Arzt sagte nach der Versammlung: »Wenn ich Corrie ten Boom höre, wie sie von der Freude und der Sicherheit spricht, die sie durch Jesus hat, sogar in den furchtbarsten Umständen, und von der Liebe, die er ihr gegeben hat, dann beneide ich sie fast und möchte diesen Jesus auch näher kennen lernen.«

Eines Tages wurde Corrie von der Jerusalem Post interviewt, und ihr war bewusst, dass sie einem feindlich gesinnten Reporter gegenübersaß. Während sie versuchte, seine Fragen zu beantworten, sah sie eine pensionierte Missionarin die Eingangshalle des Jerusalemer CVJM betreten. Sie blickte kurz zu Corrie und dem Reporter herüber, ging in eine Ecke der Halle, setzte sich und begann zu beten. Corrie sagte: »Wenn Menschen beten, hat der Feind nicht viele Möglichkeiten.«

Der Reporter fragte: »Warum mögen Sie die Juden?«

Sie antwortete: »Dafür gibt es drei Gründe. Erstens bin ich den Juden für zwei Segnungen dankbar, die ich durch sie in meinem Leben habe: ein Buch voller guter Nachrichten – die Torah, das Alte Testament – und die Erfüllung der Torah – das Neue Testament, das von Juden geschrieben wurde. Nur Lukas war kein Jude.

Zweitens ist mein bester Freund und mein Retter, der meine Sicherheit und Freude in allen Umständen ist, auch ein Jude.

Drittens haben meine Familie und ich unser Leben für Juden riskiert. Drei von ihnen starben für sie, und ich musste viel erleiden und verlor fast mein Leben für Ihr Volk. Diese Erfahrungen lassen Liebe in einem wachsen. Die Liebe zu den Juden liegt mir im Blut, seit mein Großvater für den Frieden in Jerusalem gebetet hat.«

Der Artikel wurde in der Jerusalem Post gedruckt und wurde sehr positiv aufgenommen. Corrie meinte: »War es der Reporter oder war es Taktgefühl auf meiner Seite? Nein, es war die alte Missionarin, die in einer Ecke der Eingangshalle für uns betete.«

Sieben Jahre lang begleitete Conny Corrie auf ihren Reisen, half ihr in und aus Flugzeugen, Zügen und Rikschas, auf Kamele und begleitete sie auf Bahnsteigen. Die unermüdliche alte Dame brachte ihre Botschaft weiter zu den Menschen, die ein offenes Ohr hatten, mit immer wieder neuen Geschichten und Illustrationen, und manchmal sprach sie auch zu Menschen, die es gar nicht hören wollten.

Es war in Russland, als Corrie und Conny in den Speisesaal ihres Hotels gingen, um zu frühstücken, und vorher ihren Schlüssel der Frau, die im Flur saß, gaben – eine Regel des Hotels. Wann immer Corrie eine ausgestreckte Hand sah, fühlte sie sich dazu ermutigt, sie mit einem Traktat zu füllen. Die Frau schob das Traktat zur Seite und sah verstohlen den Flur hinunter. Corrie und Conny gingen zum Aufzug, als Corrie plötzlich anfing zu beten: »Herr, ich möchte dir die Seele dieser Frau für die Ewigkeit anbefehlen. Ich kann sie nicht erreichen. Würdest du sie bitte retten?«

»Corrie, können wir wirklich die Rettung dieser Frau fordern?«

Corrie, der man nie nachsagen konnte, dass sie kleinlich dachte, betete daraufhin: »Ich fordere die Errettung von ganz Russland. Dein Wort sagt, dass diese Erde und alles was darinnen ist, dein ist, und da ist Russland doch eingeschlossen. Ich verstehe es nicht, aber ich fordere es.«

Nach dem Frühstück kehrten sie in ihr Zimmer zurück und hörten kurz darauf ein Klopfen an der Tür. Es war die Frau, der sie die Schlüssel gegeben hatten. Sie redete wild auf Russisch auf sie ein und deutete dabei auf Corries Tasche. Conny sagte: »Sie möchte das Traktat haben.« Corrie kramte das Traktat aus ihrer Tasche und gab es ihr.

Die Frau verließ die beiden und strahlte dabei über das ganze Gesicht.

In der zweiten Hälfte des Jahres 1964 wurde Corrie ernsthaft krank. Sie hatte Hepatitis, und der Arzt verordnete ihr ein Jahr Pause. Sie sollte ein Sabbatjahr einlegen. Corrie betete für einen Ort, an dem sie Ruhe und Stille finden würde, und sah sich nach Uganda zu Harry und Evelyn Campbell geführt, befreundeten Christen, die in diesem unruhigen Land eine Reihe von Buchläden führten. Ihr wunderschönes Haus lag an einem See, im Garten wuchsen Palmen und ausladende Weihnachtssternsträucher.

Harry Campbell erzählte: »Nach einigen Wochen ausgedehnter Ruhe und einer Diät, die meine Frau für sie zubereitete, erholte Corrie sich langsam. Sie mochte es nicht, wenn man viel Aufhebens um sie machte. Wenn sie plötzlich große Schmerzen bekam, zog sie sich in ihr Zimmer zurück, um zu beten, und der Herr half ihr in erstaunlicher Weise.«

Corrie spazierte gern in der Abendkühle durch den Garten, bewunderte die prächtigen Vögel, wie beispielsweise die Kraniche, und beobachtete die Lach- und die Rotschwanzaffen. Bald schon wurde sie rastlos. »Kann ich irgendwo sprechen, Harry?«, begann sie zu fragen. Die Campbells erlaubten ihr, zu ihren Mitarbeitern in Kampala zu reden. Corrie sprach zu dieser Gruppe und benutzte ihre bekannte, mit Stofffetzen gefüllte Taschenlampe. Als sie die erste Batterie einlegte, war das ein Bild für ein Ja zu Jesus. Dann schaltete sie die Taschenlampe an, und nichts passierte, sie funktionierte nicht. »Was ist denn jetzt los?«, fragte sie in gespielter Bestürzung; dann begann sie, einen Stofffetzen nach dem anderen aus der Taschenlampe zu ziehen, und benannte jeden mit einer anderen Sünde. »Dies ist Stolz, dies ist Neid, und hier haben wir Geldgier. Wenn all diese Sünden weggenommen und durch den Heiligen Geist ersetzt werden, dann kann das Licht scheinen.«

Die Afrikaner liebten diese Illustration im Jahr 1965, und die kultivierten Amerikaner applaudierten der gleichen einfachen Illustration im Jahr 1975. Einfach? Vielleicht.

Corrie war bereits 72 Jahre alt, krank, betagt und ungeduldig. Sie schrieb: »Die Arbeit von Conny und mir als Team ist ein täglicher Segen. Obwohl ich schon wieder ein bisschen in Gefängnissen und Kirchen arbeite, sehne ich mich danach, wieder voll arbeiten zu können.«

Im nächsten Jahr arbeiteten Corrie und Conny zwei Monate lang hinter dem Eisernen Vorhang. Sie reisten nach Russland, nach Ungarn, in die Tschechoslowakei und nach Polen, wo sie die Gläubigen ermutigten. Es war keine einfache Zeit, aber Corrie schrieb: »Es war eine große Freude, den Brüdern und Schwestern in Osteuropa von der Gemeinschaft mit Christen in anderen Ländern zu erzählen, die sie durch das Gebet haben können. Es ist ein Privileg, ihnen sagen zu dürfen, dass Jesus der Sieger ist und dass die ganze Welt ihm gehört.«

Einmal wurde sie von einer besorgten Frau gewarnt: »Erzählen Sie mir bitte keine gefährlichen Dinge. Die Kommunisten hören uns nämlich zu. Überall gibt es ihre Abhörgeräte.«

Corrie sah, dass die Frau voller Angst war, sodass es unmöglich gewesen wäre, ihr von Jesus zu erzählen, also betete sie um Weisheit. Dann blitzten ihre Augen, und sie begann eine kurze Predigt in der Hoffnung, dass die Abhörgeräte auf Empfang standen.

»Wissen Sie, dass Ihre Seele sehr wertvoll in Gottes Augen ist? Seine Liebe ist unendlich durch seinen

Sohn Jesus Christus. Bringen Sie Ihre Probleme zu ihm, der gesagt hat: Kommt zu mir, alle, die ihr mühselig und beladen seid, und ich will euch Frieden geben. Er wird Ihnen Frieden und Freude geben, wenn Sie sich ihm ausliefern. Er liebt Sie.«

Corrie nahm Gelegenheiten wahr, egal unter welchen Umständen.

In dem Jahr, in dem sie hinter den Eisernen Vorhang reiste, besuchte sie auch Amerika. Dieses Mal verbrachte sie Zeit mit Freunden in Colorado Springs, schrieb an ihrer Autobiographie, die in Holländisch unter dem Titel *In Hem Geborgen* verlegt wurde. Wie lange brauchte sie dafür? Ein paar Monate vielleicht, denn sie wollte dringend ihre andere Arbeit weiterführen. Sie schrieb ihrem Freund, Bruder Andrew, in Holland, dass der Herr ihr zehn weitere Jahre auf dem Missionsfeld versprochen hatte.

Etwas mehr als zehn Jahre später ließ sie sich in Amerika nieder und zog in ein wunderschönes Haus in Kalifornien. Ihre Tage als Missionarin ohne festen Wohnsitz waren vorbei. Zufall? Vielleicht.

Unterdessen hatte Corrie ein Zuhause in Holland, eine Wohnung in Soestdijk in der Nähe des königlichen Palastes. Diese Wohnung wurde ihr von einer lieben Freundin, der Baronesse Elisabeth van Heemsta, zwischen ihren Reisen zur Verfügung gestellt. Zum ersten Mal seit 20 Jahren blieb Corrie für fast sechs Monate in Holland. Sie glaubte sogar, dass diese luxuriöse Wohnung mit ihrem Blick auf den Himmel über Holland, auf Bäume und Blumen ihr

Heim für den Rest ihres Lebens bleiben würde. Jeder, der sich zu alt für Veränderungen fühlt, sollte sich Corrie zum Vorbild nehmen, die es nicht schaffte, sich in Bequemlichkeit und Luxus zur Ruhe zu setzten. Erst einmal musste sie aber eine neue Begleiterin für sich finden. Conny hatte sich in Lyke Hoogerzeil verliebt und bereitete sich auf die Ehe als Missionarsgattin vor.

Conny war nur eineinhalb Jahre verheiratet, als sie ernsthaft krank wurde. Corrie besuchte Conny und sagte ihr: »Zwei Dinge können passieren: Gott kann dich heilen, oder er wird dich zu sich in den Himmel nehmen, du musst dich also vorbereiten.«

Als Conny starb, saß ihr Ehemann an ihrer Seite und sagte: »Gib mir deine Hand; wenn der Herr dich zu sich nimmt, werde ich dich freigeben.« Corrie predigte auf Connys Beerdigung.

Corrie blieb nicht in Holland. Sie sagte: »Ich weiß, dass ich noch nicht hier bleiben soll. Jeder Christ sollte den Platz finden, an dem er und niemand anders gebraucht wird. Für mich sind das viele verschiedene Orte und Länder auf dieser Erde. Also, los geht es, mit der Kraft Gottes.«

Wohin als Nächstes? In Holland gab es die wunderbare Wohnung in der Nähe des Palastes der Königin. In Amerika gab es viele Wohnungen, in denen sie königlich behandelt werden würde. Wohin jetzt, Herr? Vietnam? Bestimmt nicht, Corrie! Wenn es doch so viele jüngere und stärkere Menschen gibt, warum sollte Gott eine alte Dame aus Holland auf die blutigen Kriegsschauplätze Südostasiens schicken?

Soldat, Soldat, du kämpfst im großen Streit
dieser Welt,
traust nur auf dich selbst, kämpfst um dein Leben.
Vertrau dir nicht länger,
traue nur Christus, er ist viel stärker!
Du kannst alles, aber auch alles erreichen,
wenn du deine Kraft von Christus erhältst.

TEIL IV

Über Zeit und Raum hinaus

In jedem neuen Jahr stellte sich Corrie neuen Möglichkeiten und Herausforderungen. Sie sehnte sich danach, hinter dem Eisernen Vorhang zu arbeiten, aber oft wurde ihr ein Visum verwehrt. Sie schrieb jedoch: »Ich fühle mich geschlagen, aber nicht besiegt! Ist es nicht eine Freude zu wissen, dass unsere Zeit in Gottes Händen liegt?«

Corrie, die Weltenbürgerin, Botschafterin der Jungen und Alten, stürzte sich in Projekte und Situationen, die von vorsichtigeren Menschen gemieden wurden. Sie hätten erst einmal abgewartet und die Konsequenzen überdacht, die diese Unternehmen mit sich bringen könnten. Sie sah die Zeit, in der sie lebte, mit all ihren Extremen. Corrie sagte: »Überall in der Welt sehen wir, dass die Ungerechtigkeiten zunehmen, aber zur gleichen Zeit verleiht der Heilige Geist den Menschen noch größere Kraft und schafft Veränderung.«

Blast die Trompeten, denn Corrie kommt mit ihren Kämpfern!

Sie warnte: »Wir nähern uns der letzten großen Schlacht, die ihren Höhepunkt in dem Sieg des Königs der Könige, Jesus Christus, haben wird. Der Antichrist kommt und tut sein Möglichstes, und auch der Teufel weiß, dass er nicht mehr viel Zeit hat.

Es ist ein Privileg gegenüber den Menschen um uns herum, dass wir von Gottes großem Plan wissen.

Auch wenn die Schlacht ernst wird, stehen wir auf Siegesboden, denn die mit uns sind, sind stärker als die gegen uns.«

Ein Pass für einen Krieger

Corrie ließ sich von starken, gläubigen Männern beeinflussen, Visionären mit Ideen und Plänen, die sowohl mutig als auch herausfordernd waren. Das Alter spielte keine Rolle; es war die Hingabe an Gott, die Corrie suchte. Mit diesen geistlichen Gefährten entwickelte sich gelegentlich eine ungewöhnliche Teamarbeit.

Einer dieser Männer war Andrew van der Byl, er war 30 Jahre jünger als Corrie und widmete sein Leben so wie sie der Evangelisation. Man kannte ihn als Bruder Andrew. Er war ein drahtiger Holländer, der eifrig damit beschäftigt war, Bibeln hinter den Eisernen und auch den Bambus-Vorhang zu schmuggeln. Er war ein Missionar, der das Abenteuer liebte, und so wäre es nahe liegender für ihn gewesen, in das gefährliche Vietnam zu reisen, das mitten in einem sehr blutigen Kampf steckte, als für eine alte Dame von 75 Jahren. Aber Corrie wollte zu den GIs sprechen und war mit Schwierigkeiten vertraut. So reiste sie also gemeinsam mit Bruder Andrew nach Vietnam.

Corrie war so sparsam, dass sie sogar Reste von Mahlzeiten, die sie im Flugzeug serviert bekam, aufhob, um sie später essen zu können. Bruder Andrew erzählte, dass sie eine Mark so lange umdrehen könne, bis sie ganz abgegriffen sei. Nachdem sie in

Saigon angekommen waren, versteckte sie ihre Tasche unter dem Bett und holte sie erst am Tag darauf hervor, um ihre Notizen für einen Vortrag herauszunehmen. Die Tasche war voller Ameisen. Es war das letzte Mal, dass sie in den Tropen Essen aufbewahrte.

Während sie weiter nach Vietnam reisten, las Andrew die Zeitung und fand darin eine militärische Bezeichnung: »zu suchen und zu zerstören«. Es machte ihn traurig, denn er wusste, sie waren aus, Seelen für den Herrn zu suchen: »Corrie, sieh dir diese Redewendung an. Sag mir, was du über sie denkst.«

»Andrew, ich muss an die Worte Jesu denken: ›Ich kam zu suchen und selig zu machen, was verloren war.‹«

In Corries Tagebuch erfahren wir etwas über die Belastung, die diese Reise für sie darstellte. Sie schrieb:

»Gestern kam ich hier an. Der Flug war furchtbar. Wie flogen über das Wasser, weil dort die Gefahr geringer ist, abgeschossen zu werden. Als ich in das Flugzeug einstieg, war ich schon sehr müde ... Nach zwei Stunden konnte ich es kaum noch aushalten. Im Moment fühle ich mich sehr alt. Es scheint, als ob ich über meine körperlichen Kräfte hinausgegangen bin. Wir sind absolut abhängig von Gott. Wenn du schwach bist, ist er stark.

Ich erinnerte mich daran, wie jemand in einem Gebetstreffen einmal betete: ›Herr, mach uns alle so schwach wie Corrie ten Boom.‹ Als ich aus dem Flugzeug ausstieg, drehte sich alles im Kreis. Einige Missionare kamen, um uns abzuholen ... Ich war so erschöpft, dass ich sie kaum erkannte.«

Corrie war nicht frei von Selbstmitleid. Sie begann zu denken, dass ihre Arbeit, der Welt von Jesus zu erzählen (vor allem Vietnam), zu schwer für sie sei. Dann schrieb sie:

»Ich sehe die Gesichter um mich herum und empfinde tiefe Sympathie für diese Menschen. Ich weiß, dass es noch Arbeit im Reich Gottes für mich gibt. Nach dem, was er für mich am Kreuz getan hat, macht es mich froh, ein wenig für ihn leiden zu können. Ich las Johannes 7,37. Ich bin durstig ... Ich bin durstig nach Vergebung, nach Kraft. Das fehlt mir, aber Jesus ist die Antwort. Ich lege meine schwache Hand in die starke Hand Gottes. Und wenn ich dann wieder in ein Flugzeug steigen muss, gibt es kein Selbstmitleid mehr, nur noch Freude ... Ströme des lebendigen Wassers werden in mir fließen, wenn ich in Verbindung mit der Quelle lebe.«

Der Vietnamkrieg war ein grausamer und abscheulicher Konflikt. Die Menschen in Amerika teilten sich in zwei Lager, wenn es um die Frage der Beteiligung der USA an diesem Krieg ging. Die Kommunisten verstärkten die Meinungsverschiedenheiten und bestraften die Gräueltaten des Vietcong. Die Stimmung unter der amerikanischen GIs war trübe. Man gab Corrie Armeegeleit, sodass sie in abgelegene Gebiete fahren konnte, um sich dort um die Soldaten zu kümmern.

Einmal brachte man sie in einem Jeep fast an die Frontlinie. Sie saß neben einem jungen Feldwebel, der das Auto lenkte. Corrie erkannte offensichtlich nicht, in was für einer Gefahr sie sich befanden. Sie waren dem Kampfschauplatz so nahe, dass sie die Schüsse hörten. Corrie schrieb: »Die Soldaten freuten sich darüber, dass ich kam, denn die einzigen Frauen, die sie sonst zu sehen bekamen, waren Prostituierte. Aber hier kam eine alte Frau aus Holland an die Front, und sie dachten, das sei toll. Ich hörte einen der Jungen sagen: ›Sie hat das gleiche Lächeln wie meine Großmutter.‹«

Wohin Corrie auch reiste, sie fotografierte. Die Fotos waren vielleicht nicht immer die besten, aber jedes Bild hatte eine Geschichte. In Vietnam nahm sie eine Kirche auf, in der sie eine Bibelstunde gehalten hatte. Die Einwohner des Dorfes sollten von dem Vietcong getötet werden, weil sie Christen waren. Eines Tages kam der Vietcong und umstellte das Dorf. Ein Christ mit dem Namen Sao befahl allen Dorfbewohnern, sie sollten in die Kirche gehen, beten und Gott bitten, sie zu bewahren. Die Stunden vergingen, und nichts passierte. Zwei Tage vergingen, dann zogen die feindlichen Soldaten wieder ab. Später, als einer dieser Vietcong-Soldaten verwundet war, wurde er von dem Missionsarzt in diesem Dorf behandelt. Dieser fragte den Soldaten, warum sie damals nicht angegriffen hätten. »Wir hatten vor, euch alle zu töten«, antwortete der Mann. »Aber wir wagten es nicht, als wir das große Heer in weißen Uniformen um euer Dorf sahen.«

Corrie sagte: »Ein großes Heer von Engeln hatte das Dorf umstellt, und die Feinde sahen sie. Das Eigenartige ist, dass nicht die Christen glaubten, sie wären von Engeln umgeben, sondern die Feinde, die nie etwas von Engeln gehört hatten!«

Sao, der Vietnamese, der den Herrn liebte, war ein mutiger Freund Corries. Er reiste über die Berge Vietnams und blieb einige Zeit bei einem heidnischen Bergstamm und lebte und arbeitete dort. Abends erzählte er ihnen dann Geschichten aus der Bibel. Sao erzählte Corrie von der Zeit, als alle dachten, er würde sterben. Seine ganze Familie und seine Freunde standen um ihn herum und warteten auf seinen Tod. Aber Sao hatte eine Vision: Er kam mit einem Freund im Himmel an, und diesem Freund wurde ein großartiges Haus gezeigt. Sao fiel ein Haus auf, das noch im Bau war, und jemand erzählte ihm: »Sao, das wird dein Zuhause, aber es ist noch nicht ganz fertig, und außerdem, deine Füße sind dreckig.« Sao war traurig, weil sein Freund im Himmel bleiben durfte und er zurückkehren musste.

Als er wieder zu Bewusstsein kam, war das Erste, wonach er verlangte, eine Schüssel Wasser, um sich seine Füße zu waschen. Alle dachten, er wäre im Delirium. Er sagte: »Meine Füße sind zu dreckig für den Himmel, aber mein Freund ist dort und hat ein wunderschönes Zuhause.« Später stellte sich heraus, dass sein Freund an genau diesem Tag gestorben war.

Der Vietcong hasste Sao, weil er so viele Menschen zu Jesus brachte. Er erzählte Corrie: »Es würde mir nichts ausmachen, als Märtyrer für Jesus Christus zu sterben.«

»Sao, dein Zuhause ist noch nicht fertig, und deine Füße sind immer noch dreckig. Es ist wichtig, dass du weiter mit diesen dreckigen Füßen von Stamm zu Stamm marschierst. Du musst erst für den Herrn leben, bevor du für ihn stirbst.«

Corrie arbeitete zusammen mit Sao, sie gaben Bibelstunden für die einheimischen Bergstämme. Sie waren aufmerksame Zuhörer und ließen sich fesseln von dieser alten Dame, die so weit gereist war, um zu ihnen zu sprechen. Als sie den Stamm verließ, gab Sao ihr ein Geschenk und einen Titel. Sie freute sich sehr über diese Geste. Sie sagte dem armen Bergvolk, das sich sehr einfach ernährte und nur wenig besaß: »Ich werde euch jetzt verlassen. Ich hoffe sehr, dass ihr von Zeit zu Zeit für mich betet. Ich werde das auf alle Fälle für euch tun.«

Sao kam nach vorne und überreichte ihr ein Kupferarmband und sagte in wunderbarem Englisch: »Doppelt alte Großmutter, wirst du bitte den Dank von diesem Stamm an deinen Stamm weiterreichen, weil sie dir erlaubten, hierher zu kommen?«

Corrie schrieb: »Es ist nett ›doppelt alte Großmutter‹ genannt zu werden, wenn du nur 75 Jahre alt bist.« Für diese Menschen ist es eine Ehre, alt zu sein, und sie hatten sie mit dem größten Kompliment bedacht, das sie kannten.

Sao sagte: »Wir möchten einen Bund mit dir schließen. Du bist nun ein Mitglied unseres Stammes, und wir werden immer durch das Gebet miteinander verbunden bleiben.«

Ein Projekt, das Bruder Andrew und Corrie in Vietnam begannen, war, Kinder aus der Sklaverei freizukaufen. Wenn ein Vietnamese Schulden machte und sie nicht zurückzahlen konnte, verkaufte er eines seiner Kinder als Sklave. Andrew und Corrie konnten Geld auftreiben, um viele dieser Kinder freizukaufen und sie dann in verantwortungsbewussten christlichen Waisenhäusern unterzubringen.

Einmal erzählte sie von einem Pastor, der mit fünf Kindern in das Waisenhaus kam. Er sagte: »Meine ganze Gemeinde ist ermordet worden, und nur ich und die Kinder konnten sich verstecken. Können sie hier im Waisenhaus bleiben, und gibt es hier vielleicht auch Arbeit für mich?«

Der Vietcong tötete Christen, indem sie lebendig begraben wurden.

Corrie hätte sich für einen Schaukelstuhl entscheiden können, anstelle dessen ging sie auf ein Schlachtfeld.

Aber auch Kämpfer brauchen ein Zuhause. In den 20 Jahren, in denen Corrie durch die Welt reiste, gab es für sie einige Orte, die ein Zuhause für sie waren, aber es gab bis 1967 keinen Platz, an dem sie sich vorstellen konnte, länger zu bleiben. In der Zeit begann eine neue Phase für sie. Als ihre gute Freundin, eine Missionarin in Jerusalem, Baronesse von Heemsta, ihr ihre Wohnung in der Nähe des Königspalastes überließ, sagte diese: »Gott gebrauchte Tante Corrie als meine Lehrerin, ohne dass sie etwas davon wusste. Es war nicht das, was sie sagte, aber ich gebrauchte das Vorbild ihres täglichen Lebens.«

In dieser wunderbaren Wohnung wurde die bereits sehr bekannte Corrie an einem schönen Sommertag von einem hübschen jungen Mädchen mit dem Namen Ellen de Kroon besucht. Ellen fühlte sich etwas unwohl, als sie zu der Wohnung in dieser schicken Wohngegend ging. Das Treffen der alten Kämpferin und der jungen Krankenschwester, die nicht länger als drei Jahre Christ war, führte zu einem neuen Team, das die beiden ins tiefste Sibirien, aber auch nach Hollywood bringen sollte. Ellen, die Europa noch nie verlassen hatte, kein Englisch sprach und außerdem keinen Führerschein besaß, wusste nicht, wie man eine Schreibmaschine bediente und erkannte doch bald, dass Gott, wenn er jemand zu einer Aufgabe beruft, ihn auch mit den nötigen Fähigkeiten ausrüstet. Ellen musste an all die Gründe denken, die gegen eine Arbeit mit Corrie sprachen. Später schrieb sie in ihrem eigenen Buch, *Meine Jahre mit Corrie*: »Ich werde nie vergessen, was Corrie anfangs sagte. Es war so typisch für sie. Ihr Gesicht war fröhlich, ihre Augen blitzten. ›Ellen, ich bin froh, dass es dir bewusst ist. Du kannst es nicht, aber Gott kann es durch dich tun.‹«

Schon bald wurde klar, dass Ellen die richtige Person zum richtigen Zeitpunkt war. Ellen war eine ausgebildete Krankenschwester, und schon bald konnte sie ihre Kenntnisse einsetzen. Corrie hatte einen schweren Autounfall.

Corrie schrieb später einen Brief an Bruder Andrew, in dem sie über den Unfall und den möglichen Grund berichtete.

»Ich möchte dir etwas über die Umstände erzählen, in denen ich mich befand, als der Unfall passierte. Ich hatte drei Sendungen für Transworld Radio aufgenommen. Jemand hatte mich gebeten, etwas über Siegen und Dämonen zu sagen. Die erste Sendung hatte den Titel «Sind wir gegen Dämonen machtlos ... Nein!«. Es ging um die Kraft, die wir durch Jesu Blut haben und die Autorität seines Namens. Ich sollte es an dem Tag aufnehmen, und sie würden es dann nach Monte Carlo senden. Von dort konnte man Menschen auf der ganzen Welt erreichen, in jedem Fall all diejenigen, die Holländisch verstanden. Dann hatte ich den Unfall. Ich glaube, dem Teufel gefiel meine Botschaft nicht, und er hat versucht, mich durch diesen Autounfall unschädlich zu machen. Es hatte mich wirklich schwer getroffen, aber durch ein Wunder blieb ich am Leben. Ich hatte einen gebrochenen Arm und Kopfverletzungen, mein Gehirn hat es jedoch nicht erwischt, Gott rettete mich und ließ ein wenig Schmerz in meinem Leben zu, auf die Weise habe ich eine Menge gelernt. Wenn eine Unterrichtsstunde in unserem Leben schwierig ist, dann ist Gott derjenige, der die Unterrichtsstunde hält, und man lernt eine Menge bei ihm.

Während der Operation und auch danach waren alte Lieder wie ›Sicher in Jesu Armen‹ und ›Du hältst mich an Händen‹ eine große Hilfe für mich. Es kam mir vor, als wenn die großen Wahrheiten der Bibel mir mehr Trost waren als je zuvor ... Es war eine sehr gesegnete Zeit.

Manchmal erwartete ich eine direkte Heilung und wurde mutlos, als es nicht passierte. Dann verstand ich; Gott macht keine Fehler. Ich hätte ein volles Programm in Deutschland und in Israel gehabt; anstelle dessen lag ich monatelang im Bett. Es war eine wunderbare Gelegenheit, mit Gott zu sprechen. Ich lernte viel, und anderen und mir wurde klar, dass sich in meiner Arbeit etwas ändern würde. Ich weiß aber ganz sicher, dass mich Gott in Israel, Vietnam und Russland gebrauchen will.«

Ein holländischer Evangelist, Ben Hoekendijk, erinnert sich an einen Besuch bei Tante Corrie im Krankenhaus. Sie lag im Bett, strahlte übers ganze Gesicht und schien vollkommen entspannt. Sie sagte zu ihm: »Krankheit ist nicht von Gott, sondern von dem Feind. Aber ich liege hier im Krankenhaus, weil dadurch schon einige hier ihren Retter gefunden haben.«

Corrie war nicht immer so entspannt in ihrer Zeit im Krankenhaus, sie war eine ungeduldige Patientin, die viel machen wollte, es aber ohne ihren rechten Arm nicht konnte. Da sie nicht schreiben konnte, lernte sie wahrscheinlich in dieser Zeit, ihre Botschaften und Gedanken zu diktieren, eine Fähigkeit, die den meisten Schriftstellern fehlt.

An dem Tag, an dem Ellen sie aus dem Krankenhaus holen sollte, um sie nach Hause zu bringen, war das Wetter sehr schlecht und die Straßen vereist. Sie musste einen VW-Käfer durch die engen Straßen der holländischen Dörfer fahren. In einer Kurve kam sie ins Schleudern und krachte in eine Zementwand, das Auto erlitt Totalschaden und Ellen entstieg ihm mit den Autoschlüsseln in einer zitternden Hand und Corries Koffer in der anderen. Sie hatte eine Gehirnerschütterung und einige starke Blutergüsse, und als Corrie schließlich nach Hause gebracht wurde, gab es zwei Patienten in der Wohnung.

Während dieser Genesungszeit entwickelte sich die tiefe Freundschaft zwischen Corrie und Ellen, und gleichzeitig etablierte sich die Rollenaufteilung ihrer späteren gemeinsamen Arbeit. Die Routine war folgende: Kaffee um 11.00 Uhr und eine Tasse Tee mit einem Keks um 15.00 Uhr, sie nahmen sich Zeit, täglich aus einem Buch vorzulesen, Gedanken auszutauschen und gemeinsam zu beten. Ellen lernte sehr viel von der Frau, die ihrem Leben in den folgenden Jahren Gestalt geben sollte.

Ellen lernte die menschliche Seite Corries kennen, sie sah dort gute Eigenschaften und Schwachstellen. Sie begann die wilde Entschlossenheit ihrer Arbeitgeberin zu verstehen. Als der Gips von Corries Arm entfernt wurde, konnte sie ihre rechte Hand nicht benutzen. Zu Anfang war sie entmutigt, da sie so viele Ideen hatte, die sie zu Papier bringen wollte. Aber dann wurden aus ihrer Entmutigung Taten. Sie ging in ein Schreibwarengeschäft, kaufte sich ein Schreibheft für Erstklässler und begann, das ABC mit ihrer linken Hand zu üben. Sie fing auch an einen Kassettenrekorder zu benutzen, machte Kraftübungen und trainierte ihre Finger. Sie weigerte sich, in Tatenlosigkeit zu versinken.

Ellen und Corrie hatten beide einen ausgeprägten Sinn für Humor, was in jeder engen Beziehung sehr wichtig ist. Man erzählt sich eine Geschichte, in der Ellen Suppe servierte, aber vergessen hatte, Löffel aufzulegen. Corrie sagte: »Ellen, Suppe mit einem Löffel zu essen ist wie Küssen, du bekommst nie genug davon.«

Als sich die beiden wieder etwas erholt hatten, wurde klar, dass das gemütliche Leben in ihrer wunderschönen Wohnung für Corrie nicht darin bestehen würde, sich behaglich zurückzulehnen, an ihren Uhren herumzubasteln und zu stricken. Erst einmal brauchten sie ein neues Auto. Ellen fand bald heraus, dass Corrie immer bar bezahlte, wenn sie etwas kaufte, weil sie so das Gefühl hatte, Gottes Willen besser zu erkennen. Wenn sie etwas wollte und ihr das nötige Geld fehlte, wusste sie, dass sie es nicht haben sollte. Wenn jedoch genug Geld zusammenkam, wusste sie, dass es im Sinne Gottes war. So ein praktisches Glaubensleben war neu für Ellen, brachte aber schon bald eine neue Dimension in ihr Leben, das dieses fröhliche junge Mädchen in Paläste und Gefängnisse bringen sollte.

In Palästen und Gefängnissen

»In einer kranken und gefährlichen Welt zu leben, wie wir es tun, gibt uns eine Verantwortung. Wer wird diese Welt überwinden? Derjenige, der glaubt, dass Jesus der Sohn Gottes ist. Unsere Verantwortung liegt darin, dass wir Gottes Wort überall weitersagen, wo wir sind, und so Gottes Familie vergrößern.«

Das waren Corries Worte, und sie lebte nach ihnen. Gottes Wort weiterzusagen macht vor keiner Rasse, gesellschaftlichen Stellung oder Lebensumständen Halt. Corrie sah immer den einzelnen Menschen, sah das Bedürfnis, Jesus kennen zu lernen; der Hintergrund des anderen war dabei unwichtig.

In den späten 60er-Jahren machten Corries Besucher, Hippies, Landstreicher und schlecht gekleidete Leute, ihre Nachbarn misstrauisch gegenüber der Frau, die in der Wohnung der Baronesse lebte. Aber sicherlich sind auch einigen von ihnen hinter ihren Spitzenvorhängen fast die Augen herausgefallen, als sie dieselbe Frau in der Limousine der Königin Juliane vorfahren sahen, die sie vor ihrem Appartement absetzte.

Corrie sprach nur selten über ihre Beziehung zum Königshaus. Wenn man sie nach Geschichten aus ihren Unterhaltungen mit Prinzessin Wilhelmina fragte, wurde sie sehr ausweichend. Von ihren Freunden in Holland, Herman und Els ter Welle, und ihrem Neffen, Bob van Woerden, erhielten wir einen kleinen Einblick in den Einfluss, den Corrie auf die Führer dieser Welt hatte.

Einmal leitete der holländische Evangelist Jan van der Hoeven eine kleine Bibelgruppe für junge höher gestellte Geschäftsleute, die in der Nähe des Palastes lebten. Prinzessin Margiet war eine der Teilnehmerinnen, und gelegentlich wurde Corrie gebeten, vor dieser Gruppe zu sprechen. Als die Prinzessin Peter van Vollenhoven heiratete, fragte er: »Können wir die alte Dame mit den frechen Augen zu unserer Hochzeit einladen?«

Etwas später organisierte Peter ein Bibelstudium zur Wiederkunft Christi und lud dazu einen renommierten Universitätsprofessor, einen Pastor und Corrie ein. Corrie kannte die Standpunkte der beiden Männer nicht und betete: »Herr, ich möchte ein Zeugnis für dich sein, aber ich möchte nicht, dass der Professor oder der Pastor anwesend sind.«

Später rief Peter sie an und sagte: »Es tut mir wirklich sehr Leid, Frau ten Boom, aber ich muss die Bibelgruppe absagen, denn die anderen Referenten können nicht kommen.«

Corrie versuchte ihre Freude zu verbergen und sagte: »Oh, es besteht kein Grund, warum wir nicht trotzdem zusammenkommen sollten.«

»Aber nur meine Schwiegermutter (die Königin) wird dort sein«, erklärte Peter.

Die Bibelgruppe war an dem Tag ein kleines Grüppchen, aber es war bei dieser Gelegenheit, dass »Peters Schwiegermutter« Corrie mit zu sich nach Hause nahm.

Bob van Woerden erinnert sich an den Moment, als er einen Telefonanruf aus dem Palast bekam, wohin Corrie für ein paar Tage eingeladen worden war. Sie sagte: »Bob, ich bin einsam. Kommst du und leistest mir etwas Gesellschaft?« Er traf sie im Garten der Königin. Während sie sprachen, griff Corrie, die sich nie Gedanken um ihr Äußeres machte, unter ihr Kleid und zog ein Taschentuch hervor. Nachdem sie es benutzt hatte, hob sie ihr Kleid leicht an und ließ es wieder verschwinden.

Als sich Bob, der nun Musikprofessor an der Universität war, Jahre später an diesen Vorfall erinnerte, musste er über seine Tante Corrie lachen: »Sie war die Gleiche, egal wo sie sich befand, und kümmerte sich überhaupt nicht um Etikette.«

Während Ellen de Kron mit Corrie um die Welt reiste, fand sie bald heraus, was Teamarbeit mit dieser Botschafterin Gottes bedeuten konnte: Tee mit Königen zu trinken oder Zwieback mit Gefangenen zu essen. Die Geschichten, die sie erzählte, waren gewöhnlich die gleichen und ihre Botschaften einfach, egal ob sie zu hochkultivierten oder zu ungebildeten Menschen sprach.

In Lweza, Uganda, wurde Corrie gebeten, in einem Gefängnis zu sprechen, und als sie dort ankam, tanzten in dem Gefängnishof etwa 600 afrikanische Männer. Trommeln wurden geschlagen, und der wilde Rhythmus brachte diese Männer dazu, sich fast in Trance zu tanzen.

Corrie sagte: »Ihre Augen blickten wild, und ich bemerkte Furcht in mir aufsteigen.«

Als der Gefängnisdirektor den Männern gebot, mit dem Tanzen aufzuhören, nahmen sie es ihm übel und waren mürrisch und verärgert, als Corrie aufstand, um zu reden. Corrie bereute es plötzlich, keine weitere weiße Person bei sich zu haben. Würden ihre schwarzen Brüder sie beschützen? Später gab sie zu: »Ich bereute, kein Vertrauen gehabt zu haben, und ich weiß, dass der Herr durch mich zu diesen gestrandeten Männern sprach.«

Es gibt eine Reihe von Geschichten, die Corrie für jedes Publikum verwendete. Sie ging nie davon aus, dass alle der Zuhörer sich Jesus schon ganz ausgeliefert hatten, egal wo sie war. Wie eine Schauspielerin, die immer wieder den gleichen Publikumsrenner spielt, war sie für jede Vorstellung frisch, als sei es die Erste. An einem Punkt dachte Corrie, sie solle aufhören, die »Taschenlampen-Illustration« weiter zu verwenden, aber Ellen ermutigte sie, damit weiterzumachen, und so tat sie dies, bis sie mit dem öffentlichen Reden aufhörte.

Eine andere bekannte Illustration war eine Stickerei von einer Krone. Sie hielt die Stickerei hoch und wies auf die sorgfältige Arbeit hin, die verschiedenen Fäden, die zusammen ein wunderschönes Bild ergaben – so wie die Pläne Gottes für unser Leben. Dann drehte sie das Stück Stoff um und zeigte die wirre, verknotete Unterseite, um zu illustrieren, wie wir unser Leben aus menschlicher Sicht sehen.

Die Übertragung des folgenden Gedichtes ist ausschließlich Corries Werk:

Mein Leben ist ein Webstück
zwischen meinem Gott und mir,
ich wählte nicht die Farben,
er stoppt die Arbeit nie.
Oft webet er auch Leid hinein,
und in meinem Stolze ich
vergess, dass er das Bild schon sieht,
und ich nur kümmerlich.

Erst wenn der Webstuhl stille ist
und die Schiffchen ruhn,
wird Gott das fertge Bild enthülln
und mir erklärn warum.
Die dunklen Fäden haben Sinn
in des sichren Webers Hand,
grad so wie die in Gold und Silber
in dem Muster, das er geplant.

Ellen hörte dieselben Geschichten und Botschaften Hunderte Male, in entlegenen Orten wie einem sibirischen Dorf oder dem Speisesaal des exklusiven Bel Air Hotel in Beverly Hills. Und trotzdem schrieb sie: »Bald fand ich heraus, dass es das Beste war, in einer Predigt so zuzuhören, wie Corrie sprach – als wenn ich die Geschichte zum ersten Mal hören würde. Auf diese Weise konnte ich sie ermutigen, und Gott schien mir immer wieder neue Dinge durch ihre Geschichten klar zu machen.«

Corries Theologie, wenn man sie als solche bezeichnen kann, war immer hilfreich und nicht theoretisch. Wenn Leute versuchten, sie in theologische Dispute zu verwickeln, erzählte sie von Unterhaltungen, die sie mit Mithäftlingen im Konzentrationslager hatte. »Zweimal am Tag lasen wir die Bibel zusammen. Wir wussten nicht, aus welchen Kirchen die Einzelnen waren, und es interessierte uns auch nicht. Wir wussten, dass jeder Tag unser letzter sein konnte.

Ich hatte viele persönliche Gespräche mit den anderen Gefangenen. Ich fragte sie nicht: ›Was ist deine Meinung zur Prädestination?‹ Mir war das egal. Ich fragte sie Dinge wie: ›Weißt du, dass Jesus für die Sünden der ganzen Welt gestorben ist, auch für deine Sünden, und dass er dich liebt? Hast du ihm dein Herz gegeben? Hast du ihm deine Sünden gebracht und sie bereut?‹

Antwortete einer meiner Mitgefangenen dann mit ›Ja‹ auf diese Fragen und sah ich sie dann in der Krankenstation verschwinden, wo die meisten Patienten starben, oder sah sie in die Gaskammer gehen, dann war ich froh zu wissen, dass sie sicher in den Armen Jesu waren, der sie durch das Todestal ins Haus seines Vaters tragen würde.«

Wenn man dem Tod ins Auge sieht, ist Theologie unwichtig.

Kirchenleute prüften sie gelegentlich auf die Grundlagen ihres Glaubens. In Deutschland wurde sie einmal, nachdem sie zu einer Männergruppe aus Lutheranern und Baptisten gesprochen hatte, gefragt: »Was denken Sie, ist die biblische Methode zu taufen?«

Als sie sich an diese Begebenheit erinnerte, sagte sie: »Hier sah ich einen Trick des Feindes. Der Segen des Treffens wäre zerstört, wenn man beginnen würde, über die Frage der Taufe zu streiten. Ich betete um Weisheit und antwortete dann: ›Lasst uns die letzten Worte Jesu im Markusevangelium lesen: Gehet hin in alle Welt und predigt das Evangelium aller Kreatur. Wer da glaubt und getauft wird, der wird selig werden; wer aber nicht glaubt, der wird verdammt werden. Die Zeichen aber, die folgen werden denen, die da glauben, sind diese: In meinem Namen werden sie böse Geister austreiben, in neuen Zungen reden, Schlangen mit den Händen hochheben, und wenn sie etwas Tödliches trinken, wird's ihnen nicht schaden; auf Kranke werden sie ihre Hände legen, so wird's besser mit ihnen werden. (Markus 16,15–18) Was waren die drei wichtigen Aufträge, die Jesus uns gab? Erstens Weltevangelisation, zweitens Taufe und drittens die Gaben des Heiligen Geistes. Wie steht es mit dem ersten Auftrag? Haben Sie alles getan, um die Gute Nachricht durch Predigt und Gebet in alle Welt zu bringen?

Wie steht es mit dem dritten Auftrag? Sind Menschen durch Ihre Hilfe, Ihren Gehorsam und Ihre Kraft frei geworden? Sind Menschen durch den Namen Jesus geheilt worden?

Wenn es immer noch Dinge in Bezug auf Punkt eins oder drei gibt, die Sie noch beenden müssen, dann machen Sie sich an die Arbeit. Und wenn Sie mit Punkt eins und drei fertig sind, kommen Sie zu mir, und dann werde ich Ihnen sagen, was ich zu Punkt zwei zu sagen hätte. Was ich Ihnen jedoch jetzt schon sagen kann, ist Folgendes: Gott hat die Taufe nicht als Grund zum Streiten gedacht, sondern damit wir uns daran freuen und sie als Privileg verstehen sollten.‹«

Während andere Christen sich über dogmatische Unterschiede der Denominationen ereifern konnten, wies Corrie die Menschen auf Jesus hin. Dogmatische Differenzen unter ihren Zuhörern konnte sie mit Hilfe ihres unwiderstehlichen Humors zerstreuen. Einmal sprach sie in Ostberlin zu einer Gruppe von Theologen. Sie erzählte ihre einfachen Geschichten sogar in dieser hochstudierten Gruppe, und als es Zeit für Fragen wurde, fragte einer der berühmten Geistlichen: »Frau ten Boom, sind Sie nicht auch der Meinung, dass Frauen nicht in der Kirche lehren sollten?«

Corrie war in ihrem Element. Sie stand auf, mit einem strahlenden Lächeln auf ihrem Gesicht, und sagte: »Halleluja, nein!«

Bruder Andrew musste lachen, als er von dieser Geschichte seiner alten Freundin erzählte. »Ihre einmalige Art, die Frage zu beantworten, brach das Eis unter den Zuhörern. ... Sie hatten keine andere Antwort! Von da an war ihr Spitzname in Deutschland ›Halleluja, nein.‹«

Taktgefühl allerdings gehörte nicht zu Corries Stärken. Ihre Liebe zum Nächsten war gewürzt mit Direktheit. Einer ihrer engen Freunde, der herausragende englische Bibellehrer und Evangelist Sidney Wilson, verfasste einige brillante Zeitungsartikel über Prophetie. Corrie schrieb ihm: »Ich freue mich über Ihre Artikel, aber halten Sie Ihre Sprache einfach und werden Sie kein Verfechter Ihrer Meinung, wie es schon viele vor Ihnen in den Vereinigten Staaten gemacht haben. Was macht es schon, wenn andere eine andere Meinung über das Millenium haben? Schließlich kann uns nur die Zukunft zeigen, wer Recht hat. Ist es nicht möglich, unsere Meinung deutlich zu machen und trotzdem Platz für die Erkenntnisse derer zu lassen, die anders als wir denken?«

Es klingt ironisch, wenn man daran denkt, dass Corrie in Deutschland bekannter war als in ihrem eigenen Heimatland. Gottes geheimnisvolle Wege brachten sie in das Heimatland derer, die sie gefangen genommen hatten, um dort viele Leben zu berühren. Einmal sollte sie in einer großen Kathedrale in Karl-Marx-Stadt sprechen. Die Kirche war so überfüllt, dass Tausende vor der Tür bleiben mussten. Corrie entschied, dass man Lautsprecher nach draußen verlegen sollte, aber die Verantwortlichen sagten ihr, es sei unmöglich.

Corrie sagte daraufhin: »Bringt mich zu der höchsten Autorität in dieser Stadt.«

»Mein Herr, ich möchte Lautsprecher außerhalb der Kathedrale aufstellen.«

»Frau ten Boom, was Sie machen, ist Religionspropaganda. Wir können so etwas in einem kommunistischen Land nicht zulassen.«

Corrie richtete ihren Finger gegen ihn und sagte: »Sie kennen Jesus als Sieger, oder?«

Erst sah er auf ihren Finger, dann auf ihren Gesichtsausdruck, und dann sagte er: »Ja, meine Dame.«

Man brachte die Lautsprecher an, und die ganze Stadt konnte ihre Botschaft hören.

Manche fragen sich, ob die Arbeit und der Glaube von Pastoren, Evangelisten, christlichen Schriftstellern oder Lehrern dem, was sie sagen, gerecht wird. Leben sie authentisch? Corrie wurde zu ihren Lebzeiten eine Legende, und Menschen aus der ganzen Welt erzählten sich Geschichten von Erlebnissen mit ihr. Herman ter Welle, dessen Leben und Arbeit stark von Corrie beeinflusst wurde, sagte: »Sie konnte die horizontale und die vertikale Kommunikation gleichzeitig führen. Sie machte deutlich, dass man seine tägliche Arbeit tun und dabei in ständigem Kontakt zu Gott bleiben kann.«

Ter Welle erzählte von einer Zeit, in der Corrie zu der Full-Gospel-Gemeinde in Holland sprach. Die Versammlung wurde in einem brechend vollen Clubhaus abgehalten. Ein Holztisch auf einem kleinen Podium diente als Rednerpult. Als der Gottesdienst begann, gestand Corrie den Zuhörern: »Ich musste mit Schrecken feststellen, dass ich hinter diesem Tisch stehen soll. Sie können unter ihm durchschauen, und ich habe eine Laufmasche am Bein, die nun jeder sehen kann. Jetzt wissen es alle, und ich brauche mich nicht weiter drum zu kümmern.«

Corrie lehrte ihre Zuhörer mit persönlichen und oft lustigen Illustrationen, dass sie Dinge, die sie störten, aussprechen und nicht verstecken sollten.

Paulus schrieb etwas auf sie Zutreffendes: »... denn ich habe gelernt, mir genügen zu lassen, wie's mir auch geht. ... und kann hoch sein; mir ist alles und jedes vertraut: beides, satt sein und hungern, beides, Überfluss haben und Mangel leiden.« (Philipper 4, 11–12)

Sie hatte viele einflussreiche Freunde, die in hohen Geschäftspositionen oder in der Regierung saßen, Männer wie Bill Middendorf, der frühere Botschafter Amerikas in Holland. Als Corrie einmal zur Amerikanischen Gemeinschaft in Den Haag sprach, in der Middendorf diente, lernte sie bei dieser Gelegenheit auch den sowjetischen Botschafter für Holland kennen. Sie sprach mit ihm über Feindesliebe, aber er sagte ihr, dass man seine Feinde hassen müsse. Corrie, die diese Reaktion nicht erwartet hätte, lächelte breit und gab ihm eines ihrer Bücher.

Einmal wurden zwei junge Christen in einem osteuropäischen Land gefangen gehalten, weil sie christliche Literatur verteilt hatten. Corrie rief Bill Middendorf um 3.00 Uhr nachts an, um ihn zu fragen, ob er sich für die Freilassung dieser zwei Missionare einsetzen könne.

Eines ihrer größten Anliegen war eine Erweckung hinter dem Eisernen Vorhang, und viele ihrer Bücher wurden nach Osteuropa geschmuggelt.

Botschaften, kleine Dörfer, Königshäuser und Gefängnisse: Die ganze Welt war Corries Missionsfeld. Harry Howard, der Kaplan des sehr strengen Gefängnisses San-Quentin, erzählte, wie die Gefangenen geschlossen aufstanden, um Corrie zu applaudieren, nachdem sie die morgendliche Andacht beendet hatte. Das hatten die Gefangenen noch nie für einen Gast in San-Quentin gemacht, aber sie wussten, dass sie einem Ex-Häftling zuhörten, der in einem weitaus schlimmeren Gefängnis als dem ihren gesessen hatte. Howard und seine Frau Elva sagten, dass sie das Privileg hatten, den Traum von einer von Corrie geleiteten Gruppe, die amerikanische Gefängnisse besuchte, verwirklichen zu können. Als Teil der *Association of Christian Prison Volunteers* wurde von Corrie wieder eine Organisation ins Leben gerufen. Nicht viele wurden von Gott dazu gebraucht, Millionen zu erreichen, so wie es Corrie tat, aber eine Geschichte macht uns deutlich, wie sehr sie das Herz einer Dienerin bewahrte.

Eine Frau schrieb ihr:

»Einmal, als ich krank in meinem Bett lag, besuchten Sie mich in meinem kleinen Zimmer ... Sie beteten für mich, aber wollten mehr tun, um mir Ihre Liebe und Freundlichkeit zu erweisen. Es muss ein sehr warmer Tag gewesen sein, und Sie dachten wohl, ein Bad würde mir gut tun. Es war mir etwas peinlich, denn ich war es nicht gewohnt, mich vor anderen auszuziehen, aber ich akzeptierte es, weil ich wusste, dass Gott Sie zu mir gebracht hatte. Später fragte ich mich, warum der Herr sich so um mich kümmerte, dass er sogar die Elite seines Königreichs zu mir schickte. Nie zuvor hatte er einen Engel aus Holland zu mir gebracht, um mir seine Liebe zu zeigen.«

Als Corrie und ihre aufgeweckte, offene Assistentin Ellen um die Welt zu reisen begannen, wurde klar, dass Gott die beiden als Team zusammengebracht hatte. Ellen war eine Krankenschwester, die Corrie pflegen konnte, wenn es nötig war. Corrie war die geistliche Mutter Ellens, wenn diese in ihrem eigenen geistlichen Wachstum mit Schwierigkeiten zu kämpfen hatte. Ellen wusste Corrie richtig zu nehmen, behandelte sie mit Achtung und nahm zu einer anderen Zeit fast eine mütterliche Rolle ein.

Ellen meinte, dass eine der kraftvollsten Illustrationen des Kreuzes, die Corrie benutzte, eine Geschichte war, die sie einer Gruppe Gefangener erzählte:

»Corrie berichtete, dass alle Frauen aus dem Konzentrationslager regelmäßig nackt in eisiger Kälte vor den Augen der Aufseher zu stehen hatten, um von den Ärzten inspiziert zu werden. In diesem Moment konnte Corrie das Kreuz verstehen – wie furchtbar und wie grausam Jesus in seinem Leiden der Welt preisgegeben war, als man ihn ans Kreuz hängte. Als Jesus ans Kreuz genagelt wurde, nahm man ihm seine

Kleider weg, er hing völlig nackt in seinen Qualen, vor den Augen aller Leute. Corrie verstand einen Bruchteil seines Leidens, und es machte sie so dankbar ...

Es war wunderbar zu sehen, wie eine Zärtlichkeit und ein tiefer Respekt für Corrie in den Gesichtern dieser Männer stand, als sie begannen, das Kreuz in einem neuen Licht zu sehen. Sie fühlten, dass Corrie die Schande des Gefängnisses auf Grund ihrer eigenen Erfahrungen verstand, und viele wurden an diesem Abend gesegnet.«

Während Corrie und Ellen fortfuhren, die Paläste und Gefängnisse dieser Welt zu besuchen, konnte man eine neue und eine immer eindringlichere Botschaft von Corrie hören. Sie sprach mit mehr Nachdruck von der Endzeit und dem zweiten Kommen Jesu. Gegen Ende der 60er-Jahre und bis ins nächste Jahrzehnt beinhalteten alle ihre Ansprachen eine Warnung. Sie schrieb:

»Wir glauben, dass in unserer Zeit die prophetischen Zeichen der Endzeit eindeutig sichtbar sind. Heutzutage ist es gut, die Zeitungen mit der Bibel zu vergleichen. Dann verstehen wir, dass Jesus vielleicht schon sehr bald wiederkommt. Vor seiner Wiederkunft wird es noch eine harte Schlacht zu kämpfen geben, darum ist es gut, sich vorzubereiten und uns mit seiner Kraft zu stärken.«

Als sie in die 70er-Jahre ging, wurde diese warnende Botschaft noch stärker. Während die meisten Frauen in ihrem Alter den Verhältnissen um sie herum mit Verzweiflung oder Gleichgültigkeit begegneten, sagte Corrie: »Wir müssen laut verkünden, dass das Ende nahe ist, sodass Menschen aus der Sicherheit ihres Alltagstrotts gerissen werden und auf Gott zu hören beginnen.«

Die Freundin von Botschaftern und Bettlern hatte bald die Möglichkeit, ihre Worte der Ermutigung und der Warnung auf eine neue Weise weiterzusagen. Aus dem Scheinwerferlicht der Medien trat eine überraschte 80-jährige Darstellerin auf die Bühne.

Ein Star wird geboren

1970 verbrachte Corrie in Holland, schwach und krank und überzeugt davon, dass sie nicht länger werde reisen können. Man hatte ihr mindestens fünf Monate Ruhe verordnet, und die Arbeitsverpflichtungen lasteten schwer auf ihr.

Wenn jemand jedoch an der Kraft von Fürbittegebeten zweifelt, muss er sich nur Corries Geschichte ansehen. In der Zeit, in der sie ihre Aktivitäten einschränkte, betete eine Gruppe von Frauen aus Kalifornien, die Corrie als Rednerin auf einem Wochenende der Begegnung in Arrowhead Springs eingeplant hatte, für ihre Genesung. Eine der Frauen schrieb ihr einen Brief: »Der Herr hat gerade zu mir gesprochen und gab mir die Gewissheit, dass sich alles zum Guten wenden wird, mit Ihnen und dem Wochenende, das wir planen.«

Kein menschlicher Arzt hat die heilende Kraft, die unser großer himmlischer Arzt hat. Ellen packte ihre roten Koffer und auf ging es, in das nächste Abenteuer. Es war jedoch auch das erste Mal, dass sie Corrie in einem Rollstuhl durch den Flughafen schob. Von da an wurden die Rollstühle dieser Welt fahrende Evangelistenkutschen. Jeder Flughafenangestellte und Rotkreuzhelfer, der Corrie begleitete, musste gleichzeitig eine Minipredigt über sich ergehen lassen, in der ihm erklärt wurde, was es heißt, wiedergeboren zu sein.

Corrie strebte nicht nach Ruhm, aber was sie schrieb, wurde von Tausenden in der ganzen Welt gelesen. Aber erst in den 70er-Jahren wurden ihre Bücher bekannter. Eines ihrer Bücher war *A Prisoner And Yet*, die ergreifende Geschichte ihres Lebens in Ravensbrück. Das talentierte Schriftstellerteam John und Tibby Sherrill hatte ihre Memoiren gelesen. Während sie mit Bruder Andrew an dem Buch »Der Schmuggler Gottes« arbeiteten, hörten sie von dieser erstaunlichen Dame aus Holland und waren überzeugt, dass sie ihre Lebensgeschichte schreiben sollten.

Die Sherrills und Corrie verstanden sich auf Anhieb, und dieses Arbeits- und Gebetsteam schuf das herausragende Werk *The Hiding Place* (Die Zuflucht), das zu einem Bestseller wurde. Dieses Buch, das in der ersten Person Singular geschrieben wurde, liest sich wie ein Abenteuerroman und wurde Corries Sprungbrett zum Ruhm.

Die christlichen Verlage kamen kaum mit dem Drucken nach, so groß war die Nachfrage nach dem Buch. Ein anderer bekannter Schriftsteller war Jamie Buckingham, den Corrie auf einer Autorenkonferenz traf. Mit ihm entwickelte sich eine neue Zusammenarbeit, aus der ein zweiter Rekord brechender Bestseller entstand. Als Buckingham Corrie zum ersten Mal traf, hatte er den Eindruck, sie sei eine dickköpfige Frau. Er erinnerte sich: »Sie sah an mir herunter und sagte etwas, das wie ›Hrrumph‹ mit holländischem Akzent klang, und begann gleich über den Herrn zu reden. Wir verstanden uns sofort.«

Buckingham wurde zu einem Essen bei Corrie eingeladen. Sie servierte geräucherten Aal und rohen Hering und bat ihn zu wählen. Weil er einen guten Eindruck machen und auch höflich sein wollte, wählte er den Aal, in der Hoffnung, er würde ihm schnell den Hals runterrutschen, denn Fisch war nicht sein Fall. Sein Problem war, dass der Aal genauso schnell, wie er verschwunden war, auch wieder auftauchte, und er musste, so schnell er konnte, im Bad verschwinden.

Als er, gründlich gedemütigt, zurückkehrte, bog sich Corrie vor Lachen. »Wir werden gut zusammenarbeiten. Ein Mann, der sich nicht schämt, wenn er erbrechen muss, wird einige ehrliche Geschichten auf Lager haben.«

Während Buckingham und Corrie Pläne für ihr nächstes Buch, *Landstreicher Gottes,* schmiedeten, fand er heraus, dass Corrie dieses Buch schon mit drei Produzenten besprochen hatte. Es war aber noch kein Vertrag geschlossen worden, und jeder der drei Verleger hatte den Eindruck, Corrie würde das Buch bei ihm herausbringen lassen. Corrie kümmerte sich nicht so sehr um die Veröffentlichung des Buches, es war ihr aber sehr wichtig, so viele Bücher wie möglich unter die Leser zu bringen. Buckingham war gleichzeitig amüsiert und entsetzt über den Gedanken, mit drei Verlegern gleichzeitig an diesem Buch zu arbeiten. Er sagte: »Ich überzeugte sie davon, dass wir – obwohl wir dieses Buch zur Ehre Gottes schrieben und um möglichst viele Menschen zu erreichen – das Buch nur herausbringen können, wenn wir nur mit einem Verlag zusammenarbeiten. Sie fragte mich, ob ich dieses Durcheinander in Ordnung bringen könne.« Trotz der Komplikationen mit der Veröffentlichung wurden beide Bücher, *Landstreicher Gottes* und *The Hiding Place*, zu weltweiten Bestsellern. In der säkularen Welt werden Bestseller, die ein großer Publikumserfolg sind, zur Verfilmung vorgeschlagen. Auf dem christlichen Markt ist dies normalerweise nicht der Fall. Ruth Graham war jedoch die erste Person, die in *The Hiding Place* das Potenzial zu einem Film sah. Sie und Billy waren Freunde von Corrie, trafen sie in den 60er-Jahren und waren stark beeindruckt von dieser Frau, die so viel gelitten und trotzdem ihr Augenzwinkern behalten hatte. Ruth und Billy hatten ihr einen zweiten Namen gegeben: »Gottes fröhliche Dienerin«.

Als die Möglichkeit, einen Film über ihr Leben zu drehen, langsam Gestalt annahm, sah Corrie wieder einen Teil von Betsies Vision, der ganzen Welt von Gottes Liebe und Vergebung zu erzählen, Wirklichkeit werden. Wenn die Aussicht auf einen derartigen Bekanntheitsgrad Corrie unfassbar schien, so zeigte sie es nicht. Im Jahr 1972, kurz nach der Veröffentlichung ihres Buches *The Hiding Place*, schrieb Corrie an Marian Johnson, ihre erste amerikanische Wohltäterin:

»In der nächsten Woche werden wir nach Glendale fahren, um Leute von *World Wide Pictures* zu treffen. Billy Graham ist sehr zufrieden mit dem Buch und denkt, dass man es gut verfilmen kann.

So werde ich mit Sicherheit mehr Menschen erreichen, als es mir je möglich war. Ich bin so dankbar. John Sherrills Buch *The Hiding Place* verkauft sich gut und hat mir viele Türen und Herzen geöffnet. Im April werde ich 80 Jahre alt, und es sieht so aus, als gäbe mir der Herr mehr und mehr schöne Aufgaben zu tun. Ich fühle mich beschenkt.

Gott gebraucht Ellen auf viele Weise. Ihre Zeugnisse haben viel Kraft und bringen immer Segen. Wir sind beide glücklich, in den USA zu sein.«

Als die Konferenzen und Planungen für den Film voranschritten, wurde in den vielen Vorbereitungen deutlich, dass der Film *The Hiding Place* eine neue Art christlicher Film werden würde. *World Wide Pictures,* eine Filmgesellschaft, die zu der *Billy Graham Association* gehört, arbeitete mit einer kreativen Professionalität, die es mit anderen Filmgesellschaften aufnehmen konnte.

Die talentierten Leute, die dort zusammen arbeiteten und beteten, sollten nun einen Film drehen, der das Konzept der christlichen Filmarbeit maßgeblich ändern würde. Corrie hatte häufig Edgar und Thelma Elfstrom besucht, bevor sie nach Südkalifornien zog. Edgar war ein prominenter Zeitungsverleger, der im Vorstand von Corries *Management Organisation* saß. Er unterstützte die Verfilmung und war maßgeblich an der Realisierung des Projektes beteiligt.

Bill Brown, der Produzent des Films, und andere, die mit ihm arbeiteten, sahen sich vor Herausforderungen gestellt, die weit über dem waren, was sie bis dato bei dem Produzieren von religiösen Filmen bewältigen mussten. An einem Tiefpunkt während der Arbeit sah es einmal so aus, als müssten sie das Projekt aufgeben. Ihr Budget beschränkte sich auf ganze 1,5 Millionen, eine kleine Summe im Vergleich zu den Millionenprojekten für normale Hollywood-Produktionen. Sie hatten nicht einmal genug Geld, um richtig anzufangen. Dann passierte ein neues Wunder in Corries Leben. Einige Freunde riefen sie an und versprachen ihr große Summen für ihren Film.

Wenn Corrie etwas benötigte, sagte sie gewöhnlich: »Unserem himmlischen Vater gehören die Kuhherden auf tausend Hügeln. Wir werden ihn bitten, eine Kuh zu verkaufen.«

Ihre Reaktion auf das Geld, das plötzlich zur Verfügung stand, war: »Preist den Herrn, er hat eine Kuh verkauft!«

Um das Projekt zu unterstützen, entwickelte Bill Brown einen besonderen Plan: Mit Corries über 4000 Freunden und Fans auf der ganzen Welt hatte er bald viele Menschen, die versprachen, regelmäßig für das Filmprojekt zu beten und Geld zu geben.

Während diese Menschen beteten, bereitete Gott talentierte Menschen vor, diesen Film herzustellen. Eine Schlüsselperson im Filmgeschäft ist der Filmdirektor, aber als man den sehr begabten Direktor Jimmy Collier fragte, ob er die Arbeit übernehmen würde, brachte er nur heraus: »Ich kann nicht.«

Warum schlug er ein so verlockendes Angebot aus? Collier erinnerte sich gut an die lebendigen Eindrücke, die der Holocaust auf ihn hatte, als er noch ein Schuljunge war. »Ich war fasziniert und gleichzeitig angeekelt. Ich identifizierte mich stark mit den von ihrer Familie getrennten Menschen, und damit kam eine furchtbare Dunkelheit über mich. Ich konnte nicht damit umgehen.«

Collier war wie für die Aufgabe geschaffen. Er hatte den Film »Sein Land« in Israel gedreht, und er liebte und identifizierte sich stark mit den Juden. Er wusste jedoch auch, dass sich die Welt nicht viel um den Holocaust scherte, und der Gedanke, einen Film über diese Zeit zu drehen, machte ihn fast krank.

Er betete eine lange Zeit und bat Gott, ihm zu zeigen, ob er der richtige Mann sei, um diesen Film zu drehen. Eines Tages las er etwas in der Bibel, das ihm half, eine Entscheidung zu treffen. »Dafür mühe ich mich auch ab und ringe in der Kraft dessen, der in mir kräftig wirkt.« (Kolosser 1,29)

Die darauf folgende Beziehung des redegewandten und begabten Filmdirektors mit Corrie, der Frau, die mit über 80 Jahren noch zum Filmstar wurde, resultierte in fünf gemeinsamen Filmen. Die Teamarbeit begann mit *The Hiding Place,* einem Film, in dem Collier sich tief in die Gedanken und Gefühle Corries hineinversetzte, denn er wollte mehr als eine oberflächliche Darstellung der Ereignisse des Buches liefern.

Jahrelang hatte Corrie ihre Geschichte erzählt. Ihre Persönlichkeit und die ihrer Familienmitglieder durch Schauspieler aus Fleisch und Blut wiederzugeben, würde mehr benötigen, als einen Text zu sprechen. Collier wurde der Vermittler zwischen Corrie und den Schauspielern, die ihre Familie darstellen sollten.

Er sagte: »Es war mir möglich, wichtige Dinge aus ihr herauszubekommen. Viele schmerzvolle Geschichten aus ihrer Zeit im Gefängnis. Ich glaube, es gab einen Schutzwall um Corrie und Betsie, sie haben scheinbar viele schreckliche Dinge um sie herum in den Baracken gar nicht wahrgenommen.«

Von Collier bis hin zu den Schauspielerinnen und Schauspielern, die den Film lebendig machten, schien Gott die Wahl der richtigen Mitarbeiter für den Film zu treffen. Eine Rolle, die viel verlangte, war die der Corrie, die von Jeannette Clift gespielt wurde, einer talentierten Broadway-Schauspielerin, die allerdings keine Filmerfahrung mitbrachte. Ein langjähriger Hollywoodstar, Julie Harries, spielte die Rolle der Betsie. Arthur O'Connell, ein Mann, der schon in 50 Filmen mitgewirkt hatte, stellte Vater ten Boom so treffend dar, dass Corrie Tränen in den Augen hatte, als sie ihn das erste Mal in seiner Rolle sah. Eileen Heckart, eine Oskar-Preisträgerin, spielte Katje, eine Mitgefangene im Konzentrationslager. Eine beachtliche Besetzung für eine so kleine Produktion!

Fünf Monate lang arbeiteten Filmcrew und Schauspieler in Holland und in England an diesem aussagekräftigen Film. Während der Dreharbeiten beteten Corrie und Tausende mit ihr für die Arbeit. Die Unterstützung der Dreharbeiten durch die Hiding-Place-Familie war eine einmalige Sache in der Filmgeschichte.

Collier berichtete von einer lustigen Begebenheit während der Produktion. Als man sich für den Drehort der Beje entschieden hatte, wurde das Haus im Rotlichtbezirk von Haarlem nachgebaut. Während der Filmarbeiten wurde der Verkehr in der Gegend beruhigt, und das verärgerte die Prostituierten, die ihre Kundschaft verloren. Eines Tages kamen diese Damen in das Produktionsbüro und verlangten Bezahlung, weil ihre Geschäfte schlecht liefen.

Wie würden Sie sich fühlen, wenn sich Ihre Lebensgeschichte in lebendigen Farben vor Ihnen wiederholte? Corrie konnte keine distanzierte Beobachterin sein; sie war ihren Gefühlen ausgeliefert. Nachdem sie den Dreharbeiten zugesehen hatte, schrieb sie: »Es war sehr eigenartig, in das Uhrengeschäft zu gehen und dort deutsche Soldaten anzutreffen. Es durchfuhr mich wie ein Blitz, aber ich konnte auch wieder erfahren, wie tief und großartig Gottes Vergebung ist. Der Schauspieler, der Papa darstellt (und ihm sehr ähnlich ist), und die Schauspielerinnen, die Betsie und mich darstellen, traten alle gemeinsam auf die Straße. Was für ein großer Moment; vor mir stand die ganze neue Familie.«

Während der Dreharbeiten schickte Ellen Gebetsbriefe an Freunde. Eines ihrer größten Anliegen war es, dass jedes Crew-Mitglied vom Heiligen Geist berührt würde und die Christen unter ihnen zeigen würden, dass Jesus Christus die Wahrheit, das Leben und der Weg ist, auch wenn Schwierigkeiten auftauchen würden und der Teufel ihre Schwächen ans Licht bringen wollte.

Manchmal war die Anwesenheit von Corrie am Drehort nervenaufreibend. Am letzten Tag der Dreharbeiten brachte der Produzent Frank Jacobson sie mit, um ihr eine Szene zu zeigen. Jeannette, als Corrie, sollte durch das Tor von Ravensbrück der Freiheit entgegenhumpeln, verwirrt über die unerwartete Befreiung aus dem Todeslager. Es störte Jeannette, dass Corrie ihr zusah, und die Szene wollte nicht klappen. Collier erinnerte sich später an den Tag: »Schließlich konntest du nicht einfach zu Corrie gehen und sie bitten zu gehen. Es war ihr Leben.«

Endlich beendete Jeannette, die großartige Schauspielerin, die Szene unter dem zustimmenden Nicken Corries.

Im Sommer 1975 wurde der Film fertig gestellt und mit der unvergesslichen Musik Ted Smiths, Billy Grahams Pianist, unterlegt. Corrie und Ellen hielten sich in Haarlem auf, wo sie mit mir an dem dritten großen Buch *In My Fathers House* (Kleines Haus mit offenen Türen) arbeiteten, als man Vorbereitungen traf, eine Vorabpremiere des Films im Theater am Großen Markt zu zeigen, wo vor über 30 Jahren die

Deutschen versucht hatten, die Einwohner zu ängstigen und zu demoralisieren. Einladungen waren an Freunde in Haarlem und der Umgebung gegangen, und es herrschte eine gespannte Atmosphäre, als der Film begann. Viele Zuschauer waren Komparsen im Film gewesen, andere hatten noch lebendige Erinnerungen an den Zweiten Weltkrieg. In der Szene, in der Corrie und ihre Familie verhaftet wurden, stieß eine Frau im Zuschauerraum einen Schrei aus und verließ fluchtartig den Raum durch die Hintertür. Während der grausamen Szenen im Konzentrationslager verließen weitere Personen den Raum. Corrie bemerkte diese Dinge gar nicht, sie war nur auf die Geschichte konzentriert, die sich vor ihren Augen entfaltete.

Die Weltpremiere wurde auf den 29. September 1975 festgelegt und sollte im Herzen des Glamours, Beverly Hills, Kalifornien, stattfinden. Billy Graham und Dale Rogers, Pat Boone, die Stars des Filmgeschäfts und Hunderte andere Prominente wurden eingeladen. Aber der eigentliche Star war die Großmutter des Ganzen, die lebendige Dame in einem bunten Kleid: Corrie selbst.

Die Zuschauer waren gerade ruhig geworden, als man einen lauten Knall hörte, es hörte sich an wie ein Schuss, und nach einem kurzen Durcheinander wurde den Anwesenden mitgeteilt, sie sollten den Saal verlassen. Die Zuschauer gingen ruhig nach draußen, und schon bald war der Saal mit Tränengas gefüllt. Später fand man heraus, dass ein Mitglied der amerikanischen Nazipartei die Bombe gelegt hatte, offensichtlich weil in dem Film *The Hiding Place* die Liebe zu den Juden deutlich wird und er diese hasste.

Wie Corrie in ihrer entwaffnenden Einfachheit sagen würde: »Der Teufel ist stark, aber Jesus ist stärker.« Die Bombenexplosion hätte in einer Katastrophe enden können, führte letztendlich aber zu einem Triumph. Cliff Barrows, Billy Graham, Pat Boone, Corrie und andere begannen draußen Lieder zu singen, und eine altmodische Straßenversammlung fand mitten im vornehmen Beverly Hills statt. Diese äußerst erfolgreiche Reklame, die der Film auf diese Weise erhielt, hätte Tausende von Dollars gekostet.

Corrie war jedoch anfänglich niedergeschlagen. Die ganze Arbeit, das Planen und die ausführlichen Arrangements schienen umsonst gewesen zu sein. Ihr holländischer Arzt, Dr. Hans Moolenburgh, eilte sofort an ihre Seite in der Sorge, dass die Anstrengung des Abends zu viel für sie war. Corrie hörte sich die Reden der bedeutenden Persönlichkeiten auf der Bühne vor dem Theater an, drehte sich zu Dr. Hans Moolenburgh um und sagte: »Hast du gehört, was Billy Graham sagte? … dass ich einer von Gottes größten Heiligen wäre.« Dr. Moolenburgh, der neben ihrem Neffen Peter van Woerden stand, antwortete: »Rede keinen Unsinn, Tante Corrie, Peter und ich wissen beide, dass das nicht wahr ist.«

Als man begann, den Film im ganzen Land zu zeigen, reichten die Kritiken von zynisch bis überschwänglich. Ein Kritiker bezeichnete ihn als »schwierigen Kauf«. Die Kritik war: »Corrie ten Boom ist ohne Zweifel ein wunderbarer Mensch, aber sie versucht ebenfalls die Bibel zu verkaufen und das, was Billy Graham in ihr liest.«

Eine andere positive Beurteilung war voller Lob: »Ich weiß nicht, ob das fertige Produkt, das bald in den Kinos des ganzen Landes anlaufen soll, einen Academy Award gewinnen wird oder nicht. Aber wenn solch ein Preis für Integrität, Feinfühligkeit, Menschlichkeit und Geist vergeben wird, dann hat dieser Film ihn verdient.«

Corrie wurde der Liebling aller amerikanischen evangelikalen Christen und die am meisten gefragte weibliche Rednerin der Welt. Wo sie auch hinging, man erkannte sie. Manche wollten sie umarmen, dann rief sie schnell ihre Begleitung: »Bitte, Ellen, halte mir diese Klammeraffen vom Hals!«

Corrie war kein Mensch, der Reichtum anhäufte. Sie hatte die Leitung einiger Organisationen und leitete das Geld, das sie erhielt, weiter an weltweite christliche Dienste, die es nötig hatten. Ihre Finanzen, Verpflichtungen, Redner- und persönliche Angelegenheiten wurden über *Christian Incorporated* abgewickelt. Walter Gastil, ein pensionierter Versicherungsangestellter, war der Erste, der ihr Management-Team führte. Ein Kommentar in einem Protokoll einer Leiterversammlung aus dem Jahr 1974 macht den Einfluss deutlich, den diese Frau auf der ganzen Welt hatte. Es hieß knapp und bündig: »Corrie ist zu einem gigantischen Unternehmen geworden.«

Alter spielte keine Rolle, die Gesundheit war unwichtig, Corrie machte weiter, und niemand konnte leugnen, dass diese Kraft von einer höheren Quelle gespeist wurde. Einmal lud man sie ein, in Jerusalem auf einer Konferenz, zu der vier- bis fünftausend Menschen erwartet wurden, zu sprechen. Sie war der Star der Konferenz und redete über eine Stunde. Schließlich sagte sie: »Ich höre jetzt besser auf, sonst werden Sie noch müde.«

Als die Schmeicheleien zunahmen, waren Corries Reaktionen auf ihre Verehrer häufig sehr schroff. Vor allem Fotografen, die plötzlich auf sie zustürmten und sagten: »Lächle mal, Tante Corrie«, konnte sie überhaupt nicht leiden. Einmal drehte sie sich zu so einem Fotografen um und sagte: »Ich rede hier über Gott und nicht über mich.«

Während eines Besuchs in Israel überreichte sie die zweimillionste Kopie des Film *The Hiding Place* an Golda Meir und ging dann mit ihr in ihre privaten Räume in der Knesset, um mit ihr für den Frieden zu beten.

Kathryn Kuhlman, auch eine Frau im Predigeramt, war zur gleichen Zeit in Jerusalem und rief eines Abends nach Corrie. Sie hatte Schwierigkeiten mit ihrer Gabe der Krankenheilung und sagte Corrie, sie könnte nicht verstehen, warum der Heilige Geist einen alten Mann heilen würde und ein junges Mädchen sterben ließe. Es ist gut zu wissen, dass unsere geistlichen Leiter die gleichen Fragen bewegen, die einen jungen Christen quälen. Corrie redete bis tief in der Nacht mit Kathryn Kuhlman, obwohl es nicht besonders gut um ihre Gesundheit bestellt war.

In Israel erlitt Corrie einen leichten Herzinfarkt, aber war schon nach zwei Tagen wieder auf den Beinen und setzte ihre Arbeit fort. Als sie das Land verließ, klopfte ihr ein besorgter Flugbegleiter geflissentlich auf die Schulter und sagte: »Meine Dame, haben Sie keine Angst, ich bin in den letzten zehn Jahren in über 35 Länder geflogen, und noch nie ist etwas passiert.«

Corrie wurde von Dr. Moolenburgh in ihrem Rollstuhl geschoben, der sie zur Konferenz in Jerusalem begleitet hatte. Sie sah den Flugbegleiter an und sagte in einem Ton, den man von einer schwachen Person, für die man sie halten konnte, nicht erwartete: »Mein lieber Mann, ich habe in mehr als 64 Ländern gearbeitet, und mir ist auch nie etwas passiert ... seien Sie also ganz unbesorgt.«

Der Steward sah in das runzelige Gesicht, auf ihre aufgewickelten grauen Haare und sagte zu Dr. Moolenburgh: »In 64 Ländern, ist das wirklich wahr?«

Corries Leben übersteigt jede Vorstellung!

Hunderte von Anfragen wurden noch immer an *Christian Incorporated* gerichtet. Dutzende Babys wurden nach ihr benannt, und sogar ein Hund bekam ihren Namen. Sie wurde eine der »Großen Frauen unserer Zeit« genannt oder »Eine der schönsten Menschen dieser Zeit«, sie erhielt mehr Anerkennungen, als die meisten Menschen vertragen würden. Sie lehnte es ab, großer Marshal der Pasadena

Rose Parade zu werden, zuckte nur mit den Schultern und antwortete mit einer für sie typischen Aussage: »Ich glaube nicht, dass das wichtig ist.« Sie war eine Frau, die sich nicht von Umständen überwältigen ließ.

Als sie anfing, im Fernsehen bei den Billy-Graham-Evangelisationen zu sprechen, und zu dem bekannten Kreis von Evangelisten zählte, wurde ihre Botschaft von dem zweiten Kommen Christi immer dringlicher. Sie schrieb in ihrer eigenen Zeitschrift, *The Hiding Place:*

»Wenn wir ins Jahr 1977 gehen, ist die Wiederkunft Jesu Christi wieder ein gutes Stück näher gerückt. Wir können bald mit ihm rechnen. Lasst uns nach ihm Ausschau halten und seine Wiederkunft erwarten. Zwei Bücher der Bibel, aus denen ich oft praktische Hilfe erfahren habe, sind die Briefe des Paulus an Timotheus. Zweimal schreibt Paulus in diesen Briefen über ›den guten Kampf kämpfen‹. Er sagt nicht: ›Sieh zu, dass du gut kämpfst‹, sondern: ›Kämpf den guten Kampf‹.«

Diese alte Kämpferin kämpfte einen guten Kampf.

Der Heiligenschein wird eng

Ruhm kann sehr anstrengend sein, weil er vergänglich ist. Viele, die ihn erreicht haben, haben das Gefühl, endlich die gerechte Belohnung für ihre harte Arbeit zu bekommen. »Ich habe es verdient«, ist ihre Haltung. Für Corrie war dieser Ruhm nur ein Teil von Gottes Plan und nicht der Höhepunkt ihrer persönlichen Anstrengung. Sie erlebte ihn manchmal als Vergnügen und manchmal als Belastung.

Aber sie wurde eine Heldin in einer Zeit, in der Amerika nach Helden verlangte. Eine ihrer holländischen Freundinnen sagte einmal: »Amerikaner verwöhnen ihre Prediger.« Corrie wusste das und genoss es. Oft wenn sie nach Holland zurückkehrte, sagte sie: »Es ist sehr schwer, hier zu predigen.« Sie hatte weder das Publikum noch die Verehrung, die sie in den Vereinigten Staaten bekam. Ein Grund war sicher, das dort viele ihre Erlebnisse des Zweiten Weltkriegs teilten, aber nie die Aufmerksamkeit bekamen, die sie genoss. Die Kritik ihrer Landsleute ließ jedoch ihre Botschaft der Vergebung und die selbstlosen und opferbereiten Reisen, die sie so viele Jahre um die ganze Welt machte, außer Acht.

Während Hunderte von Nachfragen nach Corrie die *Christian Incorporated* erreichten, entschieden die Vorsitzenden, dass man, um ihre Kraft zu schonen, weniger, dafür aber größere Veranstaltungen für Corrie organisieren müsste. Billy Graham nahm sie auf seine Evangelisationen mit; sie wurde für das Fernsehen interviewt; Tausende hörten sie in Sportstadien und weitere warteten vor den Toren.

Nun war aus ihrer Begleiterin Ellen eine kompetente Organisatorin von Reisen, eine gute Briefeschreiberin und Rednerin geworden. Und dann, auf der Höhe von Corries Aktivitäten und ihrer Bekanntheit, verliebte sich Ellen. Sie hatte nie geglaubt, dass Gott sie berufen hätte, ehelos zu bleiben, wie er das bei Corrie getan hatte. Als die Jahre dann vorüberflogen und sie im Schatten Corries durch die Welt reiste, begann sie zu bezweifeln, dass es einen Mann für sie gäbe. Sie wartete und betete, und als Corrie an der Oral-Roberts-Universität sprach, traf Ellen den Kaplan Bob Stamps, der zu ihrem Ehemann werden sollte. Aber wie konnte sie es Corrie nur sagen?

Corrie war vielleicht alt, aber sie war nicht dumm. Sie nahm die Zeichen der Liebe zwischen Ellen und Bob war, bevor sie es selber wussten, und begann um eine neue Begleiterin zu beten.

An einem Sonntagnachmittag im Jahr 1976 betete auch eine hübsche junge Frau aus England, Pam Rosewell, darum, den Willen Gottes in ihrem Leben gezeigt zu bekommen. Sie hatte gerade Epheser 2,10 gelesen: »Denn wir sind sein Werk, geschaffen in Christus Jesus zu guten Werken, die Gott zuvor bereitet hat, dass wir darin wandeln sollen«, als Ellen sie anrief und ihr sagte, Tante Corrie wolle sie sehen.

Pam hatte sieben Jahre für Bruder Andrew gearbeitet und war keine Unbekannte für Corrie. Pam wusste, dass die »guten Werke«, die Gott in ihr vorbereitet hatte, nun als neue Begleiterin für Corrie zum Einsatz kommen würden. Es stellte sich als wahrer Sturm heraus! Von Sitzungen mit Verlegern zu Universitäten, um Ehrungen anzunehmen, vom Kanadischen Fernsehen zu einer Konferenz in einem christlichen Zentrum in Kalifornien, alles in den ersten Wochen, die eine große Herausforderung an Pams Organisationstalent waren. Sie lernte es, Corrie durch dichte Menschenmengen zu geleiten, immer Wasser für das Rednerpult bereit zu halten, sie achtete darauf, dass keine Blitzlichtaufnahmen gemacht wurden, während sie sprach, und sie war neben ihren Aufgaben als Helferin in allen Notlagen Reiseveranstalterin und Vertraute. Pam war forsch, britisch, effizient und hatte die Härte, die das Leben mit einer Berühmtheit voraussetzte. Sie versuchte Corrie von den vielen Ansprüchen an sie abzuschirmen.

Corrie konnte jedoch nicht vor sich selbst abgeschirmt werden. Sie war eine Arbeiterin, eine Visionärin, eine Leiterin mit hohen Ansprüchen. Wenn man bei Corrie war, gab man ihr die ganze Aufmerksamkeit, nicht weil sie Zuwendung wollte, sondern auf Grund der Dringlichkeit, mit der sie ihre Arbeit tat. Die unwichtigen kleinen Dinge dieses Lebens traten dabei in den Hintergrund.

In ihrem 85. Lebensjahr gab Gott Corrie einen neuen Plan für ihr Leben. Sie zog in ein wunderschönes Haus in Kalifornien, in dem sie ein eigenes Bett besaß, einen Platz zum Sitzen und um ihre Bücher zu diktieren, ein Esszimmer, um Freunde zu bewirten, eine Orgel und einen Garten voller Blumen und Vögel. Sie schrieb an Marian Johnson, ihre langjährige Freundin:

»Ich habe es immer gut geschafft, als Heimatlose zu leben, und wenn ich Mitleid mit mir hatte, sagte ich: ›Herr Jesus, du hast so viel für mich gelitten. Wenn ich nun etwas für dich leiden muss, dann will ich es tun.‹ Und ich war glücklich mit der Arbeit, die Gott mir gegeben hat. Aber wo ich nun nicht mehr heimatlos bin, bin ich unendlich glücklich über mein Zuhause und glaube, dass es ein fruchtbarer Ort für die Arbeit des Herrn sein wird. Bete für die Bücher, die hier entstehen werden.«

Corrie liebte Amerika und sah die vielen Möglichkeiten, die die Massenmedien ihr boten, um die Botschaft, die Gott ihr ans Herz gelegt hatte, unter die Menschen zu bringen, und sie war sich sicher, dass es sein Wille war, dass sie sich in ihrer Wahlheimat dieses Zuhause eingerichtet hatte. Im Januar 1977 gab das Konsulat der Vereinigten Staaten in Holland Pam und Corrie die Erlaubnis, so lange in den USA zu bleiben, wie sie wünschten.

In Holland wurde die Beje zu einer großen Attraktion, die Tausende Menschen aus aller Welt anzog. Als sie dann für den Tourismus geschlossen wurde, schienen für Corrie alle Brücken in ihr Heimatland abgebrochen.

Corrie war so froh über ihr Haus in Kalifornien. Freunde gaben ihr Geschenke zum Einzug, und Frauen aus den benachbarten Kirchen versorgten sie mit allem Nötigen, von Töpfen bis zu Pflanzen. Ihre Freundin, Betsy Chapple, half mit der Inneneinrichtung und versuchte dem Haus einen holländischen Charakter zu geben. »Ich fand es schwierig zuzusehen, wie Corrie, die immer eine Geberin gewesen war, nun voller Dankbarkeit die Nehmende wurde. Erst wollte sie sich nichts schenken lassen, aber alle waren so bedacht darauf, etwas für sie zu tun.«

War Haus Shalom ein Altersruhesitz? Corrie kannte die Bedeutung des Wortes nicht. Sie sagte: »Der Herr hat mir gesagt, ich werde hier fünf Bücher schreiben und fünf Filme drehen.« Niemand widersprach ihr, wenn sie »Der Herr hat mir gesagt« sagte. Aber die Skeptiker zählten an den Fingern ab. Sie hatte Recht gehabt mit den fünf Filmen, mit den fünf Büchern lag sie jedoch falsch. Sie schrieb sechs bis zu ihrem ersten Schlaganfall.

Als sie mit ihrer disziplinierten Arbeit begann, bei der ihr ihre kompetente Sekretärin half, verblüffte Corrie alle. Sie gab denen Hoffnung, die Angst vor dem Älterwerden haben, setzte sich weiterhin Ziele und stellte sich Herausforderungen. In ihrem Buch *A Tramp finds a home* schreibt sie:

»Der Herr Jesus hat den ersten Platz in diesem Haus. Er hat uns viel wichtige Arbeit zu tun gegeben, und weil wir seinen Willen tun, segnet er dieses Haus.

Neben dem Bücherschreiben und den Filmen gibt es Fürbitte in diesem Haus, persönliche Seelsorge, auch am Telefon und in Briefen. Indem wir Bücher und Zeitschriften lesen, die uns mit den nötigen Informationen versorgen, bleiben wir auf dem Laufenden, lokal, national und international.«

Eine Weise, wie Corrie versuchte ihre Reden noch weiter zu verbessern, war, sich Videos von ihren Reden anzusehen. Sie kritisierte ihre eigene Vortragsweise und Methode und bat andere, das Gleiche zu tun. Jimmy Collier sagte von ihr: »Sie ist wie für die Medien gemacht«, und Jeannette Clift nannte sie »die beste Darstellerin, die ich kenne«.

Es gibt kein Leben ohne die gewöhnlichen Herausforderungen, und eine davon sind Klempnerarbeiten. Eines Nachts platzte der Heißwasserkessel des Hauses, und Corrie lief zu den Nachbarn, um ihnen zu sagen, dass bei ihr das Wasser knöcheltief in der Küche stehe und sie keine Ahnung hätte, was zu unternehmen sei. Die Feuerwehr wurde gerufen und kam mit Sirenengeheul angefahren, die Feuerwehrleute pumpten das Wasser ab, und ein Menschenauflauf bildete sich auf der Straße. Corrie sah den vier Feuerwehrleuten zu, wusste, dass sie zwar ein Publikum hatte, aber nur wenig Zeit, um zu ihnen zu sprechen. Sie fragte: »Kennt ihr Männer Jesus Christus? Er ist ein Freund von mir, und ich würde ihn euch gerne vorstellen.«

Die Feuerwehrmänner arbeiteten weiter und dachten zweifellos: Was für eine Verrückte ist denn diese alte Frau? Lasst uns schnell machen und sehen, dass wir hier wegkommen.

Corrie gab jedem ein Exemplar von *The Hiding Place* und ging nach draußen auf die Straße und dankte ihnen für ihre Hilfe, die so nötig gewesen war. Aber was sie nun zu sehen bekam, hatte sie nicht erwartet: Ihre Nachbarn, von denen sie nicht einmal alle kannte, standen draußen und sahen sich den Tumult an. Nachdem sie ihnen erzählt hatte, was in ihrem Haus passiert war, sagte sie: »Ich bin Corrie ten Boom, und ich wollte schon lange meine Nachbarn kennen lernen. Kennen Sie meinen Freund Jesus? Ich würde ihn Ihnen gerne bei Gelegenheit vorstellen. Wie wäre es, wenn Sie nächsten Dienstagabend um 19.00 Uhr vorbeikommen würden und wir uns miteinander bekannt machen?«

Durch einen kaputten Heißwasserkessel fanden wieder einige Menschen in Gottes Familie, und mit ihnen wurde eine Bibelgruppe ins Leben gerufen.

Corrie, die Legende, war ein Wunder ihres Jahrhunderts, eine Frau, die sich Gott ganz unterstellte und alles, was sie unternahm, für ihn tat. Wäre sie eine Schauspielerin in der säkularen Welt gewesen, hätte sie sicherlich einige Preise gewonnen. Wäre sie eine Romanschriftstellerin geworden oder hätte sozialkritische Schriften verfasst, wäre ihr möglicherweise der Nobelpreis verliehen worden. Aber Gott hatte sie erwählt, weil sie ein verfügbares Werkzeug war.

Es ist jedoch gefährlich einen Menschen zu vergöttern, und Corrie war ein Mensch wie jeder andere, aber mit einer besonderen Bereitschaft zum Gehorsam. Ein Pastor aus Virginia, James Parker, schrieb: »Corrie ist eine von Gottes größten Dienerinnen dieses Jahrhunderts, und doch ist sie auch für jeden, der sie kennt, eine besondere Persönlichkeit und keineswegs die süße alte Dame, für die sie viele Christen halten.«

Corrie wollte im Mittelpunkt stehen, wenn sie ihre Botschaften verkündete oder von ihrer Arbeit berichtete. Wenn das Thema gewechselt wurde oder es sie nicht länger interessierte, sagte sie gelegentlich, dass sie müde sei und ein Nickerchen halten wolle. Sie konnte sehr ungeduldig werden, wenn sie das Gefühl hatte, man konzentriere sich nicht auf sie. Als ich mit ihr an *In my Father's House* arbeitete, stoppte sie manchmal mitten in der Arbeit, und während ich nach dem richtigen Wort suchte, betete sie: »Vater, hilf Carol, klar zu denken und gib ihr Weisheit für ihre Fragen.« Und ohne eine Pause fuhr sie fort: »Was war nun deine Frage?«

Eine Freundin von ihr sagte einmal: »Bitte, schreiben Sie keine weitere Corrieologie. Davon haben wir genug.« Ob es nun ein zutreffendes Anliegen war oder nicht; nichts kann das Ausmaß des Einflusses dieser Frau auf das Leben so vieler Menschen verkleinern. Viele Menschen schrieben mir und sagen, sie seien »Corries beste Freunde«, oder »wir kennen sie wie niemand sonst«. Sie hatte viele Freundinnen; aber generell war sie lieber unter Männern. Die Männer in ihrem Leben waren diese starken Persönlichkeiten, erfolgreich in ihrer eigenen Arbeit, die Corrie unterstützten, sie aber nicht idealisierten. Bill Butler leitete mit seiner Frau Bettie die *Christian Incorporated.* Er sah sie dort, wo die Menschen ihren eigentlichen Charakter offenbaren: wenn es um Geld geht. Bill sagte: »Corrie hatte weniger Fehler als die meisten Menschen, die ich kenne. Sie weigerte sich, sich an Schund zu beteiligen, hörte weder auf Klatsch, noch befasste sie sich mit unguten Dingen, und die Bibel war immer in ihrem Bewusstsein. Geld bedeutete ihr nichts ... sie gab alles weiter.«

Die Arbeit Corrie ten Booms weitete sich aus. Viele Missionsprojekte auf der ganzen Welt unterstützte sie mit ihren Einnahmen. Sie wurde mehr als eine missionarische Schriftstellerin, sie wurde zu einer Institution.

Die Butlers berichteten: »Wenig Christen nehmen Risiken auf sich. Corrie ist immer Risiken eingegangen, und als die großen Zeiten kamen, war es nur eine weitere Herausforderung für sie. Gott hat mit ihr eine große Führerin ihrer Zeit geschaffen – eine, die durch Situationen ging, die wir fürchten, um uns zu zeigen, dass er sich um uns kümmert.«

Eines ihrer Hauptthemen, vor allem in ihren späteren Jahren, war die Prophetie. Corrie sagte einmal, dass sie sich gut mit Hanna, einer Prophetin der Bibel, identifizieren könne. Herbert Lockyer schreibt in seinem Buch *All The Women Of The Bible* (Die Frauen der Bibel): »Prophezeien bedeutet, die göttliche Botschaft weiterzugeben, und Hanna war eine Frau, die

Ereignisse im Voraus und im Nachhinein verstand und durch die Gott zu anderen sprach.«

James Parker sagte: »Corries Botschaft an die Gemeinde Christi ist: ›Kein Abgrund ist tiefer als Gottes Liebe; und in jeder Situation, egal wie die Umstände sind, ist Jesus Sieger!‹ Dies ist eine wunderbare Botschaft, weil es auch eine Botschaft der Hoffnung ist, die auf dem ewigen Versprechen der Liebe Gottes beruht und nicht auf den Umständen, in denen wir leben. Wir glauben Corrie, weil sie die Hölle eines Konzentrationslagers erlebt hat und nun zu uns kommt, um uns zu sagen, dass Jesus auch in den dunkelsten Umständen bei ihr war und sehr wohl der Sieger ist. Dies ist vor allem ermutigend für die unter uns, die in diesen turbulenten Zeiten leben.

Ich glaube, dass Corries Arbeit ihr Leben auf dieser Welt weit überschreiten und weiterhin Millionen von Menschen mit Hoffnung und Liebe füllen wird, bis zu dem Tag, an dem Jesus wiederkommt.«

Corrie erzählte mir einmal, dass sie glaubte, ihre 33-jährige Arbeit sei dazu da gewesen, die Kirche auf das bevorstehende Leiden vorzubereiten. Dann hätte ihre Arbeit nicht nur darin bestanden, Hoffnung und Ermutigung zu bringen, sondern wäre eine prophetische Vorbereitung auf das gewesen, was der Kirche bevorsteht.

Gott stellte Corrie Menschen an die Seite, die ihre Visionen auf praktische Weise ausführen konnten. Jim Collier war einer von ihnen. Als sie ihn anrief und sagte: »Der Herr hat mir gesagt, dass wir fünf Filme miteinander machen werden«, war Collier nicht klar, ob er das glauben sollte, aber er kannte Corries Entschlossenheit noch nicht. Etwas, was sie schon lange machen wollte, war, ein Film für Gefangene zu drehen. Jimmy sah Corrie an und dachte an die Bewohner der modernen Gefängnisse. Sie stand vor ihm, über 80 Jahre alt, und wollte sich an diese jungen, fast ausschließlich schwarzen Kriminellen wenden. »Ich hatte alle Zweifel, die man haben kann, also dachte ich mir Fragen aus, um sie von ihrem Plan abzubringen. Ich saß da und bombardierte sie mit Fragen.«

»Corrie, wir werden ein Spiel spielen – ich werde die Dinge sagen, die all die sagen würden, mit denen du es dann zu tun hast.«

Ihre Augen blitzten, denn sie liebte Spiele und Improvisationen. Es machte ihr Spaß.

»Sieh mal, meine Dame, ich bin bloß eine Nummer im Computer. Wenn Sie fertig mit Ihrem Gottgefasel sind, gehen Sie einfach raus hier, und ich bleibe weiter hinter Gittern.«

Corrie antwortete dem Fantasiegefangenen und sprach über das Gefühl, bloß eine Nummer zu sein. Während Collier sie weiter mit Fragen bombardierte, antwortete sie ihm, und so wurde aus diesem »Spiel« ein Drehbuch für den Film.

Collier sagte: »Corrie ist eine Schauspielerin im besten Sinne des Wortes. Als wir den Gefängnisfilm drehten, brachte Pam sie ins Studio, und sie musste auf die Toilette gehen, um sich zu übergeben. Eine halbe Stunde später tauchte sie wieder auf, und wir machten mit der Arbeit weiter.«

Corrie, die in einem Zuhause groß geworden war, das nicht viel von Filmen hielt, wurde nun nach ihrem ersten biographischen Film selbst zu einer vollendeten Schauspielerin. Sie lernte auch von Jeannette Clift. Schon während der Dreharbeiten war ihre Beziehung gewachsen und wurde nach der Beendigung des Films noch vertieft, als sie sich das Rednerpult teilen mussten. Sie fand aber auch heraus, dass es schwierig war, in Corries Schatten zu stehen.

Menschen kamen zu ihr und sagten: »Ich möchte Sie nur einmal berühren, weil ich sie nicht selbst berühren kann.«

Wenn Corrie jedoch ein Leben berührte, konnte das weitreichende Auswirkungen haben. Jeannette sagte: »Ich habe Drehbücher abgelehnt, weil ich nicht etwas spielen wollte, was Corrie ein Anstoß sein könnte.«

Für die meisten von uns sind geistliche Größen so weit entfernt, dass sie uns einschüchtern.

Corrie konnte sehr bestimmend sein, beharrte auf ihrer Meinung und war doch so eine entwaffnend einfache Frau. Eine Geschäftsfrau aus Dallas, Mary Crowley, erzählte, wie sie Corrie eine Wohnung organisierte, als sie in ihrer Gegend sprach. All die modernen Maschinen in der Küche waren für ihren berühmten Gast so beeindruckend, dass sie wie ein Kind mit ihnen spielte. Corrie liebte außerdem Frau Crowleys kleinen weißen Hund und sagte: »Samantha muss vor dem Sündenfall geboren sein, denn sie hat wirklich keinerlei Fehler.«

Sie war eine Persönlichkeit voller Kontraste! Fordernd und gleichzeitig abhängig von Menschen um sie herum. Sehr scharfsinnig, aber auch neugierig wie ein Kind.

Während Corrie an ihren Büchern arbeitete, die Gastgeberin spielte, seelsorgerliche Gespräche führte und weitere Filme plante, erzählte sie Pam von einem häufig wiederkehrenden Traum. Morgens wachte sie auf und sagte: »Pam, ich hatte wieder diesen Traum.«

Sie sah sich selbst in einem Raum, aus dem sie nicht hinaus konnte. Es war fast wie ein Gefängnis. Aber während sie in diesem Raum war, sah sie, wie ihre Botschaften im Fernsehen ausgestrahlt wurden.

Als sie sich in ihrem wunderschönen Haus umsah, draußen blühten die üppigen kalifornischen Blumen in ihrem gepflegten Garten, schien der Gedanke an Gefangenschaft absurd.

Der Tag kam, an dem Corrie ihren Traum vergaß und sicher war, dass der Herr sie nach Hause holen würde. Ihr Herz schlug langsamer und langsamer, bis ihr Puls nur noch 20 Schläge in der Minute zählte. Sie schrieb: »Das Beste kommt noch. Jetzt werde ich vielleicht heimgehen, werde Jesus von Angesicht zu Angesicht sehen. Von guter Arbeit zu bester Arbeit. Was für eine schöne Aufgabe wohl im Himmel auf mich wartet?«

Aber ihre medizinischen Berater sagten ihr, sie könne noch länger mit einem Herzschrittmacher leben. Corrie war sich nicht sicher, ob diese künstliche Art, das Leben zu verlängern, für ein Kind Gottes richtig sei. Also betete sie und bat auch Freunde um ihre Gebete. Als sie sicher war, dass der Herr noch mehr Arbeit für sie hatte, willigte sie in die Operation ein. Sie legte ihrer Entscheidung folgenden Vers zugrunde:

»Denn Christus ist mein Leben, und Sterben ist mein Gewinn. Wenn ich aber weiterleben soll im Fleisch, so dient mir das dazu, mehr Frucht zu schaffen; und so weiß ich nicht, was ich wählen soll. Denn es setzt mir beides hart zu: Ich habe Lust, aus der Welt zu scheiden und bei Christus zu sein, was auch viel besser wäre. Aber es ist nötiger, im Fleisch zu bleiben, um euretwillen. Und in solcher Zuversicht weiß ich, dass ich bleiben und bei euch allen sein werde, euch zur Förderung und zur Freude im Glauben.« (Philipper 1, 21–25)

Bevor sie in den OP geschoben wurde, lag sie in ihrem Krankenhausbett im Flur. Da sie dachte, dass sie möglicherweise nicht mehr lange auf dieser Welt sein würde, rief sie zwei Krankenschwestern zu sich und fragte sie, ob sie Jesus schon kennen würden, und fuhr dann mit einer ihrer Minipredigten fort.

Eine Freundin fragte sie nach der Operation, wie sie mit den Schmerzen fertig werden würde. Sie antwortete, sie würde sich Jesu durchbohrte Hände vorstellen. Bei dem Gedanken an seine Schmerzen würden ihre eigenen aufhören.

Während der Herzschrittmacher Corrie die Möglichkeit gab, weiter für den Herrn zu arbeiten, schrieb sie an ihren Büchern. Sie beendete ein wunderbares Andachtsbuch, *Each Day New*. Als im Jahr 1978 die *Christian Bestseller Convention* in Denver abgehalten wurde, machten Corries Verleger und *World Wide Pictures* einen geheimen Plan. Man wollte mit 2000 Menschen einen Film mit dem Titel *Corrie: die Leben, die sie berührte* drehen. Einladungen gingen an Menschen in aller Welt, und die Pläne einer Ehrung, die in die Geschichte eingehen sollte, nahmen Gestalt an.

Die Frage war, würde Corrie lange genug leben, um diesem Ereignis beizuwohnen?

Ihre Ärzte rieten ihr, sie solle auf Höhentauglichkeit geprüft werden, bevor sie die Reise antreten wolle. Es kam der Tag, an dem Betsy Chapple Corrie, Pam und ein Sauerstoffgerät in ein Auto verfrachtete und in die nahe gelegenen San-Bernadino-Berge fuhr. Nach einem kurzen Spaziergang verlangte Corrie nach Keksen, um eine echt englische Teezeit zelebrieren zu können, wenn sie in die Hütte zurückkehrten. Sie saß unter einem Baum, freute sich an den Vögeln und den Eichhörnchen, als sie Kinder von der Schule heimkehren sah. Sie rief ihnen zu: »Hey, wollt ihr einen Keks?« Langsam sammelten sich die Kinder um sie herum, wie sie es gern um eine alte Dame mit blitzenden Augen tun, und sie begann, ihnen Geschichten aus der Bibel zu erzählen. Schließlich musste sie die Zeit nutzen, die ihr noch geblieben war.

Nachdem man die Frage beantworten konnte, ob Corrie Höhe aushalten würde, ließ man sie unter der

Obhut von Pam nach Denver reisen, da man wusste, dass Menschen aus aller Welt kommen würden, um dieser großen Produktion beizuwohnen. Als der große Abend kam, war Corrie bereit. Ihr enger Freund Cliff Barrows leitete durchs Programm, und nachdem ihr eine Anerkennung nach der anderen verliehen wurde, strahlte Corrie übers ganze Gesicht. Cliff Barrows sagte: »Es gibt Tausende von Christen, die durch dein Beispiel für ihr eigenes Leben ermutigt und motiviert wurden – du hast wirklich unzählige Leben berührt.

Aber, Tante Corrie, ich erinnere mich auch an das, was du mir vor drei Jahren sagtest. Du warst bei uns zu Hause, und wir sprachen eines Abends miteinander und du sagtest: ›Weißt du, nun bin ich nach Amerika gekommen und der Heiligenschein wird langsam sehr schwer auf meinem Kopf.‹«

Als das Programm in Denver zu Ende ging, überreichte man Corrie einen wunderschönen Blumenstrauß, und als geübte Darstellerin, die sie war, hob sie ihre Hände zum Himmel und streckte ihre Blumen Gott entgegen.

Corries Art, mit so viel Lob umzugehen, war es, jede Ehrung voller Dank wie eine Blume anzunehmen und sie dann als Blumenstrauß an Jesus weiterzureichen, während sie sagte: »Hier, Herr, sie gehören dir!«

Irgendwo zwischen ihrer Demut, ihrer fast unmenschlichen Kraft und ihrem unbezähmbaren Geist lag die eigentliche Corrie. Nicht bloß eine süße alte Oma, sondern ein starker holländischer Soldat für Jesus.

Aber der Gefängnistraum hielt an. Kurz nachdem sie in Denver im Mittelpunkt gestanden hatte, wurde der Traum wahr. Sie wurde wieder eine Gefangene.

Ein Gedicht, das sie immer geliebt hatte, kann als Beispiel gelten für das nächste Kapitel ihres Lebens:

Herr, mache zum Gefangnen mich,
dann wirst du in Freiheit liegen;
lege du dein Schwert ab, sprich,
ich werde für dich siegen.
Die Welt erscheint mir nur Gefahr,
wenn wir alleine stehen;
hältst mich in deinem Arm verwahrt,
dann wird mir nichts geschehen.
(George Matheson)

Die verstummte Stimme

»Wir wissen aber, dass denen, die Gott lieben, alle Dinge zum Besten dienen, denen, die nach seinem Ratschluss berufen sind« (Römer 8,28).

Corries Traum von einer »Art Gefängnis« wurde im August 1978 zur Realität, als Pam sie, unfähig sich zu bewegen oder zu sprechen, in ihrem Bett fand. Sie hatte einen schweren Schlaganfall erlitten, und als sie auf der Intensivstation lag, dachten ihre engen Freunde, dass sie nun auf dem Weg in den Himmel war. Viele dachten: Gott hat Corrie gebraucht als eine der besten Rednerinnen unserer Zeit. Warum will er ihr nun diese Gabe nehmen und sie stumm weiterleben lassen?

Die menschliche Weise zu denken und Gottes Wille passen nicht immer zusammen. Wer kann schon die Gedanken unseres großen Schöpfers verstehen?

Nach drei Wochen im Krankenhaus bettelte Corrie, ohne wieder sprechen zu können, darum, nach Hause entlassen zu werden, und eine neue Phase ihres Lebens begann. Sie bekam Physiotherapie und wurde logopädisch behandelt, und ihr Zustand besserte sich langsam. Obwohl sie keine ganzen Sätze sagen oder schreiben konnte, konnte sie sich durch einzelne Worte oder bestimmte Signale verständlich machen.

Hat sie je in diesen Monaten des Kampfes an Gott gezweifelt? In Zeiten des Leidens zeigt sich, ob unser Glaube Bestand hat. Pastor Chuck Mylander besuchte sie oft nach ihrem ersten lähmenden Schlaganfall und sah sie nur einmal ärgerlich werden über ihre neue Abhängigkeit. Wie es normal für Schlaganfallpatienten ist, schlug eine Welle von Zweifeln an Gottes Nähe über ihr zusammen. Pam Rosewell erklärte, was Corrie nicht ausdrücken konnte, und als er Corrie Fragen stellte, liefen Tränen über ihr runzeliges Gesicht.

Pastor Mylander nahm seine Bibel und las aus dem Matthäusevangelium 28 vor, in dem Jesus sagt: »Und siehe, ich bin bei euch, alle Tage bis an der Welt Ende.« Er erinnerte Corrie daran, dass dies eine Verheißung an alle ist, die den Missionsauftrag erfüllten, was sie so treu gemacht hatte. Ihr Gesicht erhellte sich, als sie voller Vertrauen sagte: »Immer, immer, immer.« Mylander erinnerte sich an diesen besonderen Moment und sagte: »Die Freude des Herrn war zurückgekehrt. Später erfuhr ich, dass diese Passage eine von Tante Corries Lieblingsworten war.«

Pams Rolle hatte sich plötzlich geändert, sie wurde von einer Assistentin zu einer Krankenschwester. Sie erinnerte sich daran, dass Corrie oft gesagt hatte: »Pam, es kommt nicht so sehr darauf an, was uns passiert, aber wie wir damit umgehen ist sehr wichtig. Das ist ein Teil des Trainings für den letzten großen Kampf.«

Als Corrie ein wenig kräftiger wurde, durften einige Freunde sie besuchen. Jeder, der sie in Haus Shalom besuchte, bemerkte die Schönheit und den Frieden, den man in Corries Zimmer spüren konnte. Einmal kamen einige Pastoren und Vorsitzende zu ihr, um sie mit Öl zu salben und für ihre Heilung zu beten. Pastor Mylander berichtet: »Obwohl einige von uns um sofortige Heilung beteten, gab der Herr mir keinen Glauben an eine vollständige Heilung für Corrie, sodass sie wieder schreiben und predigen können würde. Ich hatte jedoch den Eindruck, dass Gott ihrem Leiden einen Sinn geben würde, und genau das tat er auch. Ich habe gesehen, wie es sich vor meinen Augen entwickelte, in einer Weise, die in der Ewigkeit Bestand hat.«

Sieben Monate nach ihrem ersten Schlaganfall wollte Corrie ihren holländischen Freund und Doktor sehen. Hans Moolenburgh erhielt von einem Freund die Nachricht: »Arme Tante Corrie, sie ist nur noch ein Schatten ihrer selbst.« Als er jedoch das Haus betrat, stand sie da und wartete auf ihn. Dieser Mann mit einem ausgesprochenen Sinn für Humor, der Corrie bei jeder Gelegenheit necken konnte, sah in ihre schönen, leicht spöttischen blauen Augen und sagte: »Na so was, Tante Corrie, ich dachte, ich würde auf eine senile alte Dame treffen, aber du bist ja ganz die Alte!«

Hans Moolenburgh, Pam, Corrie und ich beteten, wie es Corries Gewohnheit war, am Ende unseres Besuches. Obwohl Corries Worte unverständlich waren, manchmal verstanden wir ein englisches Wort oder einen holländischen Satz, war eine so liebevolle Kommunikation zwischen ihr und ihrem Gott, dass ich diese Gebetszeit nie vergessen werde. Die Worte, die sie deutlich aussprechen konnte, waren sehr charakteristisch für ihre Entschiedenheit im Gebet: »Halleluja, Amen.«

Ich musste an folgende Verse denken: »Desgleichen hilft auch der Geist unserer Schwachheit auf. Denn wir wissen nicht, was wir beten sollen, wie sich's gebührt; sondern der Geist selbst vertritt uns mit unaussprechlichem Seufzen.« (Römer 8,26)

Corries größte Arbeit begann, als Gott ihr die Möglichkeit nahm, sich mit Worten oder Schrift auszudrücken. Sie war im Stande, uns allen, die wir sie in den letzten Jahren ihres Lebens trafen, deutlich zu machen, dass Gott »immer, immer, immer« bei uns ist.

Lotte Reiminger, eine alte Freundin aus Holland, die mit Corrie zusammen war, als sie das Rehabilitationszentrum nach dem Zweiten Weltkrieg gründete, kam aus Holland, um mit für sie zu sorgen. Den Tag über war immer jemand bei ihr, saß ruhig in ihrer Nähe, las ihr vor oder sang. Pam sagte: »Das ganze Leben hatte Tante Corrie Menschen auf Jesus hingewiesen und sie ermutigt, ihm zu vertrauen. Sie macht es immer noch. Lotte und ich sind erstaunt darüber, wie hartnäckig sie sich weiterhin verständlich macht. Obwohl sie in den Möglichkeiten, sich auszudrücken, sehr eingeschränkt ist, versucht sie es weiter und gibt nicht auf. Als Kind hatte sie zu ihrem Vater gesagt: ›Papa, ich glaube nicht, dass ich für Jesus leiden könnte. Mein Glauben ist nicht stark genug.‹ Ihr Vater hatte geantwortet: ›Corrie, wenn du mit dem Zug von Haarlem nach Amsterdam fährst, wann gebe ich dir dann einen Zugfahrschein? Viele Tage vorher?‹

›Nein, Papa, am Tag, an dem ich fahre.‹

›Und so ist das auch mit Gott. Jetzt brauchst du noch nicht die Stärke und Gnade, um Leid durchzustehen, aber wenn der Moment kommt, an dem du sie brauchst, wird er dir die Gnade geben. Er wird dir die Zugfahrkarte zur rechten Zeit geben.‹«

Pam fuhr fort: »Der Herr gibt Corrie ihre Zugfahrkarte … Seine Gnade in der Zeit, in der wir sie brauchen. Ich habe Jesus immer in ihr sehen können, aber nie so deutlich wie in dieser Zeit ihrer körperlichen Schwachheit. Sie weist Lotte und mich immer wieder auf ihn hin – manchmal im wahrsten Sinne des Wortes mit ihren Händen, dann zeigt sie zum Himmel und sagt mit einem Strahlen auf ihrem Gesicht: ›Ich kann nicht … aber er … er kann.‹«

Wenn Menschen zu ihr kamen, wurde ihr Leben durch ihre Haltung verändert. Sie musste nicht sprechen. Eine Frau, Martha Pope, die im Haus arbeitete, sagte: »Corrie ist ein solcher Segen, wenn man in ihrer Nähe ist und ihren Glauben sieht, ihre Liebe zu Jesus und ihre Dankbarkeit.«

Ihre Nachtschwester, Ruth Jean, erzählte davon, dass sie in der ersten Woche, in der sie bei Corrie war, drei Engel am Fußende ihres Bettes sah. Im Zeitalter der Naturwissenschaften lässt uns die Anwesenheit von Engeln an Halluzinationen denken, aber wir können nicht bestreiten, dass die Bibel sagt: »Denn er hat seinen Engeln befohlen, dass sie dich behüten auf allen deinen Wegen.« (Psalm 91,11)

Auch zu anderen Zeiten hatte Corrie die Nähe von Engeln gespürt: als sie ihre Bibel an den Aufsehern in Ravensbrück vorbeischmuggelte, als sie mit einer Ladung Bibeln nach Russland reiste, als sie in Südafrika sprach und ihre Kräfte sie verließen. Sie sagte über die Aufgabe von Engeln: »Was können wir von Engeln erwarten? Ich weiß es nicht im Detail, aber eins glaube ich von ganzem Herzen: Wenn ein Christ stirbt, wird ein Engel ihn oder sie in den Himmel begleiten. Lazarus wurde von Engeln in den Himmel getragen, denkt euch nur, wie wunderbar das sein muss. Aber auch jetzt schon brauchen wir ihre Hilfe, und man kann sich wirklich auf ihre Gegenwart verlassen.«

Als sie noch ein Kind war, sagte sie folgenden Vers auf, bevor sie ins Bett ging:

Es sind vierzehn Engel bei mir,
zwei zu meiner Rechten, zwei zu meiner Linken,
zwei über meinem Kopf, zwei zu meinen Füßen,
zwei, die mich bedecken,
zwei, um mich zu wecken,
zwei, um mich ins Paradies zu begleiten.

Dieses Gedicht war vielleicht nicht sehr biblisch, aber gab Sicherheit und Trost.

Oft ist es eine schwierige Aufgabe, alte oder kranke Menschen zu besuchen. Ins Haus Shalom zu kommen, war immer eine Freude und ermutigte die Besucher. Maurine Parrott, eine Nachbarin, sagte: »Gottes Liebe und sein Friede hören nicht auf, durch Corrie zu anderen zu gelangen, selbst in ihrer Krankheit, obwohl sie gelähmt ist und nicht mehr sprechen kann.«

Die Monate wurden zu Jahren, und die große Rednerin blieb stumm. Ihr Körper wurde nach und nach schwächer, als das Alter und weitere Schlaganfälle ihre Spuren hinterließen. Die Lektionen, die sie in der letzten Phase ihres langen Lebens lernen sollte, wurden immer klarer. Durch ihr Beispiel und die liebevolle Betreuung durch die, von denen sie umgeben war, konnten wir Gottes Sichtweise vom Leben der Menschen erkennen: dass, egal wie beschränkt die körperlichen Fähigkeiten eines Menschen auch seien, der Mensch, der als Ebenbild Gottes geschaffen ist, wertvoll und liebenswert ist.

Einer der Gründe, warum Corrie in ihren letzten Monaten, in denen sie nicht mehr sprechen konnte, weiterhin ihre Dynamik behielt, war ihre lebenslange Sorge um andere. Pam erzählte von Zeiten, in denen sie zur Tür zeigte und versuchte, ihre Sorge für jemand anderen verständlich zu machen. Lotte und Pam versuchten herauszufinden, um wen es ging, indem sie eine Art Frage-und-Antwort-Spiel benutzten, sie fragten und fragten, bis sie sich denken konnten, um wen es ging. Jemand, der einen besorgten Brief geschrieben hatte, oder ein Missionar, an den sie denken musste. Dann beteten sie für die betreffende Person, und gleich darauf entspannte sich Corrie sichtlich.

Pam sagte: »Diese Form der Kommunikation findet oft statt, und der Herr hilft uns immer wieder. Diejenigen, die für Tante Corrie sorgen, sehen es als Privileg.«

Die Angst vor dem Älterwerden geht meistens mit der Furcht einher, nutzlos zu werden. Aber ein Leben des Dienstes muss nicht zu Ende sein, wenn die körperlichen Kräfte versagen. Die Besucher, die Corries Bett verließen, hatten einen Frieden gesehen, der alles Verstehen übersteigt. Viele sagten, wenn es ihr möglich sei, in ihrem Zustand froh zu sein, dann müsste es ihnen auch gelingen.

Einige Male hörten Pam und Lotte Corrie voller Freude lachen.

Warum lässt Gott Leid zu? Diejenigen, die Corrie am nächsten waren, sagten: »In seiner Liebe hat Gott Leid zugelassen, und obwohl Leid als solches nicht gut ist, kann er doch durch Leid verherrlicht werden. Wir glauben, auch wenn sie es uns nicht sagen kann, dass sie etwas von seiner Herrlichkeit sieht, während sie darauf wartet, dass das Beste noch kommt.«

Herrlichkeit ist gleichzeitig mystisch und erfahrbar. Sie zu beschreiben ist dem Menschen nicht möglich; sie zu erleben verändert sein Leben grundlegend. Gottes Herrlichkeit ist eines der großen Geheimnisse, das wir erst in der Ewigkeit ganz verstehen werden. Ein Teil dieser Herrlichkeit war spürbar in dem Schlafzimmer dieser alten Frau, die einmal robust, nun aber eine zerbrechliche kleine Person war, ihr Gesicht blass und zart wie aus Porzellan, so lag sie ruhig da. Ein Besucher sagte: »Der Raum wurde von einer Schönheit durchflutet, die ich nicht beschreiben kann. Tante Corrie lebt in der Eingangshalle des Himmels. Jederzeit kann sie nun den Himmel betreten. Aber wie Paulus, der in den dritten Himmel gebracht wurde, bin ich mir sicher, dass ihr Geist schon einige Zeit dort ist.«

In den letzten aktiven Jahren ihres Lebens waren Corries Botschaften meist prophetischer Natur gewesen. In einer Welt voller Unruhe, des moralischen Verfalls und eines säkularisierten Humanismus sah sie die Wiederkunft Jesu in naher Zukunft.

Ihr Name wird in der säkularen Geschichte wohl keine Rolle spielen, aber das Geschichtsbuch Gottes ist etwas anderes. Ein holländischer Freund schrieb: »Die wahre Geschichte unserer Zeit wird von dem Heiligen Geist geschrieben. Einige Namen in dieser neuen Geschichte werden herausstechen, und ich kann mir vorstellen, dass in diesem Buch ein Kapitel sein wird, das etwa so beginnt:

›Damals stand in dem flachen Land eine Prophetin im Namen des Herrn auf, die Fruchtbarer Baum (Boom ist holländisch für Baum) genannt wurde. Sie sprach zu den Menschen: Kehrt zu Gott zurück, ihr verirrten Menschen, denn der Tag des Herrn ist nahe.

Aber die Menschen wollten nicht hören, weil der Herr ihre Herzen verhärtet hatte, und der Herr sandte sie über das große Wasser zu einem Volk, das ihre Botschaft mit Freuden aufnahm. Denn ein Prophet gilt selten etwas im eigenen Land.‹

Gott sprach durch sein Wort zu Corrie, so wie er es Generationen vor ihr getan hat und noch immer tut. Er hat auch durch ihre Familie zu ihr gesprochen, durch Träume und Visionen und durch ihr konstantes Gebetsleben.

Die letzte Vision, in der Gott zu ihr sprach, ist eine Geschichte, die uns nachdenklich stimmen kann, wenn wir sie hören. Wir können sie als Fantasievorstellung einer alten Dame abtun oder als prophetisches Zeichen einer Person werten, die fast ein Jahrhundert lang ganz in der Nähe ihres Herrn lebte.

Etwa sechs Monate, bevor sie erkrankte, eilte Corrie eines Abends über den Flur in Pams Zimmer.

Sie hatte ein Buch über die Herrlichkeit Gottes gelesen und sehnte sich, mehr von dieser Herrlichkeit zu erleben. In dieser Nacht sprach Gott zu ihr. Sie sagte zu Pam: »Ich bat den Herrn, mir mehr von seiner Herrlichkeit zu zeigen; und er antwortete mir, dass ich bekäme, was ich wünschte. Dann fragte ich den Herrn, was wir alle wissen wollen. Ich fragte: Herr, kommst du bald wieder?«

Als sie an diesem Abend auf Pams Bett saß, erzählte sie ihr, was Gott ihr geantwortet hatte. »Der

Herr sagte mir, dass ich erst zu ihm in den Himmel kommen würde und dass er kurz darauf wiederkommen würde.«

Was sagt uns Gott durch seine Dienerin? Die vielleicht stärkste Botschaft, die uns Corrie in dem ausgehenden Jahrhundert sagen würde ist: »Er kommt bald, wir sollten uns darauf vorbereiten. Das Beste kommt noch.«

Und die Bibel sagt: »Gedenket an eure Lehrer, die euch das Wort Gottes gesagt haben, ihr Ende schaut an und folgt ihrem Glauben nach.« (Hebräer 13,7)

Einmal werden wir die Geschichte in ihren Zusammenhängen sehen. In Corries Leben konnten wir Gottes Plan sehen.

EPILOG

Corrie ten Boom

** 15. April 1892, Amsterdam, Holland*
† 15. April 1983, Placentia, Kalifornien

Corrie feierte ihren 91. Geburtstag im Himmel. Nach fast fünf Jahren, in denen sie sich kaum bewegen konnte, verließ sie ihren irdischen Körper, um bei ihrem Herrn, dem sie diente, und bei den Menschen, die sie geliebt hatte und die vor ihr gegangen waren, zu sein.

Die einst robuste Frau war klein und zerbrechlich geworden. Und trotz der Schmerzen in ihren letzten Tagen war Corrie stets eine Erinnerung an die Heiligkeit des Lebens geblieben und an Gottes allmächtigen Plan.

Hätte sie noch sprechen können, hätte sie uns erinnert: »Denn wir wissen: Wenn unser irdisches Haus, diese Hütte, abgebrochen wird, so haben wir einen Bau, von Gott erbaut, ein Haus, nicht mit Händen gemacht, das ewig ist im Himmel.« (2. Korinther 5,1)

Auf ihrer Beerdigung klangen ihre Lieblingschoräle von Bach durch die kleine duftende Kirche. Einige Freunde repräsentierten die Millionen Leben, die sie berührt hatte, hörten die Worte der Erinnerung, die Chuck Smith, ihr Pastor, William Babour, ihr Verleger, und Cliff Barrows, ihr lieber Freund, sprachen.

Als die Gemeinde den letzten Vers des bekannten Liedes sang, war dies ein angemessenes Bild für Corries Leben auf dieser Erde:

Steh auf, steh auf für Jesus,
der Streit währt nicht mehr lang,
heut hört man Kriegesschreie –
und bald schon Liedesklang;
den, der es überwindet,
die Lebenskrone ziert:
er und der ewge König,
in Ewigkeit regiert.

Was ließ Corrie zurück? Nur wenig Besitztümer, die man ihrem Haus zurechnen konnte. Die Rechte für ihre Bücher und ihre Filme werden weiter in einer weltweiten Arbeit benutzt und werden sie lange überdauern. Das Erbe jedoch, das sie durch ihre Botschaft der Vergebung, der Liebe und der Warnung hinterließ, ist unendlich reicher. Sie hat uns gesagt, dass Jesus bald wiederkommen wird. Macht das einen Unterschied in unserer Lebensweise?